KB194477

믿음의 여인 모니카

김광채 지음

믿음의 여인 모니카

초판 1쇄 인쇄 2013년 10월 31일
초판 1쇄 발행 2013년 11월 08일

지은이	김 광 채
펴낸이	손 형 국
펴낸곳	(주)북랩
출판등록	2004. 12. 1(제2012-000051호)
주소	서울시 금천구 가산디지털 1로 168,
	우림라이온스밸리 B동 B113, 114호
홈페이지	www.book.co.kr
전화번호	(02)2026-5777
팩스	(02)2026-5747

ISBN 979-11-5585-066-4 03230(종이책)
      979-11-5585-067-1 05230(전자책)

이 책의 판권은 지은이와 (주)북랩에 있습니다.
내용의 일부와 전부를 무단 전재하거나 복제를 금합니다.

이 도서의 국립중앙도서관 출판시도서목록(CIP)은 서지정보유통지원시스템 홈페이지(http://seoji.nl.go.kr)와
국가자료공동목록시스템(http://www.nl.go.kr/kolisnet)에서 이용하실 수 있습니다.
(CIP제어번호 : 2013022327)

목   차

$_A \text{X} \text{P} _\Omega$

프롤로그

"약한 자여! 그대 이름은 여자니라". Frailty, thy name is woman. 영국의 대문호 윌리엄 셰익스피어(William Shakespeare, 1564~1616)의 『햄릿』 (*Hamlet*) 제1막 2장 146에 나오는 주옥 같은 명대사(名臺詞)다. 잘 아는 대로, 햄릿의 어머니 게르트루드(Gertrude)는, 햄릿의 아버지가 죽은 지 얼마 되지 않아, 마치 기다렸다는 듯, 햄릿의 숙부 클라우디우스(Claudius)하고 재혼하였기에, 햄릿은 어머니에 대한 실망감을 위의 대사로 표현하였다.

교부 어거스틴(Augustine, 354~430)의 어머니인 우리의 주인공 모니카 (Monica, 331~387)는 게르트루드와는 아주 많이 달랐다. 그녀가 남편을 잃은 건 주후 371년. 당시 그녀의 나이 만 40세에 불과했다. 아직 한창나이였다. 그러나, 그녀는 강했다. 그녀는 홀로서기에 성공했고, 자기에게 남겨진 자녀들을 잘 길렀다. 그래서, 훌륭한 어머니의 표상으로 우뚝섰다. 그리고 그녀는 "성녀"(聖女)로 추앙받기에 이른다.

그녀의 힘은 어디에서 온 것일까? 천성? 아들 어거스틴에 대한 사랑? 아니면, 신앙? 이 모든 것이 어우러진 것?

조선의 명필 석봉(石峯) 한호(韓濩, 1543~1605)의 모친 수원(水原) 백씨 (白氏) 백인당(白忍堂) 혹은 백정부인(白貞夫人)의 경우는 천성과 모성애, 그리고 유교적(儒敎的) 윤리가 함께 작용했을 것이다. 맹모삼천지교(孟母三遷之敎)로 유명한 맹자(孟子, 372?~?289 BC) 어머니의 경우도 비슷했을 것이다.

남편을 잃고 홀로 된 여인이 홀로서기와 자녀교육에 성공할 수 있으려면, 강인한 천성은 거의 필수적일 것이다. 사실, 모성애(母性愛)라 하는 것도 거의 천부적(天賦的)이라고 볼 수 있다. 모든 어려움을 이기고, 사랑하는 자녀를 위해 끝까지 자기를 버리고 희생하는 일이 오직 의지적인 노력으로만 가능하다? 믿기 어려울 것 같다.

그렇지만, 이 일을 천성(天性) 내지 천부적(天賦的)인 것만 가지고 설명하는 것은, 뭔가 부족한 것처럼 여겨진다. 아무리 성격이 강인하고, 아무리 모성애가 탁월하다 해도, 고아나 과부와 같은 사회적 약자를 무자비하게 짓밟는 것에 양심(良心)의 가책을 별로 느끼지 못하는 야만적 사회에서는 고결한 영혼이 살아 숨쉬기 힘들다.

맹자의 어머니가 살았던 주전 4세기는, 중국에 황하문명(黃河文明)이 성립된 지, 무려 2000년 이상의 세월이 지난 시대였다. 문명의 성립이란, 국가의 형성 및 법률의 제정과 시행을 동반한다. 그러므로, 문명이 성립한 지역에서는 법률의 준수가 국가 권력에 의해 강제된다. 사람들은 형벌에 대한 두려움 때문에 법률을 지킬 때가 많지만, 오랜 세월 동안 법률이 시행되다 보면, 법률의 중요 내용이 사람들 마음속에 내면화(內面化)된다. 즉, 사람들의 양심이 살아나는 것이다. 맹모(孟母)가 살았던 전국시대(戰國時代, 403~221 BC)는, 많은 사람들이 전쟁의 참화를 겪는 불행한 시대였지만, 사람들이 사람 사는 도리에 대해서 많이 생각하게 되는 시대, 그래서 사람들이 정신적으로 성숙해 가는 시대였다. 맹자의 위대한 사상은 그러한 시대의 산물이었다. 맹자의 어머니는 그러한 시대에 아들로 하여금 글을 읽도록, 그리하여 고귀한 사람이 되는 길을 깨우치도록, 여건을 마련해 주기 위해 성심(誠心)을 다하였다.

물론, 우리는 맹모삼천지교에 대해서 전혀 새롭게 해석할 수 있다. 맹자 어머니가 처음에 묘지 부근으로 이사한 것은, 맹자에게 죽음의 문제에 대해 심각하게 생각할 수 있는 기회를 주기 위해서였다 할 수 있다. 위대한 인물에게는 뚜렷한 사생관(死生觀)이 필수적일 것이기 때문이다. 둘째로, 시장 터로 이사한 것은, 삶의 현장을 체험하게 해 준 것이라 할 수 있다. 삶의 현장 체험에는 시장만큼 좋은 곳도 없지 않은가? <책상물림>이라는 말이 있는 것처럼, 책을 읽는 것만 가지고는 인생의 깊이를 알 수 없는 것이 사실이다. 그럼에도 불구하고 우리는 책 읽는 일을 게을리해서는 안 된다. 성경과 신앙서적, 그리고 교양서적. 이런 책들을 가까이하지 않으면 안 된다.

사진 1: 안중근(安重根) 의사
(1879~1910)

일일부독서구중생형극

사진 2: 안중근 의사 유묵

1910년 3월 여순(旅順) 감옥에서 사형 집행을 얼마 앞두고 남김

『논어』에 나오는 말로, "하루라도 책을 읽지 않으면, 입속에 가시가 돋는다"는 뜻.

1972년 8월 16일 보물 제569-2호로 지정되었으며, 동국대 박물관에 보관돼 있다.

한석봉의 모친 백인당(白忍堂)이 살았던 16세기 한국은 유교문화권(儒敎文化圈)에 속해 있었다. 당시는 공자(孔子, 551~479 BC)와 맹자(孟子, 372?~?289 BC)의 가르침이 한국인의 정신세계를 지배하고 있었다. 그래서 당시 한국 사람들은, 양심이 무엇인지를 최소한 유교식으로는 알고 있었다. 백인당처럼 과부의 몸으로도 자녀 교육을 위해 헌신할 사람이 얼마든지 있을 수 있었고, 또 그런 사람이 사회적으로 칭송을 받았다.

안중근 의사의 어머니 배천(白川) 조씨(趙氏) 조마리아 여사(†1925)가 사형 판결을 받은 아들에게 "옳은 일을 하고 받은 형이니, 비겁하게 삶을 구하지 말고, 떳떳하게 죽는 것이 어미에 대한 효도"라고 격려할 뿐 아니라, 아들이 처형당한 후에는 중국 상해로 가, 임시정부에 참여한 독립운동가들을 돕는 사람이 된 것은, 당시 독립운동이 옳은 일이라는 생각을 하는 사람들이 많았기 때문에 가능하였다. 즉, 위대한 정신을 가진 사람이 나오는 배경을 보면, 천성(天性) 내지 천부적(天賦的)인 성격도 중요하겠지만, 눈앞의 이익을 추구하기보다는, 고난 속에서도 양심을 따라 사람답게 사는 것이 옳다고 생각하는 사람들이 많다는 사회적 분위기도 중요하다 할 수 있다.

모니카 이야기를 하다가, 다소 장황하게 다른 이야기를 한 것은, 모니카라는 한 여인의 위대함을 정당하게 평가하기 위해서는, 다양한 배경 지식이 필요할 것이라는 판단에서였다.

필자는, 모니카의 강인한 성격과 탁월한 모성애가 천부적임을 굳게 믿고 싶다. 하지만, 그러한 천성의 사람이 자기의 천성을 마음껏 발휘할 수 있으려면, 사람이란 무릇, 사람답게 사는 것이 옳다는 사회적 공감대가 형성돼 있어야 한다는 점 또한 강조하고 싶다.

원시사회 내지 야만적 사회에서는 인격의 "위대함"이라는 개념 자체가 없는 것처럼 보인다. 사람들의 양심이 발달하지 않은, 야만적 사회에서는 인격보다는, 당장이라도 행사될 수 있는 물리적 힘이 중요할 것이다. 인지(人智)가 발달하지 않은 원시사회에서는, 인심이 순박할 수는 있어도, 굳이 위대한 인격의 소유자를 구하지 않을 것이다. 먹을 것을 포함한 생필품을 얻기 위해 매일 매일을 생존을 위한 투쟁으로 보내야 하는 상황에서는 인격의 "위대함"에 대해 생각한다는 것 자체가 사치일 수 있다.

그러므로, 모니카와 같은 "성녀"가 배출되는 사회는 문명사회일 수밖에 없다. 모니카가 살던 시대의 로마제국 사회는 문명사회였다.

그런데, 로마제국에는 물질문명만 있었고, 정신문명은 없었을까? 그랬을 리가 없다. 문명의 발달에 물질적 조건은 매우 중요하다. 그렇지만, 신 8:3

apud: phillip medhurst   JESUS OVERCOMES TEMPTATION. JAN LUYKEN   excudit: harry kossuth

그림 1: 얀 라위켄(Jan Luyken, 1649~1712), 「예수님의 시험」

네덜란드의 화가 라위켄은 이 그림을 통해, 광야에서 40일 간 금식하신 예수님에게 돌들을 명하여 떡덩이가 되게 하라고 시험하는 마귀의 모습을 묘사하고 있다.

말씀대로 "사람이 떡으로만 사는 것"은 아니다(마 4:4 참조). 물질적 조건 만큼 중요한 것, 아니, 물질적 조건 이상으로 중요한 것이 있으니, 그것은 사람의 정신이다. 물질에만 급급한 사람은 사람다운 사람이 되기 어렵다. 우리는 살자고 밥을 먹지만, 진정한 문명인은 먹고 사는 것에만 인생의 목적을 두지 않는다. 그래서, 사람은 정신문명을 발전시키는 것이고, 진정 으로 가치 있는 것이 무엇인지에 대해 고민하는 것이다. 고대의 로마 사람 들도 물질문명과 함께 정신문명을 발전시키기 위해 노력하였다. 그러나 로마 사람들은, 자기네의 정신문명 수준이 그리스 사람들이 발전시킨 정신문명 수준보다 낮다는 것을 인정하였다. 그래서 로마 사람들은 그리스 문명의 수입에 적극적이었다. 그리스의 철학, 그리스의 예술, 그리스의 종교를 과감히 받아들였다.

여기서 우리는 비로소 종교의 문제에 눈길을 돌리게 된다. 사람이 다른 동물과 구별되는 가장 중요한 특징은 아마도 그 종교성(宗敎性)에 있을 것이다. 우리가 아는 대로, 원시인에게도, 비록 낮은 수준의 것이긴 했지만, 종교는 있었다.

고대 그리스인의 종교는 제우스(Zeus) 신을 최고신(最高神)으로 섬기는 다신교(多神敎)였다. 이 다신교는 원시적인 신화적(神話的) 사고(思考)와 밀접히 연관돼 있었다. 정말이지, 그리스 신화가 매우 매력적인 것은 사실이다. 이는, 우리나라에서도 이와 관련된 책들이 (예: <이윤기의 그리스 로마 신화> 전5권) 베스트 셀러 내지 스테디 셀러의 반열에 든 것만 봐도 잘 알 수 있다. 여하튼, 고대 그리스 문명의 이해를 위해선 그리스 신화를 몰라서는 안 된다.

그러나, 신화는 미신과 우상숭배를 조장한다. 더군다나, 그리스 신화에 등장하는 신(神)들은 대부분 비도덕적이다. 최고신인 제우스 신만 하여도 아버지인 크로노스(Kronos) 신을 몰아낸 다음, 타르타로스(Tartaros)라는 지하세계로 쫓아버렸고, 간음도 수없이 많이 행했다. 이런 신들을 믿는 사람들의 마음이 고상해지기를 기대하는 것은 매우 어렵다. 그래서, 철학자 소크라테스(Sōkratēs, 469~399 BC)는 이런 신들을 비판하다 죽임을 당했다. 소크라테스의 제자인 플라톤(Platōn, 427~347 BC)이 그의 『국가론』에서 그리스 신화를 비판한 것은 이런 맥락에서 지극히 당연한 일이었다.

소크라테스와 플라톤으로 대표되는 그리스 철학자들은, 그리스인의 종교가 신화적 사고에 바탕을 둔 다신교에서 좀 더 고등한 종교로 발전하는 것을 촉구한 셈이다. 그렇지만, 철학자는 어디까지나 철학자이기 때문에 새로운 종교를 만들어내지는 못한다.

소크라테스 이후 그리스인들은 새로운 종교를 찾고 있었다. 이와 같은 그들의 요구를 가장 잘 충족시켜 준 종교. 그것은 기독교였다.

하지만, 기독교는 종교이면서도, 종교 이상의 것이다. 기독교에도 경전이 있고, 성직자가 있고, 신자들이 예배하기 위해서 모이는 예배처가 있다. 이 점에서, 기독교도 종교다.

예를 들어, 불교에도 불경(佛經)이 있고, 승려(僧侶)가 있고, 사찰(寺刹)이 있다.

그러나 기독교 신앙에 있어서는, 사람들의 종교 활동 이전에 사람들을 찾아 주시는 하나님의 행동이 훨씬 더 중요하다. 이 때문에 기독교 신자들은 기독교의 가르침을 "복음"이라는 말로 표현하는 것이다.

때가 찼고 하나님 나라가 가까이 왔으니 회개하고 복음을 믿으라!

막 1:15

그림 2: 「가르치시는 그리스도」

기독교 복음이 전파되기 시작했을 때. 헬라어를 사용하는 그리스 문화권은 대부분 로마제국에 편입돼 있었다. 그래서, 그리스 문화권의 기독교화는 자연스레 로마제국의 기독교화로 이어졌다.

복음은 그것을 믿는 사람을 "하나님의 나라"라고 하는 전혀 다른 차원의
세계와 연결시켜 준다. 그는 장차 "영광의 나라"(Lt.: rēgnum glōriae, Eng.:
the kingdom of glory)에 들어갈 희망 가운데서 살지만, 지금 이미 "은혜의
나라"(Lt.: rēgnum grātiae, Eng.: the kingdom of grace) 속에 살고 있다. 여기서
은혜는 우리의 공로와 우리의 사회적 위치에 상관없이 주어진다. 우리가
아무런 훌륭한 일을 하지 못했다 하더라도, 죄인이더라도, 세리라도, 창기
라도, 가난한 자라도, 부자라도, 종이라도, 주인이라도, 유대인이라도,
이방인이라도, 헬라인이라도, 야만인이라도, 여자라도, 남자라도. 누구나
믿기만 하면 받을 수 있는 은혜. 믿기만 하면 품을 수 있는 희망.

　이 은혜와 이 희망에 대하여 들었기 때문에, 그리고 알았기 때문에, 수
많은 사람들이 로마제국의 엄청난 박해[1]에도 불구하고 주님의 품으로 들어
왔다. 그리고 로마제국을 복음으로 정복하였다. 물론, 이 승리는 무력으로
이룩한 승리가 아니었다. 이 승리는 오직 신앙의 힘으로 이룩한 승리였다.

그림 3: 로마제국의 기독교인 박해 장면
(고대 로마의 모자이크)

---

[1] 로마제국의 기독교 박해에 대하여는 필자가 쓴 『그림으로 본 10대 박해』
(서울: CLC, 2010) 참조.

기독교 신앙은, 사람들에게 양심을 따라 사는 것이 옳다는 확신을 심어 주는 데 크게 기여하였다. 다만, 기독교에서는 양심이라는 용어 대신에 "하나님의 법도"라는 표현을 더 즐겨 사용한다. 그러나, "하나님의 법도"를 지키려고 노력하는 사람은 이미 양심의 소리에 귀를 기울이게 된다. 이는, 하나님의 말씀인 성경이 "선한 양심"(딤전 1:15, 히 13:18, 벧전 3:16, 21)에 대하여 이야기하고 있기 때문이다.

아무리 문명한 사회라도, "선한 양심"에 따라 살지 않는 사람들이 많이 있게 마련이다. 왜냐하면, 문명의 발달이 곧바로 사람들의 도덕성을 향상 시켜 주는 것은 아니기 때문이다. 그리고 어쩌면, 문명 때문에 사람들은 더 타락하게 되는지도 모른다. 이는, 많은 사람들이 물질문명의 발달만을 문명의 발달로 생각하고, 정신문명의 발달 필요성을 제대로 느끼지 못하는 까닭이다.

그런데, 혹자(或者)는 정신문명에 대해서 이야기할 때, 예술이나 (철학을 포함한) 학문에 대해서는 즐겨 이야기하면서도, 종교에 대하여는 가급적 언급을 회피하려 한다. 하지만, 인류 문명의 장구한 역사를 돌이켜볼 때, 종교의 중요성을 등한시하는 것은 온당치 못하다.

물론, 현대가 세속화의 시대인 것이 사실이다. 현대인들의 "거룩한 것", "신성(神聖)한 것"에 대한 감각은 많이 약화되었다. 세속주의, 물질주의, 쾌락주의, 허무주의가 만연하고 있는 것이 현실이다. 현대 문명을 지탱 하고 있는 자본주의 시스템은 이러한 경향을 부추기고 있다. 공산주의는 더 하다. 공산주의(= "과학적 사회주의")의 창시자 카를 마르크스(Karl Marx, 1818~83)는 종교를 "민중의 아편"(Dt.: das Opium des Volkes, Eng.: the opium of the people)이라 하지 않았던가?

그럼에도 불구하고 인간은 본질적으로 종교적인 존재다. 브리타니카 (Britannica) 백과사전이 제공하는 온라인 통계에 의하면, 2005년도 세계

총 인구 64억 5천만 명 중 약 86%에 해당하는 55억 3천만 명이 유종교 인구
였고, 무종교(무신론 포함) 인구는 9억 2천만으로, 14%에 불과했다. 현대가
아무리 세속화된 시대라 해도, 사람들은 종교를 떠나서 살 수 없다.

종교 중에서 우리는 어떤 종교를 선택할 것인가? 오늘날 우리는 종교의
자유 시대에 살고 있다.

1948년 12월 10일 유엔 제3차 총회에서 채택된 「세계 인권 선언」 제18조와
1987년 개정된 「대한민국 헌법」 제20조에 의하면, 인간은 / 대한민국 국민은
종교의 자유를 지닌다.

우리의 주인공 모니카의 시대에도 종교의 자유는 상당히 많이 보장되어
있었다. 기독교는 아직 "법률적"(dē iūre) 의미의 로마제국 국교(國敎)는
아니었다. 주후 313년 「밀라노 칙령」의 반포를 계기로 기독교가 로마제국의
공인은 받았고, 국가의 혜택은 여러 가지로 받게 되었으나, 그 공인 때문에
다른 종교의 존립 자체가 부정된 것은 아니었다. 특히 로마 전래의 다신교
(多神敎)는 계속 허용되고 있었고, 경우에 따라서는 국가의 재정 지원도
받았다. 기독교가 "법률적"(dē iūre) 의미의 로마제국 국가종교가 되고,
기독교 이외의 다른 종교가 법에 의해 금지된 것은 주후 391년의 일이었다.
모니카는 주후 387년 세상을 떠났다.

모니카는 주후 331년 "신자의 가정에서"(in domō fidēlī)[1] 태어났다.
우리는, 그녀의 부모들이 언제 신앙을 가지게 되었는지를 알 수가 없다.
하지만, 어거스틴의 외가인 모니카의 친정은 늦어도 모니카의 부모 대
(代)에 기독교 신앙을 가졌다. 그러니까 모니카는, 기독교인들이 종교의
자유를 누리고 있던 시대에, 기독교인의 가정에서 태어나는 복을 누린 것
이다.

---

[1] *Conf.* IX, viii, 17.

종교의 자유. 이것은 양심의 자유의 근간을 이룬다. 그러므로, 종교의 자유가 보장되지 않은 곳에선, 선한 양심이 자연스럽게 발현(發顯)되기 어렵다. 이렇게 볼 때, 어떤 특정한 종교를 "법률적"(dē iūre) 의미의 국가 종교로 삼는 것은 소망스럽지 않게 여겨질 수 있다.

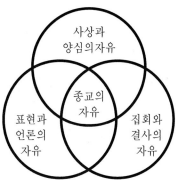

그림 4: 네 가지 자유의 상호관계

하지만, 종교의 자유가 보장된 상황에서도, 한 사람이 어떠한 가정에서 태어났는가 하는 것은, 그 사람의 종교 생활에 중대한 영향을 미친다. 사람들은 대체로, 자기가 사랑하는 사람들과 정신적 가치를 공유하기 마련이기 때문이다. 이런 점에서 부모를 포함한 나의 가족은 나의 삶에서 매우 중요한 위치를 차지한다.

우리가 고백할 수밖에 없는 대로, 우리가 어떠한 부모를 만났는가 하는 것은, 우리가 선택한 사항이 아니다. 이것은 우리의 자유의 한계를 넘어서 있다. 불신자들은 이것을 "운명"이라 말할 것이다. 그러나, 기독교 신자들은 이것을 "하나님의 뜻"으로 받아들인다.

조상 대대로 신자였던 가정에서 태어난 사람과, 불신 가정에서 태어난 사람. 기독교 문화권에서 태어난 사람과, 이슬람 문화권에서 태어난 사람. 그들이 가는 길은 현저히 다를 것이다. 어디에서 태어났는지는, 자기가 선택한 사항이 아니지만, 우리의 삶에 지대한 영향을 미칠 수밖에 없는 법이다.

모니카의 신앙은 흔히들 말하는 "모태신앙"(母胎信仰)이었다. 그래서, 어거스틴은 자기 어머니 모니카의 신앙을 하나님의 "선물"(dōna)[1]이라고 고백하였다.

> "은혜의 교사"(doctor grātiae)라 불릴 만큼 은혜의 중요성을 강조했던 어거스틴은 믿음 자체를 "하나님의 선물"[2]이라고 생각한다. 자기에게 있는 좋은 점을 자기 자랑의 근거로 삼는 것을 어거스틴은 옳게 생각하지 않았다. 어거스틴이 즐겨 인용하는 성경 말씀에 고전 4:7이 있음을 기억하자!

> 누가 너를 남달리 구별하였느냐? 네게 있는 것 중에 받지 아니한 것이 무엇이냐? 네가 받았은즉, 어찌하여 받지 아니한 것 같이 자랑하느냐?

어거스틴의 입장에서, 그의 어머니 모니카가 "믿음의 여인"이 된 것은 전적으로 "하나님의 은혜"였다. 고전 15:10을 함께 읽자!

> 그러나 내가 나 된 것은 하나님의 은혜로 된 것이니, 내게 주신 그의 은혜가 헛되지 아니하여, 내가 모든 사도보다 더 많이 수고하였으나, 내가 한 것이 아니요, 오직 나와 함께 하신 하나님의 은혜로라.

그렇다! 우리에게 천성도, 중요하고, 우리의 노력도 중요하지만, 하나님의 은혜가 임할 때, 우리는 "믿음의 사람"이 될 수 있다.

---

[1] *Conf.* IX, viii, 17.

[2] *Ep.* CXCIV, iii, 9: dōnum Deī.

그림 5: 바울과 어거스틴

우리가 신앙 생활을 할 수 있는 것은 하나님의 은혜다. 우리가 온갖 어려움을 딛고 "선한 양심"을 따라 살 수 있다면, 그것도 하나님의 은혜다. 모니카는 그 은혜를 받았고, 그 사실을 아들 어거스틴을 통하여 증명해 주었다.

하나님의 은혜는 일반은총과 특별은총을 통하여 주어진다. 그러나, 이에 대해 깊이 다루는 것은 이 책의 범위를 넘어서는 것이다.

그림 6:「기도하는 소녀」

윌리엄 아돌프 부그로(William-Adolphe Bouguereau, 1825~1905)
1865년 작품

믿음의 딸

우리들 가운데 상당수는 19세기 프랑스 자연주의의 대표적 문학가 기 드 모파쌍(Guy de Maupassant, 1850~93)의 『여자의 일생』(*Une vie*)을 읽었다. 모파쌍은 이 소설 끝머리에 주인공 잔(Jeanne)의 하녀 로잘리(Rosalie)의 입을 빌어 다음과 같은 유명한 말을 한다.

> 인생은, 사람들이 생각하는 것처럼, 그렇게 행복한 것도, 불행한 것도 [전혀] 아닌가 봐요.
>
> La vie, voyez-vous, ça n'est jamais si bon ni si mauvais qu'on croit.
>
> Life, after all, is not as good or as bad as we believe to be.

인생은, 행복만 있는 곳도, 불행만 있는 곳도 아니다. 인생은, 행복과 불행이 교차하는 곳이다. 한때 행복했다가도, 한때 불행해지고, 또 불행의 터널 속에서도 작은 행복을 찾기도 한다. 이것이 인생인데, 특히 여자의 경우 더 그렇다는 것이, 모파쌍이 하고 싶은 말이었던 것 같다.

모파쌍의 『여자의 일생』 주인공 잔의 일생 중 가장 행복했던 시기는? 쥘리앙(Julien)과 약혼했던 때? 당시 그녀는 아직 불란서 북부 노르망디(Normandie)의 몰락해 가는 하급 귀족 시몽 작크 르 페르튀 데 보(Simon-Jacques Le Perthuis des Vauds) 남작의 딸 신분이었다.

어느 여자든, 누군가의 딸이다. 장성하여 누군가와 결혼을 할 수가 있고, 자녀를 가질 수도 있지만, 누군가의 딸이라는 사실은 변할 수 없다. 그리고, 이 사실이 여자의 일생에 상당히 중요한 영향을 미친다. 『여자의 일생』 주인공 잔도 시몽 작크 남작의 외동딸이었기에, 남작의 재산과 신분을 함께 물려받았다. 물려받은 재산은 점차 줄어들고, 신분의 중요성도 점차 작아지긴 했지만 말이다.

우리의 주인공 모니카도 누군가의 딸이었다. 그러나, 우리는 모니카의 부모에 대하여 자세히 알지 못한다. 우리가 아는 것은, 그들이 북아프리카 사람으로, 누미디아 지방 타가스테 주민이었다는 것, 여러 하인들을 거느린 농장 주인 신분이었다는 것, 그리고 기독교 신자였다는 것 정도다. 이 중에서 우리는 먼저 그들의 고향에 대해 살펴보기로 하자!

모니카의 고향

원칙적으로 말해, 크리스챤의 본향은 이 세상에 있지 않다. 그럼에도 불구, 우리가 이 세상에 사는 동안은, 우리가 어디서 태어났는가 하는 것은 우리 삶에 지대한 영향을 미친다. 우리의 태어난 곳을 우리가 선택하지 않았음에도 말이다.

모니카는 북아프리카에서 태어났다. 북아프리카라 한다면, 오늘날 우리의 관점으로는, 사하라 사막 이북의 아프리카를 의미하고, 모니카 당시의 관점으로는, 사하라 사막 이북의 아프리카 중에서도 리비아 동부와 이집트를 제외한 지역을 말한다. 어떤 관점이든, 북아프리카가 아프리카의 일부라는 사실을 감추지는 못한다.

현재 아프리카는 세계의 6개 대륙 중, 경제개발 수준이 가장 낮고, 사회, 문화적으로도 많이 낙후돼 있다. 과거에는? 19세기 초까지 아프리카는, 일부 해안 지방을 제외하면, 유럽 사람들에게도 미지의 세계, 혹은 "암흑 대륙"(the Dark Continent)이었다. 대부분의 지역이 열대 혹은 아열대에 속하기 때문에, 고온(高溫)에 익숙하지 못한 외래인은 적응하기 힘들었고, 그래서 "백인의 무덤"이라는 말도 생겼다.

　　모니카의 고향은 아프리카 중에서도 문명의 혜택을 많이 받은 곳에 속
한다. 그 지역은 처음에 페니키아 문명의 혜택을 받았고, 나중에는 로마
문명의 혜택을 받는다. 그리고, 로마 문명이 몰락한 후에는, (모니카가
세상을 떠나고 한참 후의 일이기는 하지만, 주후 8세기 초에) 이슬람 문화권
으로 편입되었다.

　　그러나, 아프리카 전체로 본다면, 나일 강 유역의 이집트를 제외할 때,
전반적으로 문명이 낙후된 것이 사실이다. 그리고, 이집트 역시 세계 문명의
중심지로서의 역할을 상실한 지 오래다.

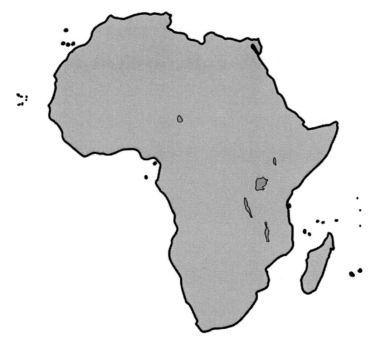

지도 1: 아프리카

하지만, 아프리카의 문명 발달이 지체되었다 해서, 그것이 곧 아프리카의
가치를 저하시키는 것은 아니다. 미국의 어느 학자가 지적한 대로, 문명의
발달은 엔트로피를 증대시켜, 그 결과 지구의 생태계에 심각한 교란을
일으켰고, 작금에 무수히 많은 생물을 멸종시키고 있을 뿐 아니라, 종내
에는 인류까지도 멸망시킬 수 있는 위기를 초래하고 있다. 생태학적 위기
앞에서 하나님이 창조하신 태고의 자연이 가장 잘 보존된 청정지역 아프
리카야말로 세계의 다른 어느 대륙 못지 않게 가치 있는 지역일 수 있다.

사진 3: 케냐의 기린

물론, 오늘날 아프리카의 많은 사람들에게 닥친 가난과 질병의 아픔을
모르는 것은 아니다. 그러나, 그 책임은 아프리카 사람들에게만 있는 것은
아니다. 오히려 선진국에 사는 것을 자랑으로 여기는 사람들에게 더 많다
할 수 있다.

사진 4: 영양 부족으로 가시요코에 걸린
　　　아프리카 여자 어린이

가시요코(Kwashiorkor)는 단백질 부족
으로 어린 아이들에게 생기는 병으로,
이 병에 걸린 아이들은, 성장이 부진
하고, 사지의 근육이 줄어들며, 복부에
체액이 축적되어, 배가 부어오른다.
또한 탈모 증상을 보이며 피부가 거칠
어지고 설사를 한다.

북아프리카

앞에서 말한 대로, 북아프리카는 사하라 사막 북쪽에 위치한다. 그래서, 이
지역은 여타(餘他)의 아프리카와 지리적으로 격절(隔絶)되어 있다. 지리적
격절로 인해 북아프리카는 사하라 사막 남쪽의 아프리카와 자연적으로뿐
아니라 문화적으로도 큰 차이를 보인다.

사하라 사막 이남의 아프리카는 남아프리카를 제외한다면, 대부분 열대지역
이다. 계절을 불문, 개인 날이면, 강렬한 태양빛이 작열할 때가 많다. 사람들이
고도의 문명을 발전시키기에 불리한 지역인 것이 사실이다. 이 지역 원주민의
피부가 검게 된 것도 강렬한 태양빛에 적응하게 하기 위한 하나님의 섭리일
것이다. 유럽 사람들은 이 지역을 전에 Black Africa라 불렀고, 한문으로 이 말은
黑阿(흑아)로 번역되었다. 우리말로는 "검은 아프리카"라 하였다. 요즘에는
"사하라 이남 아프리카"(Sub-Saharan Africa)라 한다.

지도 2: 사하라 사막

예전에 사반나, 곧, 열대 및 아열대 초원 지역이었던 사하라(Sahara)는, 주전 3400년 경 사막화(砂漠化)가 시작되었다. 사하라 사막의 확대로 북아프리카에서는 지중해 연안 지방과 나일 강 유역을 제외하고는 대부분 농업 및 문명 발달에 불리한 지역이 되었다.

나일(Nile) 강 유역은 티그리스(Tigris), 유프라테스(Euphrates) 강 유역과 함께, 인류 최초의 문명이 형성된 곳이다. 그런데, 나일 강 유역의 이집트는 주전 332년 알렉산더 대왕에게 정복을 당했고, 이후 상당 기간 동안 헬레니즘 문화의 영향 아래 있게 되었다. 모니카의 시대에도 이집트는 헬레니즘 문화권에 속했다.

헬레니즘 시대 이집트의 수도는 알렉산드리아(Alexandrīa)였다. 알렉산더는 자기의 정복지 곳곳에 자기 이름을 따서 "알렉산드리아"라는 이름의 도시를 건설하였는데, 그 중 가장 유명한 곳이 이집트의 알렉산드리아다. 주전 330년 창건되었다.

헬레니즘 문화

알렉산더 대왕(*356, 재위 336~323) 이후의 세계화된 그리스 문화. 알렉산더 대왕은 페르시아를 멸망시키고, 인도 서북부까지 정복하는 과정에서 그리스 문화를 세계화시켰다. 이제 그리스 문화를 받아들인 나라는 문화국이고, 그리스 문화를 받아들이지 않은 나라는 야만국으로 인식되는 지경에 이르렀다. 당연히 그리스어가 세계어처럼 되었다. 당시의 그리스어를 우리는 "코이네 헬라어" 혹은 줄여서 "헬라어"라 부른다. "코이네 헬라어"란 "[세계] 공용 헬라어"라는 뜻을 지닌다.

그러니까, 그리스 문화가 글로벌 스텐다드(global standard)처럼 여겨졌던 시대의 그리스 문화가 헬레니즘 문화다.

리비아 동부 지방의 중심은 구레네다. 헬라어로는 "퀴레네"(Κυρήνη)라 하며, 라틴어로는 Cȳrēnē라 표기한다. 구레네는 주전 630년 경 헬라인에 의해 건설되어고, 주전 4세기 말 헬레니즘 문화권에 편입되었다.

구레네는 예수님의 십자가를 대신 진 구레네 시몬(마 27:32, 막 15:21, 눅 23:26) 때문에 유명한 도시가 되었다.

리비아 서부 지방의 주요 도시는 트리폴리스(Tripolis)였다.

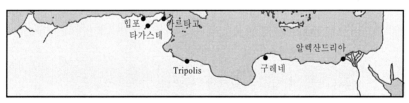

지도 3: 로마 시대 북아프리카, 리비아, 이집트의 주요 도시

로마 시대에 리비아 동부와 이집트가 북아프리카에서 제외된 것은, 이들
지역은 헬레니즘 문화권에 속했으므로, 과거 카르타고(Carthāgō)의 영향력
아래 있었던 북아프리카의 여타(餘他) 지역과 문화적으로 현저히 차이가
났기 때문이다. 참고로, 카르타고는 주전 9세기 혹은 8세기에 셈족 계통에
속하는 페니키아(Phoenicia) 사람들에 의해 창건되었다.

모니카나 어거스틴에 관한 책에서 "북아프리카"라 할 때는 거의 대부분의 경우
리비아 동부와 이집트가 제외된다. 그래서, 오늘날 모로코, 알제리, 튀니지,
리비아 서부에 해당하는 지역, 그것도 거의 대부분의 경우 지중해 연안 지역만
포함시킨다.

지도 4: 로마 시대의 북아프리카

로마가 아직 지중해로 진출하기 전, 지중해 서부의 해상무역은 카르타고
사람들에 의해 주도되고 있었다.

카르타고 사람들이 주전 227년 이베리아(Iberia) 반도 남부에 노바 카르타고
(Nova Carthāgō)를 건설한 것도 이러한 연관에서 이해가 된다.

구약 성경에 보면, 선지자 요나가 니느웨(Nineveh)로 가라고 하는 하나님의
명령을 어기고 다시스(Tarshish)로 도망하는 장면이 나온다. 아마도 다시스는
이베리아 반도 남부의 어느 항구 도시였을 것이다.

로마가 지중해의 해상무역에 적극 관심을 가지게 된 것은 주전 3세기 전반. 이때부터 로마와 카르타고는 지중해 서부의 해상권을 놓고 자웅을 겨루게 되었고, 이에 두 나라 사이에는 3차에 걸친 포에니 전쟁이 벌어졌다.

> 제1차 포에니 전쟁 (264~241 BC)
> 제2차 포에니 전쟁 (218~201 BC)
> 제3차 포에니 전쟁 (149~146 BC)

여기서 "포에니"는 Poenī라는 라틴어의 음역(音譯)인데, 라틴어 Poenī는 "페니키아 사람들"이라는 뜻이다. 카르타고를 페니키아 사람들이 건설했기 때문에, 로마 사람들은 카르타고 사람들을 Poenī라 부른 것이다.

3차에 걸친 포에니 전쟁의 승자는 모두 로마였다. 이로써 로마는 지중해 서부에 대한 해상권을 완전히 장악하였고, 이를 기반으로 조만간 지중해 동부에 대한 해상권도 완전히 장악, 세계제국의 건설에 성공한다.

누미디아

지도 4에서 보는 대로, 로마 시대의 북아프리카는 다음과 같이 크게 5개 지역으로 구분되었다.

1. 마우레타니아(Mauretānia)
2. 누미디아(Numidia)
3. 아프리카 프로콘술라리스(Āfrica Prōcōnsulāris)
4. 뷔자케나(Bȳzacēna)
5. 트리폴리타니아(Tripolitānia)

마우레타니아(Mauretānia)

현재의 모로코 북부 및 알제리 서부(아틀라스 산맥 이북)에 해당하며, 이 지명은 오늘날 모리타니아(Mauritania)라는 나라의 국명에 반영돼 있다.

마우레타니아는 원래 "마우르족의 나라"라는 뜻을 지니고 있다. 마우르족(Maur族)을 라틴어로는 Maurī라고 하며, 여기에서 영어 Moors(= "무어족")가 유래하였다.

아프리카 프로콘술라리스(Āfrica Prōcōnsulāris)

"아프리카 총독령"이라는 뜻인데, 대체로 오늘날의 튀니지(Tunisie) 북부에 해당한다. 당시 수도는 카르타고였다.

뷔자케나(Bȳzacēna)

대체로 오늘날의 튀니지 중부와 남부에 해당한다. 당시 수도는 하드루메툼(Hadrūmētum)이었다.

트리폴리타니아(Tripolitānia)

현재의 리비아 서부 해안 지방에 해당하며, 수도는 트리폴리스(Tripolis)였다. 로마 시대의 트리폴리스를 오늘날은 영어로 Tripoli라 한다.

트리폴리타니아는 제2차 세계대전 당시 "사막의 여우" 에르빈 롬멜(Erwin Rommel, 1891~1944) 장군의 근거지였다.

누미디아(Numidia)는 로마 시대 북아프리카의 한 지방 이름이었다. 하지만, 한때 이곳에는 누미디아왕국(Numidia王國)이 세워져 있었다. 이 왕국은 카르타고와는 경쟁과 협력을 번갈아 가며 하였고, 로마가 북아프리카를 지배하게 되자, 로마의 동맹국이 되었으나, 주전 46년 로마에 멸망당하여, 로마의 식민지로 전락한다.

"누미디아"라는 지명은 본디 "누미드족의 땅"이라는 뜻이다. 누미드(Numid 族)을 라틴어로 Numidae라 하는데, 이것은 복수형이며, 단수형은 Numida로, Numida는 "유목민"이라는 뜻의 헬라어 명사 νομάδα / nomáda[1]에서 유래하였다. "유목민"에 해당하는 영어 nomad의 어원도 헬라어 νομάδα / nomáda다.

누미디아의 원주민은 원래 유목민이었다. 그들은 유목생활을 하였는데, 페니키아 사람들의 도래 후 그들 중 일부가 정주민(定住民)으로 탈바꿈 하였다. 누미디아 원주민은 북아프리카에 광범하게 퍼져 살고 있는 베르 베르족(Berber族)에 속한다.

사진 5: 전통 복장 및 치장을 한
베르베르족 처녀
(20세기 초 튀니지)

우리의 주인공 모니카도 베르베르족에 속하는 누미디아 원주민 여성이었다. 다만, 모니카와 그녀의 가족은 로마화(Roma化)된 베르베르인이었다. 즉, 로마 사람들의 문화를 받아들였고, 라틴어를 상용어로 사용하였다.

---

[1] νομάς / nomás의 단수 목적격.

타가스테

모니카와 그녀의 아들 어거스틴의 고향 타가스테(Thagaste/Tagaste)는 누미디아 지방 동북부의 작은 도시였다.

이 도시의 현재 이름은 수크 아라스(Souk Ahras)인데, 이 도시는 알제리 동북부에 위치하며, 알제리 및 튀니지 사이의 국경에서 가깝다.

수크 아라스의 2009년 현재 인구는 약 15만으로, 알제리에서는 중소도시에 속한다. 수크 아라스는 20세기 초만 해도 퍽 한적한 도시였다.

사진 6: 수크 아라스의 1918년 모습

타가스테는 해발 약 700m의 고원지대에 위치한다. 타가스테의 북쪽으로는 메제르다(Medjerda) 산맥이 동서로 뻗어 있고, 남쪽에는 오레 산괴(Aurès 山塊)가 자리하고 있다. 메제르다 산맥과 오레 산괴 사이에는 메제르다 강이 흐르고 있는데, 타가스테는 이 강 북쪽에 자리잡고 있다.

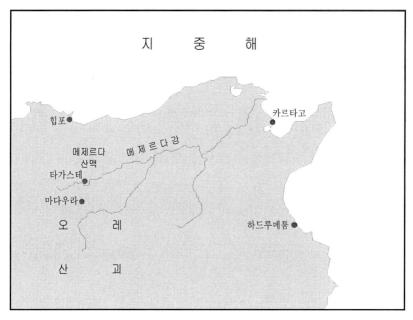

지도 5: 타가스테 주변의 북아프리카

메제르다 강 유역이었던 타가스테 주변에는 울창한 숲과 비옥한 농경지가
펼쳐져 있었다.

　타가스테 주변에는 밀, 보리 등을 심는 경작지뿐 아니라 감람원, 포도원 등
과수원도 많이 있었다.

메제르다 강 상류 유역의 중심 도시였던 타가스테는 동서, 남북을 잇는
무역로의 교차점에 위치하였다. 타가스테가 도시로 건설된 것은 주후 1세기
초로 추정되지만, 로마인들이 이곳에 도시를 건설한 것은 결코 우연이 아니
었다.

어거스틴의 시대에 타가스테는 인구 수천에 불과한 작은 도시였으나, 메제르다 강 상류 유역의 교역 중심지로서의 중요성은 충분하였다.

특히 이곳에는 오레 산괴(Aurès 山塊)를 거쳐 사하라 사막을 오가는 대상(隊商)들이 자주 찾아왔다.[1]

로마인들은 타가스테에 공회당, 광장, 시장, 운동장, 연극장, 목욕장, 상하수도, (이방) 신전, 님파이온[2] 등을 건설, 당시 도시로서 갖추어야 할 기본적인 요소를 다 갖추게 하였다.

모니카의 시대

모니카가 태어났던 주후 331년, 로마제국은 콘스탄틴 대제(Constantine 大帝, *280?, 재위 312~337)의 통치 아래 있었다. 잘 아는 대로, 콘스탄틴 대제는 주후 313년 「밀라노 칙령」을 반포, 기독교를 공인하였으며, 주후 325년 니케아 공의회를 개최, 「니케아 신경」을 반포하였고, 주후 330년 로마제국 수도를 콘스탄티노플(Constantinople)로 옮겼다.

사진 7: 콘스탄틴 대제 조각상

(주후 312년~315년 경 제작)

---

[1] Cf. Erwin Roderich von Kienitz, *Augustinus: Genius des Abendlandes* (Wuppertal: Abendland Verlag, 1947), p. 13.

[2] 분수대가 있는 화려한 건물. 헬라어 νυμφαῖον에서 유래하였고 라틴어로 nymphaeum이라 한다. 문자적으로는 "님프가 노니는 곳"이라는 뜻이다.

콘스탄틴은 로마제국을 "사실상의"(dē factō) 기독교 국가로 변모시킨 사람이다. 그렇다고, 기독교를 아직 "법률적"(dē iūre) 의미의 국가종교로 삼지는 않았다. 즉, 이방종교(異邦宗敎)를 믿는 사람들에게 종교의 자유를 광범위하게 허용하면서도, 기독교에 특혜를 주는 종교정책을 시행하였다.

콘스탄틴은 기독교를 로마제국의 정신적 기반으로 삼고, 그 기반 위에서 로마제국을 부흥시키고자 노력하였다. 콘스탄티노플을 제국의 새로운 수도로 삼은 것도 이러한 맥락에서 이해할 수 있다.

그러나, 콘스탄틴의 이러한 노력이 제국의 쇠망을 약간 늦출 수는 있었어도, 완전히 중단시킬 수는 없었다. 로마제국은 이미 주후 2세기 말부터 쇠망의 길을 걷고 있었다.

그림 7: 에드워드 기번 초상화

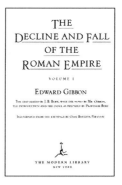

사진 8:「로마제국 쇠망사」
속표지

영국의 역사가 에드워드 기번(Edward Gibbon, 1737~94)은 「로마제국 쇠망사」(1776~89)라는 대작을 통해 로마제국의 쇠망 과정을 자세히 서술하고 있다. 그의 책은 원래 6권으로 출판되었다.

콘스탄틴 대제는, 모니카가 만 6세이던 주후 337년 세상을 떠나고, 그의 세 아들이 제국을 셋으로 나누어 통치하게 되었다.

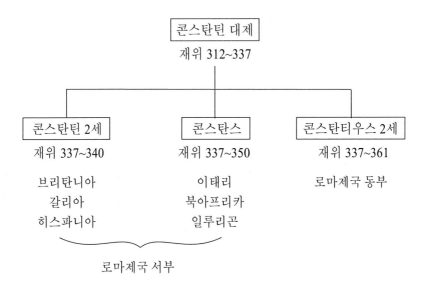

이 표에서 보는 대로, 북아프리카는 콘스탄스(Cōnstāns)의 통치 영역이 되었는데, 콘스탄스는 콘스탄틴 대제의 막내아들이었다. 그러나, 그는 얼마 있지 않아 맏형인 콘스탄틴 2세와 싸워, 그를 죽이고 로마제국 서부 전체를 차지하였다. 하지만, 콘스탄스는 주후 350년 부하 장군이었던 마그넨티우스(Magnentius, 303?~353)의 반란으로 제위(帝位)에서 축출되었고, 같은 해 반란군에 의해 살해되었다. 결국, 주후 353년 콘스탄틴 대제의 둘째 아들 콘스탄티우스 2세(Cōnstantius II.)가 마그넨티우스의 반란을 진압 하고 로마제국 전체의 통치자가 되었다. 콘스탄티우스 2세 사후(死後) 로마 제국 전체 혹은 로마제국 서부의 통치자는 다음과 같다.

율리안(Iūliān, 재위 361~363)
요비안(Ioviān, 재위 363~364)
발렌티니안 1세(Valentīniān I., 재위 364~375)
그라티안(Grātiān, 재위 375~383)
발렌티니안 2세(Valentīniān II., 재위 375~392)

로마제국 멸망의 결정적 계기는 주후 375년 시작된 민족대이동이었다. 민족대이동의 피해는 로마제국 동부가 먼저 보았으나, 동부는 이 위기를 잘 극복할 수 있었다.

로마제국 동부는 주후 395년 동로마제국 (혹은 비잔틴제국)으로 분리되어 나갔고, 주후 1453년까지 국가의 명맥을 유지하였다.

그렇지만, 로마제국 서부는 주후 400년 경 이후 급속한 혼란 상태에 빠져, 주후 476년 멸망하고 만다. 그러나, 모니카의 생전에는 민족이동의 피해가 적어도 북아프리카와 이태리에서는 거의 감지(感知)되지 않았다. 단지, 경제적 침체는 계속 진행되었다. 사람들의 살림살이는 점차 어려워져 가고, 노예제도에 기반을 둔 고대경제는 붕괴 직전으로 내몰리고 있었다.

콘스탄틴 대제 이후 역대 황제의 종교정책은 발렌티니안 1세 치세까지는, 율리안 황제의 치세를 제외한다면, 거의 비슷하게 추진되고 있었다. 즉, 기독교를 우대하면서도, 이방종교에 대해 종교의 자유를 상당 부분 허용하는 정책 말이다.

율리안 황제는 기독교에 대해 반감을 가진 황제로서, 이방종교를 장려하고, 기독교에 대해서는 여러 가지로 불리한 정책을 폈다.[1]

---

[1] 자세한 것은 졸저,『고대 교리사』(서울: 보라상사, 2003), pp. 364-368 참조.

그라티안 황제는 교부 암브로시우스(Ambrosius, 334?~397)[1]의 영향으로 기독교를 "법률적"(dē iūre) 의미의 국가종교로 삼고자 노력하였다. 그리고 그라티안의 동생 발렌티니안 2세는, 비록 암브로시우스와 친하지는 않았으나, 그라티안의 이러한 종교정책을 대체로 답습하였다.

하지만, 기독교를 법률적 의미의 국가종교로 삼는 일을 관철한 사람은 테오도시우스 대제(Theodosius 大帝, 재위 381~395)였다. 그는 처음에 로마제국 동부의 황제였으나, 주후 388년 내지 주후 392년 로마제국 전체의 황제가 되었다.

테오도시우스는 주후 388년 로마제국 전체의 실질적 황제였다. 다만, 발렌티니안 2세가 아직 살아 있었으므로, 명목상으로는 아직 로마제국 동부의 황제로 머물렀다.

그러나, 우리의 주인공 모니카는 주후 387년에 세상을 떠난다. 그러니까 모니카는, 기독교가 아직 법률적 의미의 국가종교가 되기 이전 사람인 것이다.

모니카의 친정

지금까지 우리에게 전해져 내려온, 모니카에 관한 전승에 의하면, 모니카의 모친은 파콘다(Faconda)[2]라는 이름의 여성으로, 타가스테 주민이었고,

---

[1] 암브로시우스의 생애와 사상에 대하여는 졸저, 『교부 열전』 중권 (서울: CLC, 2005), pp. 332-430 참조.

[2] 혹은 파쿤디아(Facundia)라고도 함.

경건한 크리스챤이었다.¹ 모니카의 부친 이름은 알려지지 않았다. 하지만,
모니카의 부친 역시 타가스테 주민이었고, 경건한 크리스챤이었다. 그러면
여기서 어거스틴이 하는 말을 직접 들어 보자!

> 내가 아뢰고자 하는 것은, 어머니께서 주신 선물이 아니오라, 어머니에게
> 주신 당신의 선물(tua dōna)이오니, 이는, 어머니가 자기 자신을 창조하지도
> 않았고, 교육시키지도 않았기 때문이라. 당신이 어머니를 창조하셨나이다.
> 어머니의 부모님들도 자기들에게서 어떠한 아이가 나올 줄 몰랐나이다.
> 하오나, 당신의 그리스도의 회초리(virga Chrīstī tuī), 곧, 당신의 독생자의
> 다스리심(regimen ūnicī tuī)이 어머니로 하여금 당신을 경외하는 사람이
> 되도록, 당신 교회의 충실한 지체(bonumn membrum ecclēsiae tuae)인 신자의
> 가정에서(in domō fidēlī) 양육시켰나이다.²

모니카의 부모는 하나님 "교회의 충실한 지체"(bonum membrum ecclēsiae)였다.
때문에 모니카는 태어나면서부터 기독교 교육을 받고 자랐다. 곧, "주의 교훈과
훈계로 양육"(엡 6:4)을 받은 것이다.

앞에서도 말했지만, 어거스틴은 모태신앙을 "하나님의 선물"(dōnum Deī)로
본다. 자랑거리는 절대 아니다. 그러나, 그것은 지극히 감사한 일이다. 그리고,
거기에는 주님의 뜻이 있다. 장차 어거스틴과 같이 위대한 인물의 어머니가
될 사람을 어려서부터 신앙적 분위기에서 키워야 하였을 것이다. 그래서,
어거스틴은 "그리스도의 다스리심"(regimen Chrīstī)에 대하여도 이야기하는
것이다.

---

¹ Cf. [Louis Victor Emile] Bougaud (1866), *History of St. Monica*, tr. Edward
Hazeland (Devon: Augustine Publishing Co., 1983), p. 5; Lady Herbert, *St. Monica: The Mother of St. Augustine* (London: Catholic Truth Society, 1910), p. 2.

² *Conf.* IX, viii, 17.

우리는 모태신앙을 결코 인간적인 자랑거리로 생각해서는 안 될 것이다.
하지만, 모태신앙을 가진 사람이 - 적어도 신앙 생활 면에서는 - 아주
유리한 입장에 있다는 사실을 인정하지 않을 수 없다. 부모로부터 신앙의
유산을 물려받은 사람과 물려받지 못한 사람은, 신앙이 우리의 삶에 지대한
영향을 미친다는 사실을 고려할 때, 인생의 출발부터가 다르다는 것을
고백할 수밖에 없다.

우리 중 대부분은 우리의 자녀들에게 많은 재산을 남겨 줄 수 없다. 혹시 많은
재산을 가진 사람이라도, 재산을 사회에 환원하라는 유무언(有無言)의
압력을 받는 시대에 살고 있다.

우리는 우리의 자녀들에게 무엇을 유산으로 남겨 줄 것인가? 많은 사람들은
자녀 교육에 매진한다. 조기교육, 과외, 해외연수 등등. 자녀에게 재능만
있다면, 국내외의 명문대에 보내는 것은 당연지사. 그러나, 그것이 전부
인가? 그들로 하여금 진정으로 가치 있는 삶을 살 수 있도록 돕는 길은 무엇
인가? 그것은 그들을 어려서부터 참된 신앙으로 양육하는 것이다.

물론, 참된 신앙은 지성을 물리치지 않는다. 오히려 지성과 조화를 이루는 것
이다. 고대의 많은 신앙인들은 영성과 지성의 조화를 추구하였다. 어거
스틴과 같은 인물이 배출된 것도 그러한 분위기와 무관하지 않다.

우리는, 모니카의 친정이 언제부터 기독교 가문이었는지를 알지 못한다.
그러나 모니카가 태어날 당시인 주후 331년에는, 그 집안이 이미 기독교화
되어 있었으므로,[1] 그 집안이 기독교 가문이 된 시점은 늦어도 주후 320년
대였을 것으로 추정해 볼 수 있다. 우리의 이러한 추정은, 어거스틴이 그의
『고백록』에서 하고 있는, 자기 외가의 어느 나이 많은 하녀에 대한 이야기를
통해서도 뒷받침을 받을 수 있다. 어거스틴에 의하면, 그 하녀는 어거스틴의

---

[1] *Conf.* IX, viii, 17.

외할아버지, 곧, 모니카의 부친을 업어서 키웠을 정도로, 나이가 많았는데, "… 나이 때문만이 아니라, 지극히 훌륭한 행실 때문에 기독교 가정인 그 집안에서 주인들의 존경을 많이 받았다".[1] 이 기록은, 그 나이 많은 하녀가 매우 오래 전부터 그 집안에서 봉사했다는 것을 명시해 줄 뿐 아니라, 그 집안이 꽤 오래 전부터 "기독교 가정"(domus Chrīstiāna)였음을 암시해 준다.

기독교의 북아프리카 전래

기독교가 북아프리카에 전래된 것은 주후 2세기 전반이었다. 북아프리카 신도들은 주후 150년 경에 번역된 라틴어 성경 『베투스 라티나』(*Vetus Latīna*)를 사용하고 있었다. 북아프리카 교회 최초의 순교자들은 주후 180년 여름에 나왔다. 즉, 누미디아 지방의 작은 도시 스킬리(Scilī) 사람들이 (남자 7명, 여자 5명) 카르타고로 끌려가, 황제숭배를 거부한다는 이유로 처형당했다.[2] 북아프리카 교회가 배출한 최초의 교부는 미누키우스 펠릭스(Minucius Fēlīx)[3]와 터툴리안(Tertulliān, 150/160~222/223)[4]이었다. 북아프리카 교회는 이외에 퀴프리안(Cypriān, 190/210~258),[5] 아르노비우스(Arnobius, 240?~?327),[6] 락탄티우스(Lactantius, 250?~?325)[7]와 같은 쟁쟁한 이름을 가진 교부도 배출하였다.

---

[1] *Loc. cit.*: … et propter senectam ac mōrēs optimōs in domō Chrīstiānā satis ā dominīs honōrābātur.

[2] 졸저, 『그림으로 본 10대 박해』(서울: CLC, 2010), pp. 90-92 참조.

[3] 졸저, 『교부 열전』 상권 (서울: CLC, 2010), pp. 223-231 참조.

[4] 위의 책, pp. 260-277 참조.

[5] 위의 책, pp. 384-393 참조.

[6] 위의 책, pp. 409-412 참조.

[7] 위의 책, pp. 413-418 참조.

사진 9: 타가스테의 어거스틴 기념교회당
(20세기 초의 모습)

모니카의 친정은 사회경제적으로 중상(中上) 정도의 집안이었다 평가된다. 소규모의 농장을 소유하였고, 여러 명의 노예도 거느렸다.[1] 앞에 언급한, 나이 많은 하녀도 그 집안의 노예였지만, 그 집안 주인들의 "존경"을 받을 정도로 좋은 대우를 받았는데, 이는, 그 집안이 노예라도 그리스도 안에서 자유민과 동등하게 대우해 주는 "기독교 가정"이었기 때문에 가능하였다.

로마제국은 노예제도에 기초한 사회였다. 즉, 로마제국은 사회 유지에 필요한 노동력의 태반을 노예 계급으로부터 공급받고 있었다. 하지만, 노예들의 처지는 매우 비참했던 것이 사실이다. 물론, 세월이 흐름에 따라,

---

[1] Cf. Aurelius Augustinus, *Meine Mutter Monika*, hg. von Agostino Trapè, übers. von Hans Beyrink (München: Verlag Neue Stadt, 1998), pp. 9-10.

노예들은 보다 인간적인 대우를 받았는데, 여기에는 무엇보다 기독교의
영향이 컸다.[1] 왜냐하면, 기독교는 "… 유대인이나 헬라인이나, 종이나
자유인이나, 남자나 여자나, 다 그리스도 예수 안에서 하나"(갈 3:28)라고
하는 성경 말씀에 따라, 노예나 자유민이나, 예수를 믿기만 하면, 똑같이
"그리스도의 종"(엡 6:6)으로 인정했기 때문이다.

모니카의 교육

모니카의 친정에서 그 집안 여식(女息)들의 교육을 담당한 사람은 모니카의
어머니가 아니라, 앞에 언급한 나이 많은 하녀였다. 어거스틴의 『고백록』
에는 그 하녀가 어거스틴의 어머니 모니카의 교육도 담당한 것으로 되어
있다.

> 어머니는, 자기가 받은 좋은 교육에 대하여 이야기할 때, 그것이 외할머니의
> 열성 덕택이라기보다는 외가(外家)에서 일하던, 나이 많은 하녀의 열성 덕택
> 임을 강조하는 편이었나이다.[2]

로마제국에서는 노예가 자기 주인 집안 자녀들에 대한 교육을 담당하는
경우가 종종 있었다.[3]

---

[1] 고대 말기 로마제국의 노예제도에 관해서는 Alexander Demandt, *Die
Spätantike: Römische Geschichte von Diokletian bis Justinian 284-565 n. Chr.*
(München: Verlag C. H. Beck, 1989), pp. 288-296 참조.

[2] *Conf.* IX, viii, 17.

[3] Cf. A. Demandt, *op. cit.*, p. 355; William Barclay, *Educational Ideals in the
Ancient World* (Philadelphia: Westminster Press, 1959; reprint ed., Grand Rapids,
Mich.: Baker Book House, 1974), p. 166.

그림 8:「할머니의 귀염둥이」

그리스 화가
게오르기오스 야코비디스
(Georgios Iakovidis, 1853~1932)의
1893년 작품

어거스틴은 물론, 모니카의 진정한 양육자는 하나님이신 것을 분명히 하고
있다.[1] 그렇지만, 하나님은 사람을 통하여 역사(役事)하시기 때문에, 나이
많은 그 하녀가 했던 역할을 우리는 과소평가해서는 안 될 것이다.

우리는, 그 하녀가 모니카를 위시한 그 집안 여식들에게 베푼 교육에 대하
여 상세한 내용을 알 수 없다. 단지, 어거스틴의『고백록』에서 우리는,
그 하녀가 그 집안 여식들을 경책(警責)할 때는 "거룩한 엄격함"(sāncta
sevēritās)을, 가르칠 때는 "단아한 명철함"(sōbria prūdentia)을 적용했다는
사실을 읽을 수 있다.

---

[1] *Conf.* IX, viii, 17.

그리하여, 그 하녀는 주인 집 여식(女息)들을 양육하는 일을 맡게 되었나이다. 그 하녀는, 자기가 맡은 이 일을 충실히 수행하였사온데, 필요한 경우, 그 여식들을 거룩한 엄격함으로 심히 경책(警責)하였사오며, 가르칠 때는 단아한 명철함으로 하였나이다.[1]

우리는 방금 인용한 글을 통하여, 그 나이 많은 하녀가 베푼 교육이 기독교 신앙에 입각한 인격교육(人格敎育)이었음을 쉽게 짐작할 수 있다. 하지만, 모니카가 그 하녀로부터 읽기, 쓰기와 같은 초등과정의 기초교육을 받았는지, 또 성경교육을 받았는지는 자세히 알 수 없다.

단, 라틴문자는 당시 단지 23개의 표음문자(表音文字)로 구성되어 있었고,[2] 그 형태도 상당히 단순하였으므로, 익히기가 그리 어렵지 않았다. 따라서, 모니카가 어렸을 때에 이미, 라틴어를 읽고 쓰는 능력을 습득했을 가능성은 충분히 있다.

ABCDEFGHIKLMNOPQRSTVXYZ

어거스틴은 물론, 그 나이 많은 하녀가, 그 집안 여식들이 술 마시는 습관을 가지지 못하도록 하기 위하여, 식사 시간 외에는 물 마시는 것조차 엄격히 금지했다는 사실은 지적하고 있다.

---

[1] Loc. cit.

[2] J, U, W 등 세 글자는 중세 시대에 발명되었다.

그리하여, 그 여식들이 부모들과 함께 식탁에서 아주 검소한 식사를 하는 시간 외에는, 타는 듯이 목이 말라도, 물조차 마시는 것을 허락하지 않았 사오니, 그것은, 잘못된 습관이 들지 않도록 미연에 방지하기 위함이었 나이다. 그러면서, 그 하녀는 다음과 같이 타일렀다 하나이다.

지금은 아씨들이 술을 마음대로 마실 수 없으니, 물을 마시지만, 장차 결혼을 하여, 가정주부로서 곳간이나 포도주 창고를 관리하게 되면, 물은 맛이 없다 하고, 대신 술 마시는 습관을 들이게 될 것이라.

이러한 합리적인 권면과, 권위 있는 명령을 통하여 그 하녀는 나이 어린 소녀들의 욕심을 억제하여, 그들로 하여금 갈증까지라도 적절히 제어할 수 있게 만듦으로써, 옳지 않은 것이면, 바라지도 못하게 하였다 하나이다.[1]

모니카가 인문고전 교육을 받았다는 증거는 찾아볼 수 없다. 모니카와 관련된 사료 중에서 그녀가 삼학예(三學藝)와 사학예(四學藝) 혹은 철학을 배웠다는 기록은 기록은 전여 없기 때문이다.[2]

상류계급 출신의 여성 중에는, 드물기는 했지만, 인문고전 교육을 받은 여성이 있었다.[3] 모니카는 상류계급 출신이 아니었다.

삼학예(trivium)는 문법(grammatica), 수사학(rhētorica), 논리학(dialectica)을 말한다.

사학예(quadrivium)는 대수학(arithmētica), 기하학(geōmetria), 천문학 (astronomia), 음악(mūsica)을 말한다.

---

[1] *Conf.* IX, viii, 17.

[2] 졸고, "카씨키아쿰에서의 모니카의 역할", 「개신논집」 5 (2005): 255-289, esp. 277-278 참조.

[3] Cf. Sarah B. Pomeroy, *Frauenleben im klassischen Alterum*, übers. von Nobert F. Mattheis (Stuttgart: Alfred Kröner Verlag, 1985), pp. 260-269.

소녀 모니카와 포도주

성경에는 포도주 내지 술과 관련된 이야기가 이미 노아 이야기(창 9)에서 등장한다.

> 20 노아가 농사를 시작하여 포도나무를 심었더니 21 포도주를 마시고 취하여 그 장막 안에서 벌거벗은지라 22 가나안의 아버지 함이 그의 아버지의 하체를 보고 밖으로 나가서 그의 두 형제에게 알리매 23 셈과 야벳이 옷을 가져다가 자기들의 어깨에 메고 뒷걸음쳐 들어가서 그들의 아버지의 하체를 덮었으며 그들이 얼굴을 돌이키고 그들의 아버지의 하체를 보지 아니하였더라 24 노아가 술이 깨어 그의 작은아들이 자기에게 행한 일을 알고 25 이에 이르되 가나안은 저주를 받아 그의 형제의 종들의 종이 되기를 원하노라 하고 26 또 이르되 셈의 하나님 여호와를 찬송하리로다 가나안은 셈의 종이 되고 27 하나님이 야벳을 창대하게 하사 셈의 장막에 거하게 하시고 가나안은 그의 종이 되게 하시기를 원하노라 하였더라

그림 9: 술 취한 노아

Sebastian Franck, *Chronica des gantzen Teutschen lands* (1539)

성경은 포도주 내지 술 마시는 것을 완전히 금지하지는 않지만, 그 오용과 남용에 대해서는 여러 차례 경고하고 있다.

사실, 노아 이야기가 벌써 알코올 오·남용에 대한 경고의 말씀이라고 볼 수 있다.

잠 20:1

포도주는 거만하게 하는 것이요 독주는 떠들게 하는 것이라 이에 미혹되는 자마다 지혜가 없느니라

잠 23:29-35

29 재앙이 뉘게 있느뇨 근심이 뉘게 있느뇨 분쟁이 뉘게 있느뇨 원망이 뉘게 있느뇨 까닭 없는 상처가 뉘게 있느뇨 붉은 눈이 뉘게 있느뇨 30 술에 잠긴 자에게 있고 혼합한 술을 구하러 다니는 자에게 있느니라 31 포도주는 붉고 잔에서 번쩍이며 순하게 내려가나니 너는 그것을 보지도 말지어다 32 그것이 마침내 뱀 같이 물 것이요 독사 같이 쏠 것이며 33 또 네 눈에는 괴이한 것이 보일 것이요 네 마음은 구부러진 말을 할 것이며 34 너는 바다 가운데에 누운 자 같을 것이요 돛대 위에 누운 자 같을 것이며 35 네가 스스로 말하기를 사람이 나를 때려도 나는 아프지 아니하고 나를 상하게 하여도 내게 감각이 없도다 내가 언제나 깰까 다시 술을 찾겠다 하리라

롬 13:12-14

12 밤이 깊고 낮이 가까웠으니 그러므로 우리가 어둠의 일을 벗고 빛의 갑옷을 입자 13 낮에와 같이 단정히 행하고 방탕하거나 술 취하지 말며 음란하거나 호색하지 말며 다투거나 시기하지 말고 14 오직 주 예수 그리스도로 옷 입고 정욕을 위하여 육신의 일을 도모하지 말라

엡 5:18

술 취하지 말라 이는 방탕한 것이니 오직 성령으로 충만을 받으라

그림 10: 「맥주 거리와 진 골목」(*Beer Street and Gin Lane*)
윌리엄 호가스(William Hogarth, 1697~1764)의 1751년 작품

진(gin)은 호밀 등 곡물을 원료로 하고 노간주나무 열매로 독특한 향기를 낸 무색투명한 독주로, 도수는 40~47도다.

청교도혁명(1640~1660)이 끝나고, 왕정이 복고된 후, 영국에서는 청교도가 주장하던 "세속 속의 금욕주의"가 후퇴하고, 대신 향락주의가 득세하게 된다. 이에 따라 술 소비도 급증하였고, 이것은 다시 영국 사회의 황폐화를 가속화 시켰다. 이에 영국 의회는 1729년과 1751년 「진 조령」(*Gin Act*)을 제정, 술 소비를 억제하려 하였다. 18세기 중엽에 활약한 영국의 화가 윌리엄 호가스는 당시의 퇴폐적 사회상을 자기의 그림을 통해 비판적으로 묘사하였다.

청교도가 신봉했던 칼빈주의는 금욕적이다. 이것은, 종교개혁자 요한 칼빈 (1509~64)이 금욕적이었던 것과 관련이 있다. 칼빈은 모니카의 아들 어거스틴의 영향을 많이 받았다.

2005년 우리나라 만 19세 이상 성인 음주율(월 1회 이상 음주하는 사람의 비율)은 54.6%였으며, 남자는 73.3%, 여자는 36.3%였다. 같은 해 중 · 고교에 다니는 청소년의 음주율은 27.0%였고, 남학생은 27.0%, 여학생은 26.9% 였다. 고교생의 음주율은 42.2%였고, 남학생은 43.4%, 여학생은 40.7% 였다. 다행인 것은, 청소년의 음주율이 감소세로 돌아섰다는 데 있다. 즉, 2009년 청소년 음주율은 21.1%였고, 남학생은 23.7%, 여학생은 18.2%였다. 2009년 고교생의 음주율은 29.1%였고, 남학생은 33.5%, 여학생은 24.2% 였다.[1]

그림 11:
「왕 알코올과 그의 수상」
(*King Alcohol and His Prime Minister*)

미국의 화가
John Warner Barber (1798~1885)의
1820년 작품

---

[1] 성인 음주율은 통계청에서 발표한 자료이며, 청소년 음주율은, 교육과학기술부, 보건복지부, 질병관리본부가 합동으로 실시한 청소년건강행태온라인조사를 통해 구해진 것이다.

과음이 간 손상을 유발하고, 중성지방 축적을 촉진하는 등 건강에 악영향을 미친다는 것은 널리 알려져 있다. 특히 전에 "알콜 중독"이라고 불렸던 알코올 의존증에 걸리는 경우, 정신건강에도 치명적이다. 수도사였고 목회자였던 어거스틴은 그의『고백록』에서, 그의 어머니 모니카가 소녀 시절 포도주와 관련하여 경험했던 이야기를 통해 독자들로 하여금 술을 조심할 생각을 하게 하고자 하였다. 그러면 여기서 어거스틴의『고백록』 제9권 8장 18절을 인용해 보자!

그랬음에도 불구하고, 당신의 여종이 아들인 내게 들려준 이야기에 의하면, 어느 틈엔가 자기도 모르게 술을 좋아하는 버릇이 들었다는 것이라. 당시 흔히 있는 일이기는 했사오나, 착실한 소녀였던 그녀에게 부모님들은 포도주 통에서 포도주를 떠오라는 심부름을 [간혹] 시켰사온데, 그녀는 포도주를 그릇으로 떠서 병에다 붓기 전에, 입술을 비쭉 내밀어, 조금 맛을 보았다 하나이다. 하오나, 많이는 마시지 않았사오니, 이는, 술이 비위에 거슬렸음이라. 이렇게 맛만 본 것은, 술맛을 좋아해서가 아니라, 그 나이에 흔히 볼 수 있는 장난기와 호기심이 발동하여, 주체하기 어려웠던 탓이었나이다. 하오나, 어린아이들은 어른들의 질책을 받으면, 이런 짓을 쉽게 그만두나 이다.

하온데 그녀는, 날마다 술이 조금씩 늘어, 결국에는 포도주 원액(原液)을 한 잔 가까이 거의 가득 채워 마시기를 즐겨하는 습관에 빠지게 되었사오니, 이는, "작은 것을 경홀히 여기는 자는 조금씩 조금씩 멸망의 길로 들어 간다" 하는 말과 같나이다.

그때 나이 많은, 그 현명한 하녀는 어디에 가 있었나이까? 그녀의 엄격한 금령은 어찌 되었나이까? 주여, 당신의 치료약이 우리를 지켜 주지 않는 다면, 이 숨겨진 질병을 고쳐 줄 다른 치료약이 있었겠나이까? 아버지와 어머니, 그리고 유모(乳母)가 곁에 없을 때에도, 당신은 [우리] 곁에 계시오니, 당신은 창조자시며, 부르시는 자시며, [때로는 우리] 영혼의 구원을 위해 악한 자들을 통해서도 선한 일을 행하시는 자시라. 나의 하나님, 당신은 그때 어떤 일을 하셨나이까? [내 어머니를] 무엇으로 치료하셨나이까? 어떻게 고쳐 주셨나이까? 당신은 [당신의] 신비로운 계획에 따라 다른 사람의 입에서 심하고 험한 욕설이 나오게 하셨사오니, 당신은 그것을 마치 의사의 수술용 칼이나 되는 것처럼 사용하사, 곪은 데를 단 한번의 칼질로 터트려 주시지 않았나이까?

어머니는 포도주 창고로 갈 때에, 어떤 [어린] 하녀 하나와 같이 갈 때가 많았사온데, 그 하녀는 어머니와 단 둘이 있을 때면, 자기의 주인 집 딸인 어머니와 말다툼을 자주 했다 하나이다. 하온데, 그 하녀가 [어머니의] 그 잘못된 행동을 보고, "술고래"라 하면서, 아주 험한 욕설을 퍼부었다는 것이라. 그러한 욕설에 심한 충격을 느낀 어머니는 자기의 잘못된 행동을 반성하고, 즉각 그러한 행동을 하지 않기로 작정했다 하나이다.

아첨하는 친구들은 [우리를] 그르치지만, 욕하는 원수들은 [우리를] 고쳐 줄 때가 많나이다. 하오나, 당신은 [당신의] 뜻을 이루시기 위해서, 사람들을 쓰신다 하여도, 그들이 행한 행위의 결과보다도, 그들이 어떠한 동기로 그 일을 행하였느냐에 따라, 그들에게 갚아주시나이다. 그 하녀가 화를 낸 것은, 주인 집 딸을 고쳐 주기보다는, 모욕을 가하려는 의도가 더 강했을 것이라. 그리하여, 단둘이 있을 때 그리 한 것은, 말다툼을 하기에 때와 장소가 적당해서였든지, 아니면, 나중에 [어머니의 잘못된 행동이] 주인 집 식구들에게 발각되었을 때에, 자신이 꾸중을 받을까 염려한 까닭일 것이라.

그러하오나, 천지에 있는 모든 것의 통치자 되시는 주시여, 당신은 소용돌이치며 흐르는 깊은 강물도 당신의 뜻에 따라 그 방향을 돌려놓으시며, 아무리 어지러운 세파(世波)라도 고르게 만드시는 분이시라. 당신은 한 영혼의 질병을 다른 영혼의 질병을 통해 고쳐 주셨나이다. 그러므로, 이 일을 [마음 속 깊이] 생각해 볼 때, 말로써 다른 사람을 고쳐 주려고 시도한 사람은, 그 시도가 비록 성공한 경우라도, 그 성공을 자기의 공로로 돌려서는 안 될 것이라.

북아프리카는 지중해성 기후지역에 속하므로, 올리브와 함께 포도도 주요 농산물이다. 모니카의 친정은 아마도 포도밭을 소유했을 것이고, 거기서 수확되는 포도로 포도주를 만들어 창고에 보관하였을 것이다. 모니카의

부모는 종종 그녀에게 창고에 보관된 포도주 통에서 포도주 원액을 떠오
라는 심부름을 시켰는데, 그녀는 그 심부름을 하는 과정에서 포도주 원액을
"한 잔 가까이 거의 가득 채워" 마시는 습관을 가지게 되었다. 그녀가 그
습관에서 벗어날 수 있었던 것은, 그녀와 함께 심부름을 갔던 어떤 어린
하녀가 그녀에게 했던 "술고래"(meribibula)라는 욕설이었다. 하녀에게 이런
욕설을 들은 모니카는 상처난 자존심 때문에 술을 끊을 수 있었지만, 어거
스틴은 이를 하나님의 은혜로운 섭리의 손길 때문이라 해석하였다.

그림 12: 「인류 최대의 적 술」
1860년대 제작된 러시아 민화

사진 10: 모니카 조각상
파리 성 · 어거스틴 기념교회당
(l'Église Saint Augustin de Paris)

믿음의 아내

우리는, 실존철학의 창시자 쇠렌 키르케고르(Søren Kierkegaard, 1813~55)가 그의 유명한 책『이것이냐 저것이냐』에서 결혼과 관련하여 한 유명한 말을 잘 알고 있다.

결혼하라! 그러면 후회할 것이다. 결혼하지 말라! 그래도 후회할 것이다.

Heirate – und du wirst es bereuen, heirate nicht – und du wirst es auch bereuen.

If you marry you will regret it. If you do not marry you will also regret it.

키에르케고르는 평생 독신으로 살았다. 그는 실존을 다음과 같이 3종류로 구별하였다.

(1) 미학적 실존
(2) 윤리적 실존
(3) 종교적 실존

미학적 실존

　감각적 쾌락과 욕망에 이끌려, 거기에 종속됨

윤리적 실존

　무절제한 욕망에 환멸을 느끼고, 내면에서 선과 악이라는 윤리적 소리에 귀를 기울임

종교적 실존

　죄의식과 회개라는 실존의 처절한 절망감 속에서, 무한한 자기 체념, 최고의 자기 부정을 발견하고, 자신의 모든 것을 하나님께 맡김

젊은 시절 키르케고르는 자기보다 9년 연하의 레기네 올젠(Regine Olsen, 1822~1904)이라는 처녀와 사랑에 빠져, 약혼한 일이 있다. 그러나, 윤리적 실존 내지 종교적 실존이 되고자 했던 키르케고르는, 레기네가 미학적 실존의 단계를 넘어설 것 같지 않자, 그녀와의 약혼을 파기하였다.

그림 13: 키르케고르

그림 14: 레기네 올젠

유교문화권(儒敎文化圈)에서는 혼인을 인륜지대사(人倫之大事)로 본다. 기독교문화권에서도 원래 창 2:18 말씀에 따라 혼인을 매우 중요시한다.

> 여호와 하나님이 이르시되 사람이 혼자 사는 것이 좋지 아니하니 내가 그를 위하여 돕는 배필을 지으리라 하시니라.

그러나, 그리스도께서 "천국을 위하여 스스로 된 고자"(마 19:12)에 대해 말씀하신 것과, 바울 사도가 결혼하지 아니한 자들과 과부들에게 "나와 같이 그냥 지내는 것이"(고전 7:8) 좋다고 말한 것에 근거하여, 고대와

중세의 기독교에 독신주의가 꽤 성행하였고, 지금도 로마가톨릭에서는 성직자들의 독신생활이 교회법에 의해 의무화되어 있다.

어거스틴은 당시 교회에 시행되고 있던 수도사 독신주의의 관습을 옳게 여겼기 때문에, 386년 여름 회심을 체험한 후 결혼을 포기하고 독신생활을 선택하였다. 그럼에도 불구하고 기혼자에 대해서는, 결혼생활에 여러 가지 어려움이 비록 따른다 하더라도, 결혼생활에 충실할 것을 권면하였다. 그가 자기의 『고백록』에서 자기 부친 파트리키우스(Patricius, 308?~371)의 연약함에 대해 솔직히 고백하면서까지, 어머니 모니카가 결혼생활에 어떻게 충실했는지를 묘사하는 것은 이와 같은 맥락에서 이해해야 한다.

어거스틴의 탁월함은, 그가 자기 자신 및 자기와 가까운 사람들의 약점과 치부를 과감하게 고백하되, 그 고백을 매우 고차원적으로 했다는 데 있다. 여기서 "매우 고차원적"이라 함은 다음과 같이 생각해 볼 수 있다.

1. 비판의 대상이 된 사람의 인격을 최대한 존중한다는 것.

2. 그 고백을 듣는 사람으로 하여금, 자기에게도 그와 같은 (혹은 그와 비슷한) 약점과 치부가 있을 수 있다는 것을 인정할 수밖에 없게 만든다는 것.

3. 우리의 모든 고백과 행동은 하나님 사랑과 이웃 사랑이라고 하는 대계명을 지키기 위한 방편임을 깨닫게 만든다는 것.

어거스틴은 『고백록』 제9권 8장 17절과 18절에서 결혼 전 어머니 모니카의 모습을 소개한 다음, 제9권 9장에서 믿음 안에서 좋은 아내였던 어머니 모니카의 모습을 소개한다. 그는 제9권 9장 19절을 다음과 같이 시작한다.

그리하여, 어머니는 정숙하고 단아하게 양육을 받았나이다. 하오나 어머니는, [자기] 부모님들로 인해 당신을 섬겼다기보다는, 당신으로 인해 [자기] 부모님들께 순종했다고 말하는 것이 옳을 것이라. 그리고, 혼인할 나이가 되자, 어머니는 시집을 갔사온데, 남편을 섬길 때, 주를 섬기듯 하였나이다.

여기서 보듯이, 어거스틴은, 어머니 모니카가 그녀의 친정에서 <믿음의 딸>로서 "정숙하고 단아하게 양육"받았음을 분명히 하고 있다. "정숙하고 단아하게 양육"을 받은 <믿음의 딸>은 먼저 부모님께 순종한다. 그리고 결혼해서는, <믿음의 아내>가 되어 남편에게 순종한다.

현대를 살아가는 여성의 입장에서 무조건적인 "순종" 요구에 대해 거부감을 느끼는 것이 당연할 수 있다. 비합리적인 요구에 대해 무조건 순종하는 것은 "맹종"이 될 수 있기 때문이다.

교부 어거스틴도 여성에게 부모와 남편에 대해 무조건 맹종만을 요구하지는 않았다. 사실, 기독교에서 말하는 순종은 항상 하나님 혹은 그리스도께 대한 순종을 전제로 한다. 이러한 순종은 어린이나 여자 혹은 피치자(被治者)에게만 요구되는 것이 아니라, 어른이나 남자 혹은 통치자(統治者)에게도 요구된다.

다만, 다스림 받는 자의 입장에서는 다스리는 자에게서 불합리한 요구를 받을 가능성이 항상 있기 때문에, 많은 인내심과 지혜가 필요하다.

왜 이 세상은 다스리는 자와 다스림 받는 자로 나누어져 있으며, 다스리는 자가 자기의 권력을 오·남용하는 일이 끊이지 않는가? 구조적 불평등의 문제가 왜 사라지지 않는가?

어거스틴은 이 문제의 근본적 원인을 원죄(原罪)에서 찾는다. 그래서 이 문제의 근본적 해결은, 그리스도께서 재림하시는 종말론적 미래에나 가능하다고 믿는다.

물론, 어거스틴의 이러한 입장을 여권(女權)을 주장하는 페미니스트들은 쉽게 납득하기 어려울 것이다. 그래서, 양성평등(兩性平等)의 이상이 이 땅에 완전히 실현되는 그날까지 투쟁하려고 할 것이다.[1]

---

[1] 어거스틴의 여성관을 비판하는 책으로는 Kim Power, *Veiled Desire: Augustine on Women* (New York: Continuum, 1996) 같은 책이 있다.

정말이지, 어거스틴과 그의 어머니 모니카는 전통적인 기독교 가족관을 견지하고 있었던 것이 사실이다. 하나님이 맺어 주신 가족 관계는 신성한 것이고, 삶이 힘들다 하여, 혹은 배우자가 나의 뜻에 맞지 않는다 하여, 이 관계를 단절하는 것은 옳지 않다. 그리스도인은 이 관계의 올바른 회복을 위하여 끝까지 노력해야 한다. 이것이 그들의 확고한 생각이었다.

하지만, 여권(女權)만을 강력히 주장하다 보면, 아무리 그리스도인이라 하더라도, 이혼과 같은 극단적인 선택을 하는 경우가 허다하다. 실로, 오늘날 수많은 여성들이 다음과 같은 경구(警句)에 따라 자신의 미래를 선택하고 있다.

무소의 뿔처럼 혼자서 가라

이것은 불교의 경구(警句)다. 천주교 신자인 작가 공지영(孔枝泳, *1963)은 이것을 자신의 유명한 작품 제목으로 삼았지만.

> 남들이 원치 않는 독립과 자유를 찾아 무소의 뿔처럼 혼자서 가라! 그대가 현명하고, 일에 협조하고, 예절바르고, 지혜로운 동반자를 얻는다면, 어떠한 난관도 극복하리니, 기쁜 마음으로 생각을 가다듬고, 그와 함께 가라! 그러나 그런 동반자를 얻지 못했거든, 마치 왕이 정복했던 나라를 버리고 가듯, 무소의 뿔처럼 혼자서 가라! 소리에 놀라지 않는 사자처럼, 그물에 걸리지 않는 바람처럼, 흙탕물에 더럽혀지지 않는 연꽃처럼, 무소의 뿔처럼 혼자서 가라!

불교의 초기 경전 『숫타니파타』(Sutta-Nipata)에 나오는 이 글은 우리에게 인간 삶의 진정성과 주체성에 대해 많은 생각을 하게 해 준다. 그럼에도 불구하고 우리에게 가족은 매우 소중한 것이고, 가족을 지키기 위하여 치르는 희생 또한 아주 값진 것이 사실이다. 어거스틴은, 자기 어머니 모니카가 이런 희생을 치른 훌륭한 여성이었고, 그녀가 그렇게 할 수 있었던 것은 신앙의 힘 때문이었음을 말하고자 하였다.

모니카의 남편 파트리키우스

모니카의 남편이 된 사람은 파트리키우스(Patricius, 308?~371)라는 타가
스테 출신의 남성이었다. 그의 성(姓)은 Aurēlius였다.

로마인의 이름은 아명(兒名, Lt.: praenōmen, Eng.: the first name), 성(Lt.:
nōmen gentīle, Eng.: family name), 이명(異名, Lt.: cōgnōmen, Eng.: surname)
으로 구성된다.

아명은 Gāius, Mārcus, Quīntus 등 18개 밖에 되지 않으며, 주로 어린 시절에
사용되고, 어른이 된 다음에는 아주 친밀한 사람만 이 이름을 부른다.

로마인의 성은 보통 -ius로 끝난다.

로마인은 사람을 부를 때 보통 이명을 사용한다. "파트리키우스", "캐사르",
"키케로", "세네카" 등은 이명이다.

Gāius	Iūlius	Caesar
가이우스	율리우스	캐사르
아명	성	이명

Aurēlius는 로마 평민의 성이었고, 아마도 "금"이라는 뜻을 지닌 명사 aurum
에서 유래되었을 것 같다.

aurum의 형용사는 aureus이며, 영어로 golden이라 번역된다. aureus의 축소
형은 aureolus(= "금처럼 아름다운")다.

파트리키우스의 아명은 알 수 없다. 그의 성과 이명은 합하여 라틴어로
Aurēlius Patricius였다.

어거스틴의 아명도 알 수 없다. 그의 성과 이명은 합하여 라틴어로 Aurēlius Augustīnus였다.

파트리키우스의 성으로 보아, 그의 조상은 주후 200년 경 혹은 그 이전에 북아프리카에 정착한 로마인 식민자(植民者, colōnus)였을 것으로 추정할 수 있다.[1]

로마인은 제국의 통치를 원활히 하기 위하여, 그들이 정복한 땅에 로마인을 정착시켜, 그 땅을 로마화(Roma化)하는 데 힘썼다.

정복된 땅에 정착한 로마인을 라틴어로 colōnus(= "식민자")라 불렀다. 이 말에서 "식민지"라는 뜻의 영어 colony가 유래하였다.

로마인에 의한 북아프리카의 식민화 작업은 늦어도 주후 200년 경에는 이미 완료되었을 것으로 보인다.

로마 정부는 주로 제대군인들에게 정착지를 주어, 그들로 하여금 피정복지의 삶을 주도하는 세력이 되게 하였다. 그들은 당연히 라틴어를 모국어로 사용하였다.

파트리키우스의 조상은 로마제국을 위해 복무했던 제대군인으로, 북아프리카에 정착지를 지급받아, 식민자로 정착하였을 것이다.

로마인에 의한 식민화 작업이 상당히 진척되었음에도 불구하고, 북아프리카 원주민 대부분은 모니카의 시대에 페니키아어나 베르베르어를 상용어로 사용하였다.

그러나, 파트리키우스의 집안에서는 라틴어가 상용어였다.

물론, 파트리키우스의 조상이 로마인이었을지라도, 북아프리카 원주민과의 혼인에 의하여, 파트리키우스의 피에는 베르베르인의 피가 많이 섞였을 수 있다.

---

[1] Cf. Erwin Roderich von Kienetz, *Augustinus: Genius des Abedndlandes* (Wuppertal: Abendland-Verlag, 1947), p. 21.

하지만, 파트리키우스도 모니카처럼 혈통상으로는 베르베르인이었을 것이라 생각하는 학자들도 상당수 있다.[1]

이렇게 생각하는 근거는, 타가스테 사람 대부분이 베르베르인이었으므로, 파트리키우스가 예외였을 가능성은 희박하다는 데서 보통 찾는다.

그렇다면, 파트리키우스 집안에서 베르베르어를 상용어로 쓴 것이 아니고 라틴어를 상용어로 쓴 것은? 그리고, 파트리키우스의 이름이 베르베르어로 된 이름이 아니고 라틴어로 된 이름인 이유는?

이러한 의문에 대해서는 다음과 같이 대답한다.

(1) 파트리키우스의 집안은 타가스테에서 중상층 내지는 그 이상의 집안으로서, 일찍부터 로마화(Roma化)되어 있었다.

(2) 주후 212년 카라칼라(Caracalla) 황제(재위 211~217)가 「안토니누스 칙령」(*Cōnstitūtiō Antōniniāna*)을 반포하여, 로마제국 내의 모든 자유민에게 로마 시민권을 부여하였다. 파트리키우스의 조상은 아마 이때 로마 시민권을 얻었을 것이고, 이때부터 라틴어로 된 이름을 사용했을 것이다.

그러나, 파트리키우스의 혈관 속에 로마인의 피가 흐르고 있을 것이라는 추정의 근거는 파트리키우스 자신의 이름뿐 아니라, 파트리키우스 자녀들의 이름 속에서도 찾아볼 수 있다.

파트리키우스(Patricius)는 본디 "귀족"이라는 뜻의 순수 라틴어로서, 로마인 중에는 파트리키우스라는 이름을 가진 사람이 많았다.

---

[1] Cf. Jacques Chabannes, *St. Augustine*, trans. Julie Kernan (Garden City, N. Y.: Doubleday & Co., 1962), p. 11; Warren Thomas Smith, *Augustine: His Life and Thought* (Atlanta: John Knox Press, 1980), p. 9; Greald Bonner, *St. Augustine of Hippo: Life and Controversies*, rev. ed. (Norwich: Canterbury Press, 1986), p. 36.

파트리키우스에게는 어거스틴 외에 나비기우스(Nāvigius)라는 아들이 있었는데, 이 이름은 "항해자"라는 뜻을 지닌다. 이 이름은, 파트리키우스의 가문이 큰 바다(= 지중해) 너머에 위치한 이태리와 관련이 있음을 암시해 준다.

어거스틴의 라틴어 이름은 Augustīnus이지만, Augustus의 축소명사다. 잘 아는 대로, 아우구스투스(재위 27 BC~14 AD)는 로마제국 최초의 황제였고, 그의 이름이 나중에 보통명사화되어, "황제"라는 뜻을 지니게 되었다. Augustus의 축소명사인 Augustīnus는 "황제에게 속한 자"라는 뜻을 지닌다. 그러니까, 파트리키우스가 아들 어거스틴의 이름을 이렇게 지었을 때는, 로마인이라는 자부심이 그에게 상당히 작용했을 것이다.[1]

나는 로마인이다
비록 아프리카에
살지만

그림 15: 파트리키우스 (가상도)

[1] Cf. E. R. von Kienetz, *Augustinus*, p. 21.

여기서 우리는 로마인의 글로벌 마인드(Global Mind)에 대해 잠시 살펴볼 필요가 있다. 로마인은 세계제국을 건설한 사람들인 만큼, 인종주의(人種主義)와 지역주의(地域主義)에 별로 사로잡혀 있지 않았다. 따라서, 순혈주의(純血主義)도 고집하지 않았다.

순수하게 로마인의 혈통을 이어받은 사람만이 "로마인"이다는 생각을 사실상 하지 않았다. 라틴어를 사용 내지 이해하면서, 로마인의 문화를 긍정적으로 수용하기만 하면, 또 로마 사람들과 어울려 사는 것을 좋게 생각하기만 하면, 그 사람을 로마인의 일원(一員)으로 받아 주는 데 인색하지 않았다.

그러므로, 북아프리카에서 로마인이 원주민인 베르베르인과 혼인하는 것은 전혀 문제되지 않았다. 파트리키우스가 베르베르인인 모니카와 혼인한 것역시 이렇게 생각하면, 쉽게 이해가 된다. 단, 그 결혼은, 모니카가 로마화(Roma化)된 베르베르인이었기 때문에 가능하였다.

사진 11: 고대 로마인의 결혼
(주후 4세기 석관)

모니카는 로마화된 베르베르인이었기 때문에, 라틴어가 모국어였다. 그리고, 기독교 신앙에 저촉되지 않는 한, 로마의 문화를 받아들이는 것을 전혀 문제시하지 않았다. 그녀가 아들 어거스틴에게 로마의 고전 교육을 받게 한 것도 이런 연관에서 이해해 볼 수 있다.

로마 사람들은 지역주의에도 별로 사로잡히지 않았으므로, 출신 지역 내지 거주 지역에 따라 사람을 차별하는 일을 찾아보기 어려웠다. 로마인이 북아프리카에 정착해 사는 것이, 북아프리카 사람들과 어울려 사는 것이 하등 차별의 근거가 될 수 없었다. 오히려, 로마제국의 북아프리카 경영, 지중해 경영, 아니 세계 경영에 필수적이었다.

북아프리카를 지배하는 것은, 지중해에 대한 제해권 및 해상권을 장악하는 데 반드시 필요했다. 앞에 언급한 포에니 전쟁은 이 때문에 일어났다.

파트리키우스가 자기 아들 중 하나에게 "항해자"라는 뜻의 나비기우스라는 이름을 준 것은, 바다를 지배하는 자가 세계를 지배한다는 생각을 했던 로마인의 생각을 반영한다는 점에서 주목해 볼 필요가 있다.

파트리키우스가 자기의 또 다른 아들 어거스틴에게 Augustus의 축소명사인 Augustīnus라는 이름을 붙여 준 것은? 세계를 호령하는 "작은 아우구스투스"가 되라는 뜻이 담기지 않았을까?

어거스틴은 비록 세속적 관점에서는 출세의 야망을 접은 실패자였지만, 영적인 면, 정신적인 에서는 역사의 거인(巨人)이 되어, 그의 부친에게도 큰 영예를 안겨 주었다.

파트리키우스는 타가스테의 시의회 의원으로서, 타가스테에서 사회적 지위가 상당히 높은 편에 속했다.

우리가 아는 대로, 고대의 그리스인과 로마인은, 우리 동양인이 볼 때는, 아주 특별한 도시문명을 발전시켰다. 이에 대해 우리는 여담을 약간 나눌 필요가 있다.

우리는 폴리스에 대해 알지 못하고서는 고대 그리스에 대해 제대로 알수가 없다. 고대 그리스의 역사는 폴리스를 배경으로 하여 전개되었기 때문이다. 폴리스가 무엇인가? 폴리스는 그냥 도시만은 아니다. 고대에 도시문명은 이집트에도, 메소포타미아에도, 인도에도, 중국에도 있었다. 그러나, 오리엔트와 인도 및 중국의 도시문명은 전제정치의 희생물이 되었다. 이에 비해 그리스의 폴리스는 도시국가로서의 성격을 오랫 동안 유지했다. 그래서, 알렉산더 대왕(*356, 재위 336~323)의 등장을 계기로 시작된 헬레니즘 시대에도 그리스의 여러 폴리스는 자치권을 광범위하게 인정받았다. 사정은, 로마제국이 지중해 세계를 통치한 다음에도 달라지지 않았다. 이는, 로마 사람들도 피정복지에 소재한 기존의 도시들에 대해서뿐 아니라, 새로 건설되는 도시들에 대해서도 자치권을 상당 수준 인정했기 때문이다. 어떤 도시를 다스리는 관원을 중앙정부에서 직접 파견하는 일은 최소한으로 줄였고, 가능한 한 현지에서 인력을 충원하였다. 이를 위해 각 도시에는 시의회가 있었다. 시의회는 시정부에 일하는 고위 관원에 대한 선출권을 가졌을 뿐 아니라, 사법권과 행정권도 일부 가졌다.

　동양에서는 서구식의 지방자치 개념이 매우 늦게 도입되었다. 우리나라의 경우를 보면, 1991년 이후에야 지방자치가 제대로 시행되기 시작했다. 이후 전국 각 도시에 시의회가 구성되어, 지금까지 지속적으로 가동되고 있다.

로마제국 여러 도시의 시의회 의원들에게는 명예와 권리가 따랐다. 물론, 의무와 책임도 따랐지만, 일반 시민들에 비해서는 사회적 지위가 높았던 것은 부인할 수 없다.

　예컨대, 시의회 의원들에게는 세금 징수권이 있었다. 이것은 권리였지만, 또 의무이기도 하였다. 만약 세금 징수가 원활하지 못했을 경우에는, 부족한 부분을 의원들이 벌충해야 했기 때문이다.

SPLENDISSIMUS ORDO THAGASTENSIS

타가스테에서 발견된 금석문(金石文)

이 금석문은 타가스테 시의회 의원들을 "타가스테에서 가장 훌륭한 신분의 사람들"이라 지칭하고 있다.

당시 로마제국의 어느 도시에서 시의회 의원이 되려면, 최소 10ha(= 약 3만 평)의 토지를 소유한 사람이어야 하였다. 그렇다면, 모니카의 남편 파트리키우스는 10ha 이상의 토지를 소유했던 사람임에 틀림없다.

물론, 파트리키우스가 로마의 귀족들처럼 라티푼디움(lātifundium)과 같은 대토지를 소유한 것은 아니었다.

라티푼디움은 보통 125ha 이상의 면적을 지닌 대토지를 말하며,[1] 북아프리카에서는 제3차 포에니 전쟁(149~146 BC) 이후 많이 생겼다.

파트리키우스 소유 토지에는 곡물 경작지[2]뿐 아니라, 포도원,[3] 감람원 등 각종 과수원이 포함되어 있었다.[4] 그의 농장에서는 소작인들과 하인들이

---

[1] Cf. Karl Christ, *Geschichte der römischen Kaiserzeit* (München: C. H. Beck, , 1988), p. 488.

[2] Possidius, *Vita Augustini* iii, 4.

[3] *Conf.* II, iv, 9.

[4] Cf. C[arl] Bindemann, *Der heilige Augustinus*, Bd. I.: *Das Leben des Augustinus bis zu seiner Taufe* (Berlin: H. Schultze, , 1844), p. 2; Louis Bertrand, *Saint Augustine*, trans. Vincent O'Sulivan (London: Constable & Co., 1914), p. 18; Hans-Joachim Diesner, *Studien zur Gesellschaftslehre und sozialen Haltung Augustins* (Halle: VEB Max Niemeyer Verlag, 1954), p. 13.

일하고 있었고, 농장 전체를 관리하는 관리인도 있었다.[1] 그의 집안에는
여러 명의 하녀들이 있었으며,[2] 자녀들을 지도하는 몽학선생(蒙學先生)도
있었다.[3]

그림 16: 로마 시대 농장주의 빌라

어거스틴의 『고백록』 제9권 9장 19절에 보면, 파트리키우스의 성격은
다음과 같이 묘사되어 있다.

> 하온데, 아버지는 매우 선량한 사람이기는 하였사오나, 불 같은 성질 때문에
> 곧잘 화를 내었나이다.

어거스틴의 『고백록』에는 파트리키우스가 화를 낸 대상에 대해서 그의
아내 모니카만 적시(摘示)돼 있다. 그러나, 파트리키우스가 화를 낸 대상
속에는 그의 이웃 사람들도 포함돼 있었고, 그가 "온 이웃 사람들의 공포의

---

[1] Cf. H.-J. Diesner, *ibid.*, p. 13.

[2] *Conf.* IX, ix, 20.

[3] *Conf.* I, xix, 30.

대상"이었다고 주장하는 학자도 있다.[1] 그렇다면, 그의 소작인이나 하인들에게도 그가 공포의 대상이었을 수 있다.

그는 집안에 기강을 잡기 위하여 "문제가 된 하녀들을 매로" 다스린 적이 있다.[2] 아마 그때 그는 무섭게 화를 냈을 수 있다.

어거스틴은 그렇지만, 파트리키우스가 "매우 선량한 사람"(benevolentiā praecipuus)이었다는 말도 하였다.[3]

여기서 "매우 선량한 사람"으로 번역된 라틴어 benevolentiā praecipuus를 직역하면, "호의를 [= 친절을] 아주 잘 베푸는 사람"이 된다.

선량한 사람이라도, 성질이 급할 수는 있다. 인간에게는 양면성이 있게 마련이고, 어거스틴은 아무리 자기 아버지라도 <공정>하게 평가하려고 노력하였을 것이다.

기독교 신자들의 입장에서는, 파트리키우스의 가장 큰 약점을 필시, 그가 오랫 동안 기독교 신앙을 받아들이지 않고, 불신자로 남아 있었다는 데서 찾으려 할 것이다.

파트리키우스는 세상을 떠나기 1년 전인 주후 370년에야 학습교인이 되었으며,[4] 세상을 떠나기 얼마 전에야 (주후 371년 봄?) 세례를 받고 정식 신자가 되었다.[5]

---

[1] John Baillie, *Saint Augustine: A Biographical Memoir* (New York: Robert Carter & Brothers, 1859), p. 28.

[2] *Conf.* IX, ix, 20.

[3] *Conf.* IX, ix, 19.

[4] *Conf.* II, iii, 5.

[5] *Conf.* IX, ix, 22.

물론, 파트리키우스가 기독교 신자인 모니카와 혼인한 것을 보면, 또 혼인을 한 다음, 모니카의 신앙 생활을 용인(容認)한 것을 보면, 처음부터 그는 기독교에 대하여 적대적이 아니었음을 알 수 있다. 그는 최소한 어렴풋하게나마, 기독교와 이방종교(異邦宗敎)가 공존할 수 있다고 믿었을 것으로 여겨진다. 그리고 기독교의 절대성을 주장하는 기독교인들에 대하여 좀 답답함을 느꼈을 것이다. 사람은 누구나 다 자기의 종교를 선택할 권리가 있다. 꼭 예수를 믿어야만 구원받을 수 있다 주장하는 것은 억지가 아닌가? 이런 발언은 오늘날도 쉽게 들을 수 있다. 아마 파트리키우스도 이와 비슷한 이야기를 아내 모니카와 수없이 나누었을 것이다. 왜냐하면, 모니카는 남편 파트리키우스를 주께로 "인도하기 위해 많은 노력을" 했기 때문이다.[1]

파트리키우스가 살던 시대, 기독교는 비록 국가의 우대를 받는 종교이기는 하였으나, 아직 절대종교로 인정받고 있지는 않았다. 이방종교를 믿는 것은 아직 허용되고 있었다.

특히 로마의 귀족들은 대부분 로마인의 전통종교였던 다신교를 고수하고 있었다. 최고신 유피터(Iuppiter), 농업신 사투르누스(Sāturnus), 미의 여신 베누스(Venus), 승리의 여신 빅토리아(Victōria) 등 수많은 신들을 섬겼고, 그 신들과 관련된 축제 내지 제의(祭儀)를 거행했다.

파트리키우스는 시의회 의원이었으므로 본인의 의사와는 상관없이, 이방종교의 축제 내지 제의에 참가 내지 관여하지 않을 수 없었을 것이다.

요즘도 기독교 신자인 위정자들이 불교 행사에 참석하고, 관공서에서 돼지머리를 놓고 고사 지내는 일에 동참하는 것을 볼 수 있다. 그렇다면, 기독교

---

[1] *Conf.* IX, ix, 19.

신자가 아닌 경우는, 그런 일에 동참하는 것을 전혀 개의할 이유가 없을 것이다.

아마 술도 상당히 마셨을 것으로 짐작된다. 당시는 남자가 밖에서 일하려면, 술자리에 참석하는 것이 당연시되던 시대였다. 오늘날도 자의든, 타의든, 술자리에 참석하는 공직자가 얼마나 많은가?

사진 12: 사투르누스 조각상
(이태리 베네치아)

로마인들은 전통적으로 12월에 농업신 사투르누스를 위한 축제를 거행했다. 성탄절은 이 농신제(農神祭)를 기독교적으로 발전시킨 것이다.

파트리키우스는 아마도 모니카보다 23살 정도 연상이었을 것으로 추정된다. 모니카가 만약 17세 쯤에 그와 혼인하였다면, 당시 그의 나이는 40세쯤이었을 것이다. 당시의 시대적 상황으로 보아, 파트리키우스처럼 시의회 의원으로 활동할 정도의 신분에 속한 사람이, 마흔이 다 되도록 결혼하지 않았다는 것은 상상하기 어렵다. 하지만, 그가 모니카와 결혼한 것이 재혼이었는지, 초혼이었는지를 밝혀 줄 사료(史料)는 없다.

만약 초혼이었다면, 그가 로마군에 복무를 했기 때문이거나, 아니면, 사업상 해외 체류 기간이 길어서, 결혼의 시기를 놓쳤을 수 있다.

그런데, 모니카와 그의 결혼이 초혼이었을지라도, 당시의 관습으로는, 파트리키우스와 같은 신분에 속한 사람이 정식 결혼 전에 동거녀(同居女)를 두었을 가능성은 충분히 있다.

동거녀를 라틴어로는 concubīna라 하는데, 원래 뜻은 "잠자리를 같이 하는 여인"이다.

concubīna < concubāre (= "동침하다")
concubāre < con (= "함께") + cubāre (= "눕다", "취침하다")

당시 로마의 자유민은 정식 결혼을 하지 않고 그냥 동거만 하는 여자를 둘 수 있었다. 동거녀는 대개 노예 등 하층계급 출신이었다. 그러나 간혹 평민 출신의 여성이 어떤 남성의 동거녀가 되는 경우도 있었다. 동거녀는 자기의 파트너로부터 언제든지 버림받을 수 있었고, 버림받았다고 하소연할 법적 권리가 없었다.

어거스틴도 동거녀를 둔 적이 있다.[1]

파트리키우스가 모니카와 정식으로 결혼 전에 동거녀를 두었는지는 알 수 없으나, 모니카와 결혼한 후에 바람을 피웠다는 기록은 있다.[2] 그는 이 점에서는 좋은 남편이 아니었던 것이다.

---

[1] 어거스틴의 동거녀에 대해서는 K. Power, *Veiled Desire*, pp. 94-107; Sister Marie Aquinas McNamara, O. P., *Friends and Friendship for Saint Augustine* (Staten Island, N. Y.: Society of St. Paul, 1964), pp. 48-51 참조.

[2] *Conf.* IX, ix, 19.

모니카의 결혼

어거스틴은, 자기 어머니 모니카가 "혼인할 나이가 되자 … 시집을" 갔다고
기록하고 있다.[1] 그러면 고대의 로마인은 여자의 "혼인할 나이"를 대체 몇
살 쯤으로 보았을까? 전해진 바에 의하면, 고대 로마의 여성은 법적으로
만 10세 쯤부터 (경우에 따라서는 더 빨리도) 약혼을 할 수가 있었다.[2]
약혼은 신부 아버지와 신랑 사이에 구두 합의만 있어도 가능하였다. 결혼의
성사는, 신부가 신랑의 집에 들어가는 것으로 족했지만, 그 전에 결혼식이
있는 것이 상례(常例)였다.

사진 13: 고대 로마의 신혼 부부

---

[1] *Loc. cit.*

[2] Cf. Wilhelm Rein, *Das Privatrecht und der Civilprozess der Römer von der
ältesten Zeit bis auf Justitianus* (Leipzig: Friedrich Fleischer, 1858), p. 409.

그런데, 실지로 결혼은 보통, 신부가 출산 가능한 연령에 도달한 이후에 이루어졌다. 그 연령은 일반적으로 만 16세부터 만 18세 사이였다. 그렇다면, 모니카는 만 17세 쯤, 그러니까 주후 348년 경 결혼하였을 것으로 추정해도 무리는 없겠다.

혹자(或者)는, 어거스틴의 출생연도가 주후 354년이므로, 모니카가 아마 주후 353년 쯤 결혼했을 것이라 추정하기도 한다.[1]

그러나, 어거스틴이 모니카의 장남인 것은 거의 확실하지만, 그에게 누나가 없었다고 말하기는 어렵다.

어거스틴 수도회의 전승(傳承)에 의하면, 모니카에게는 페르페투아 (Perpetua)라는 딸이 있었다.[2]

여기서 우리의 의문은, 어째서 크리스천인 모니카의 부모들이 그들의 딸 모니카를 불신자인 파트리키우스에게 시집보냈느냐 하는 것이다. 신자는 같은 신자하고 결혼하는 것이 바람직하다. 성경도 이교도(異教徒)와의 통혼(通婚)을 금지하지 않았는가?

스 9:12

그런즉 너희 여자들을 그들의 아들들에게 주지 말고 그들의 딸들을 너희 아들들을 위하여 데려오지 말며 그들을 위하여 평화와 행복을 영원히 구하지 말라 그리하면 너희가 왕성하여 그 땅의 아름다운 것을 먹으며 그 땅을 자손에게 물려주어 영원한 유산으로 물려주게 되리라 하셨나이다[3]

---

[1] 예: Leon Cristiani, *Saint Monica and Her Son Augustine*, trans. M. Angeline Bouchard (Boston: Pauline Books & Media, 1977), p. 28.

[2] Possidius, *Vita Augustini* xxvi, 32. Cf. L. V. E. Bougaud, *History of St. Monica*, p. 26; G. Bonner, *St. Augustine*, pp. 40-41.

[3] 배경 이해를 위해서는 에스라서 9장과 10장 전체를 읽어야 한다.

느헤미야 13장에도 이교도와의 통혼을 금지하는 내용이 나온다. 언약 백성의 순수성을 자자손손 유지하기 위해서는 불가피한 조치였을 것이다.

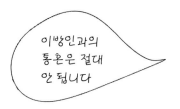 

그림 17: 에스라

북아프리카의 교부 터툴리안(Tertulliān, 150/160~222/223)[1]도, 기독교인이 불신자와 결혼하는 것을 찬성하지 않았다.

그림 18: 터툴리안

---

[1] 터툴리안의 생애와 사상에 대하여는 졸저,『교부 열전』상권 (서울: CLC, 2010), pp. 260-277 참조.

터툴리안은 주후 200년을 전후하여 자기 부인을 위해 『부인서』(*Ad uxōrem*)라는 책을 썼다. 이 책에서 터툴리안은 기독교인과 불신자 사이의 통혼과 관련하여 다음과 같은 자기의 입장을 밝혔다.

> iii, 1 사정이 그렇다면, 불신자들과 통혼을 하는 신자들은 음행하는 죄를 범한 것이 분명하므로, 이들과 성도의 교제를 끊는 것이 당연하다. 사도 [바울]은 "그런 자와는 함께 먹지도 말라"(고전 5:11)고 가르쳤다.… 3 신자인 여성은 누구든지 반드시 하나님께 순종해야 한다. 4 그녀가 어떻게 두 주인을 섬길 수 있겠는가? (마 6:24 참조) 하나님과 함께 남편, 특별히 믿지 않는 남편을 말이다. 이는, 그녀가 믿지 않는 남편에게 순종하기 위해서는 이방 풍속을 따라야 하기 때문이다. 그녀는 몸단장을 해야 하고, 머리를 치장해야 하고, 속된 멋을 부려야 하고, 저급한 애교를 부려야 한다.…
>
> iv, 1 그런데 그녀가 염두에 두어야 할 것은, 어떻게 자기가 남편에 대한 의무를 다할 수 있을 것인가 하는 것이다. 그녀는 분명 [성경의] 가르침에 따라 주님을 기쁘시게 하는 일을 할 수가 없을 것이다. 자기 곁에 마귀의 종이 있으니 말이다. 그는 자기 주인 [마귀]의 대리인이 되어, 자기 부인이 신앙 생활을 열심히 하고 신자로서의 의무를 다하는 것을 방해할 것이다. 그녀가 새벽 기도에 가려고 하면, 그는 아침 일찍 목욕장에 함께 가자고 할 것이다. 그녀가 금식을 하고자 하면, 남편은 같은 날 잔치를 열 것이다. 그녀가 [교회에] 출석하려고 하면, 갑자기 급한 집안일을 만들어 낼 것이다.

이 책이 중요한 이유는, 이 책을 북아프리카 교인들이 읽었거나, 아니면, 최소한 그 내용에 대해서 일부라도 들었을 가능성이 있기 때문이다. 사실, 터툴리안의 입장에는 다소 과격한 느낌이 들게 하는 부분이 있다.

> 신자라고 꼭 몸단장을 하지 말아야 하는가? 파마도 해서는 안 되는가? 불신자와의 통혼을 꼭 "음행"이라고까지 매도해야 하는가?

그러나 한편에는 동의하고 싶은 부분도 있다. 왜냐하면, 불신자와 결혼하는 경우 신앙 생활에 방해가 되는 일이 많이 발생할 것이기 때문이다.

그래서, 당시 교인들 중에는 터툴리안이 이 책에서 밝힌 입장을 지지하는 사람들이 분명 많았을 것이다. 아니, 지금도 터툴리안과 비슷한 생각을 하는 사람들이 매우 많을 것이다. 즉, 신자는 신자하고만 결혼해야 한다고 말이다.

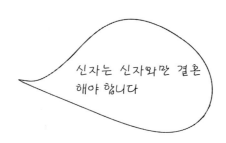

그림 19: 어느 노학자

그런데, 모니카의 부모는 모니카를 불신자에게 시집 보냈다. 이것은, 그들의 신앙에 문제가 있었서였을까? 그럴지도 모른다. 신자 중에서 신랑감을 골라주지 않았다는 것은 책망받아 마땅한 일이라 말할 수 있다. 하지만, 당시의 상황을 우리는 정확히 알지 못하므로, 속단할 수는 없다.

　모니카의 부모는, 파트리키우스가 "매우 선량한 사람"[1]임을 잘 알았을 것이다. 그리고, 모니카가 자기 남편을 반드시 꼭 주님께로 인도하리라는 확신을 가졌을 것이다.

---

[1] *Conf.* IX, ix, 19.

어거스틴의 『고백록』 제9권 9장 19절에 보면, 당시에는 결혼식 때 '혼인 계약서'(tabulae mātrimōniālēs)라는 것이 낭독되었던 것 같다.[1] 그러나, 로마 제국에서 혼인계약서 작성은 의무 사항이 아니었다. 관청에 혼인신고를 하는 제도도 없었다. 혼인은 어디까지나 개인적인 일이기 때문에, 관(官)에서 개입할 일이 아니라고 하는 것이 로마인의 입장이었다. 다만, 신부가 지참금을 가지고 갈 때는, 그 지참금에 대해 계약서가 작성될 수 있었다.[2]

물론, 여기서 지참금이라 할 때는 현금 외에 보석이나 부동산이 포함될 수 있다. 상류계급 내지 부유한 집안 출신일수록 많은 지참금을 가지고 갈 것이다.

불신자였던 남편을 주께로 인도하는 모니카

모니카로서는 자기보다 나이가 아주 많은 (스물세살 정도 나이가 많은?) 남편을, 그것도 예수를 믿지 않는 남편을 섬기기가 매우 어려웠을 것이다. 그런데 로마의 법은 가부장(家父長, pater familiās)의 권위를 광범위하게 인정하였다.

예를 들어, 이혼하지 않는 한, 부인이 결혼할 때 가져온 지참금에 대한 처분 권한은 남편에게 있었다.

하인들에 대한 명령권도 원래는 가장(家長)에게 있는 것이었고, 주부(主婦)는 그것을 가장으로부터 위임받아 행사하는 것이었다.

---

[1] *Conf.* IX, ix, 19.

[2] Cf. Philippe Ariès & Georges Duby, eds., *Geschichte des privaten Lebens*, Bd. 1: *Vom Römischen Imperium zum Byzantinischen Reich*, übers. von Holger Fliessbach (Frankfurt a.M.: Fischer Verlag, 1989; Lizenzausg., Augsburg: Weltbild Verlag, 1999), p. 45.

가장에게는 원칙적으로 가족 구성원 전체에 대한 생사여탈권이 인정되었는데, 주부는 이에 대해 이의를 제기할 권한이 원칙적으로 없었다.

가장은 자녀를 유기(遺棄)할 권한을 가지고 있었고, 자녀의 결혼 상대자를 고를 권한도 가지고 있었다.

가장은 바람을 피워도 아무런 법적 제재를 받지 않았다. 그렇지만, 주부가 바람을 피우면, 법에 의해 처벌을 받았다.

한마디로, 로마제국은 가부장제도가 확립된 나라였다. 즉, 여성의 사회적 지위가 상당히 낮은 편이었다.

그림 20: 폼페이의 부부 초상화
(주후 1세기)

한국을 위시한 동양 여러 나라는 오랫 동안 유교문화권에 속했다. 당연히 가부장적 질서가 지배하던 사회였다. 물론, 요즘에는 양성평등이 주장되고는 있으나, 유교적 잔재가 완전히 청산된 것은 아니다.

女 必 從 夫

여필종부(女必從夫). <아내는 반드시 남편을 따라야 한다>. 오늘날과 같은 시대에 이러한 주장을 할 수 있을까?

여기서 잠시 『공자가 죽어야 나라가 산다』(서울: 바다출판사, 1999)라는 책을 쓴 김경일 님의 글을 인용해 보자!

> 남자들은 여성을 완벽하게 소유하기 위해 여성을 틀어쥐었지만, 결국 얻은 것은 아무것도 없었다. 여성을 완벽하게 소유하기 위해 만든 유교의 많은 장치들이 결국은 여성을 죽여버렸다. 유교 속의 여성은 더 이상 인간도 여성도 아니었다. 그것은 왜곡된 생명체에 불과했고 원한으로 뭉쳐진 카오스에 불과했다. 결국 여성들은 폭발해버렸고, 남자들은 떠났다. 원시 속의 순수한 여성을 잃어버린 동양의 남자들은 그래서 결국 모든 것을 잃어버리고 있다. (p. 170)

양성평등에 대한 성경의 기본 입장은 무엇인가? 먼저 기독교 인간론의 가장 기본적인 텍스트인 창 1:26-28을 읽어 보자!

> 26 하나님이 이르시되 우리의 형상을 따라 우리의 모양대로 우리가 사람을 만들고 그들로 바다의 물고기와 하늘의 새와 가축과 온 땅과 땅에 기는 모든 것을 다스리게 하자 하시고 27 하나님이 자기 형상 곧 하나님의 형상대로

사람을 창조하시되 남자와 여자를 창조하시고 28 하나님이 그들에게 복을 주시며 하나님이 그들에게 이르시되 생육하고 번성하여 땅에 충만 하라, 땅을 정복하라, 바다의 물고기와 하늘의 새와 땅에 움직이는 모든 생물을 다스 리라 하시니라

여기서 보는 대로, 하나님은 사람을 자기의 형상대로 "창조하시되, 남자와 여자를 창조"하셨다. 즉, 남자만 "하나님의 형상"(imāgō Deī)대로 지음받은 것이 아니라, 여자도 "하나님의 형상"대로 지음받은 것이다. 그러므로, 창조질서대로 하면, 남자와 여자는 똑같이 인간으로서의 존엄성을 지니는 것이다. 갈 3:28 말씀도 읽어 보자!

너희는 유대인이나 헬라인이나 종이나 자유인이나 남자나 여자나 다 그리 스도 예수 안에서 하나이니라

이 말씀에서 보는 대로, "그리스도 예수 안에서"는 남자와 여자의 차이가 결코 성차별의 근거가 될 수 없다.

그림 21: 양성평등 기호

그러나, 여성주의(Feminism)에 반대하는 사람들은 우선 창 2:18과 2:20에 나오는 "돕는 배필"이라는 표현을 제시할 것이다.

창 2:18

여호와 하나님이 이르시되 사람이 혼자 사는 것이 좋지 아니하니 내가 그를 위하여 **돕는 배필**을 지으리라 하시니라

창 2:20-24

아담이 모든 가축과 공중의 새와 들의 모든 짐승에게 이름을 주니라 아담이 **돕는 배필**이 없으므로 21 여호와 하나님이 아담을 깊이 잠들게 하시니 잠들매 그가 그 갈빗대 하나를 취하고 살로 대신 채우시고 22 여호와 하나님이 아담에게서 취하신 그 갈빗대로 여자를 만드시고 그를 아담에게로 이끌어 오시니 23 아담이 이르되 이는 내 뼈 중의 뼈요 살 중의 살이라 이것을 남자에게서 취하였은즉 여자라 부르리라 하니라 24 이러므로 남자가 부모를 떠나 그의 아내와 합하여 둘이 한 몸을 이룰지로다

여기서 보는 "돕는 배필"이라는 표현은 아담을 인생이란 연극의 주연으로, 하와를 조연으로 생각하게 하는 근거가 되는 것처럼 여겨질 수 있다. 그러나 텍스트의 전반적 흐름은, 남자는 여자 없이, 또 여자는 남자 없이 살아가기 힘들며, 따라서 결혼이라는 제도가 필요하다는 데 초점이 맞추어져 있다. 그래서, 종교개혁자 칼빈(Calvin, 1509~64)은 그의『창세기 주석』에서 이 부분을 해석할 때, 부부관계를 인간의 사회성의 가장 중요한 기초로 보는 관점을 취했던 것이다.

인간은 "사회적 동물"이다. 그런데 이 말은, 인간은 다른 사람의 도움 없이는 살아갈 수 없는 존재라는 의미도 포함한다. 하나님은 인간을 창조하실 때, 상호보완적 존재로 창조하셨다. 사람마다 조금씩 다르게 창조하신 것은, 그 차이 때문에 사회적 차별을 정당화하라고 하신 것이 아니다. 오히려 서로 도우며 살아가라고 하신 것이다.

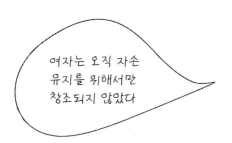

여자는 오직 자손
유지를 위해서만
창조되지 않았다

그림 22: 칼빈 초상화

<돕는 배필>로 번역된 히브리어 עֵזֶר(에제르)를 단순히 "보조자" 정도로
해석하는 것은 문제가 있을 것 같다. 도리어, "동반자", "반려", "동무"가
더 낫지 않을까? 전 4:9-10 말씀이 해석에 도움이 될 것이다.[1]

9 두 사람이 한 사람보다 나음은 그들이 수고함으로 좋은 상을 얻을 것임
이라 10 혹시 그들이 넘어지면 하나가 그 동무를 붙들어 일으키려니와 홀로
있어 넘어지고 붙들어 일으킬 자가 없는 자에게는 화가 있으리라 11 또 두
사람이 함께 누우면 따뜻하거니와 한 사람이면 어찌 따뜻하랴 12 한 사람
이면 패하겠거니와 두 사람이면 맞설 수 있나니 세 겹 줄은 쉽게 끊어지지
아니하느니라

창 2:18의 표준새번역을 보자!

주 하나님이 말씀하셨다. "남자가 혼자 있는 것이 좋지 않으니 그를 돕는
사람, 곧 그에게 알맞는 짝을 만들어 주겠다."

---

[1] Cf. Claus Westermann, *Genesis 1-11*, 2. Aufl. (Neukirchen-Vluyn: Neukirchner
Verlag, 1976) [= *Biblischer Kommentar Altes Testament*, Bd. I/1], p. 309.

창 2:18을 번역할 때, 표준새번역은, 개역 성경이 번역하지 않은 כנגדו(커넥도)를 "그에게 알맞는 짝"이라고 번역해 주었다.

칼빈은 이 개소(個所)를 상당히 자세히 주석하는데, 간단히 줄이면, "무슨 평등한 것"(Lt.: aliquid aequābile, Eng.: some equality)를 가리키는 것이라 하였다.

사실 두 사람이 서로 "짝"을 이루려면, <평등>을 전제로 하지 않으면 안 될 것이다. 부부관계는 동반자 관계지, 지배/종속 관계는 아니다. 하지만, 양성평등을 반대하는 사람들은 창 3:16 말씀을 들이댈 것이다.

또 여자에게 이르시되 내가 네게 임신하는 고통을 크게 더하리니 네가 수고하고 자식을 낳을 것이며 너는 남편을 원하고(개역: 사모하고) 남편은 너를 다스릴 것이니라 하시고

사실, 이 말씀 앞에서는 여성주의자들도 답변이 쉽지 않을 것이다. 이 말씀에 근거하여 반여성주의자들은 이렇게 말할 것이다.

백보 양보하여, 양성평등이 창조질서일 수는 있다. 그러나, 에덴 동산에서 선악과를 먹고 인류가 타락한 후, 창조질서는 깨어졌다. 타락 후의 세계에서 평등이란 꿈은 될 수 있어도, 현실은 아니다. 사회 속에서의 모든 인간관계는 지배/종속 관계로 특징지워진다. 부부관계도 마찬가지다.

아담으로 하여금 선악과를 먹게 한 것은 하와였다. 하와는 그 책임을 져야 한다. 하와의 모든 딸들 역시 그 책임에서 자유로울 수 없다. 타락한 세상에서 여자가 남자의 지배를 받는 것은 지극히 당연하다.

갈 3:28에서 "남자나 여자나 다 그리스도 예수 안에서 하나"라고 선포했던 바울이 엡 5:22-24에서 다음과 같이 말한 것은 이 때문일까?

아내들이여 자기 남편에게 복종하기를 주께 하듯 하라 23 이는 남편이 아내의 머리 됨이 그리스도께서 교회의 머리 됨과 같음이니 그가 바로 몸의

구주시니라 24 그러나 교회가 그리스도에게 하듯 아내들도 범사에 자기 남편에게 복종할지니라

골 3:18에도 비슷한 말씀이 나온다.

　아내들아 남편에게 복종하라 이는 주 안에서 마땅하니라

타락한 세상 속에서 인간의 완전한 <평등>이란 기대하기 어려울 것이다. 그래서, 이 땅에 하나님 나라가 임재하기까지 잠정적으로는 <불평등>이 완전히 제거되지 못할 것이다. 그러나, 불평등한 질서는 <잠정적>인 것이지, <최종적>인 것은 아니다. 하나님 나라가 완성된 형태로 임재하는 종말론적 미래에는 모든 <사회적 불평등>은 해소될 것이고, 양성평등의 이상도 실현될 것이다.

그림 23: 최후의 심판
(알브레히트 뒤러의 1510년 경 작품)

예수님은 양성평등에 대하여 직접적인 언급은 하시지 않았으나, 사두개인
들과 부활에 대해 논쟁하시면서, 부활한 후의 우리 상태에 대해 말씀하심
으로써, 종말론적 미래에 양성평등이 실현될 것을 암시하셨다. 마 22:23-
30을 읽어 보자!

> 부활이 없다 하는 사두개인들이 그 날 예수께 와서 물어 이르되 24 선생님
> 이여 모세가 일렀으되 사람이 만일 자식이 없이 죽으면 그 동생이 그 아내
> 에게 장가 들어 형을 위하여 상속자를 세울지니라 하였나이다 25 우리 중에
> 칠 형제가 있었는데 맏이가 장가들었다가 죽어 상속자가 없으므로 그
> 아내를 그 동생에게 물려 주고 26 그 둘째와 셋째로 일곱째까지 그렇게
> 하다가 27 최후에 그 여자도 죽었나이다 28 그런즉 그들이 다 그를 취하였
> 으니 부활 때에 일곱 중의 누구의 아내가 되리이까 29 예수께서 대답하여
> 이르시되 너희가 성경도, 하나님의 능력도 알지 못하는고로 오해하였도다
> 30 부활 때에는 장가도 아니 가고 시집도 아니 가고 하늘에 있는 천사들과
> 같으니라

30절 말씀에서 알 수 있는 대로, "부활 때에", 곧, 주님이 다시 오신 후에는,
"장가도 아니 가고 시집도 아니" 가는 것이지만, 이는, 그때에는 남녀의
구별 자체가 별다른 필요가 없기 때문이다. 당연히 차별이란, 있을 수 없는
것이다.

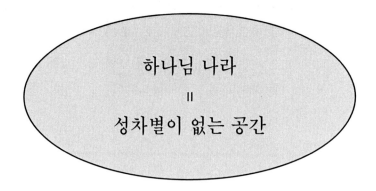

하나님 나라
=
성차별이 없는 공간

교회는 종말론적 미래에 완성된 모습으로 임재할 하나님 나라를 이 땅에서 선취(先取)하는 곳이다. 이 공간 내에서는 <평등>의 이상이 부분적이나마 실현돼 왔고, 또 실현돼야 한다. 모니카는 교회에 소속된 사람이었으므로, 이러한 이상에 이미 동참하고 있었다. 그러나, 이 이상에 동참하기 위해서는 대가가 지불돼야 하였다.

하나님 나라는 폭력이나 술수로 이루어지지 않는다. 더구나, 당시는 오늘날처럼 무슨 여성운동도 일으킬 수 없었다. 여성 개인이 할 수 있는 일은 극히 제한돼 있었다. 모니카가 인문교육을 받지 못했다는 것은 이미 말했지만, 설령 인문교육을 받았다 한들, 문필 활동을 통해 자기의 뜻을 펴는 것도 매우 어려웠을 것이다.

그러면 여기서 어거스틴이 『고백록』 제9권 9장 19절에서 하는 말을 들어보자!

그리고, 혼인할 나이가 되자, 어머니는 시집을 갔사온데, 남편을 섬길 때, 주를 섬기듯 하였나이다.

이 말은, 모니카가 엡 5:22-24 말씀을 실천에 옮겼다는 뜻이 된다.

아내들이여 자기 남편에게 복종하기를 주께 하듯 하라 23 이는 남편이 아내의 머리 됨이 그리스도께서 교회의 머리 됨과 같음이니 그가 바로 몸의 구주시니라 24 그러나 교회가 그리스도에게 하듯 아내들도 범사에 자기 남편에게 복종할지니라

사실, 이 말씀은 신자인 남편을 둔 여성도 지켜야 할 말씀이다. 이 말씀은 부부관계를 그리스도와 교회의 관계에 비교하고 있다. 엡 5:25 말씀대로 그리스도께서는 "교회를 사랑"하시고 "교회를 위하여 자신을" 주시되, 목숨까지 내어 주셨다. 교회에 속한 모든 성도들은 그리스도를 주님으로 모신다. 아내된 자는 자기 남편을 마치 그리스도를 섬기듯 섬겨야 한다.

그림 24: 사도 바울

여성주의자들 입장에서는 사도 바울의 이 말이 전혀 마음에 들지 않을 수 있다. 그들을 상대로 필자가 바울을 위해 변론에 나서게 되면, 너무 장황해질 수 있을 것이다. 그래서, 필자는 다음과 같은 책을 독자들에게 권한다.

아내들이여
남편을 **돕는**
배필이 됩시다

김인자 지음

나침반

김인자 선교사는 <여성 해방 운동>을 통해
불공평한 사회악을 개선할 마음으로 미국 유학을 떠났다가
그곳에서 주님을 영접하고 이 책을 썼다.

양성평등의 세상, 성차별 없는 세상은, 기독교가 추구하는 이상이다. 그럼에도 불구하고 사도 바울이 아내된 자들을 향해 "자기 남편에게 복종하기를 주께 하듯 하라"고 한 것은 웬일일까? 이에 대한 답은 고전 14:33에서 찾을 수 있다.

> 하나님은 무질서의 하나님이 아니시요 오직 화평의 하나님이시니라

하나님은, 이 세상이 카오스 상태가 되기를 원하지 않으셨다. 그래서, 이 세상에 질서를 주셨다. 이 질서 속에서 가정 내지 가족이 차지하는 위치는 매우 중요하다. 만약 가정이 무너진다면, 가족이 해체된다면? 그 결과는, 여성해방론자들도 원하는 것이 결코 아닐 것이다. 단란하고 화목한 가정이 많아지는 것. 이것은 정상적인 생각을 가진 사람이라면, 누구나 원하는 것이리라. 이를 위해서는 성경의 가르침을 따르는 것이 좋다. 즉, 아내가 남편에게 순복하는 것이다. 성경은, 여성이 남성을 지배하는 <여성상위 시대>를 결코 인정하지 않는다. 우리는, 모니카가 성경을 얼마나 열심히 연구했는지를 알 수 없다. 그러나, 다음과 같은 성경 말씀을 실천하기 위해 노력한 것만은 확실하다.

> 아내들아 이와 같이 자기 남편에게 순종[개역: 순복]하라 이는 혹 말씀을 순종하지 않는 자라도 말로 말미암지 않고 그 아내의 행실로 말미암아 구원을 받게 하려 함이니 (벧전 3:1)

여자의 입장에서, 신자인 남편을 섬기는 것도 쉽지 않을 것이다. 그런데, 신자가 아닌 남편을 섬기는 것은 얼마나 어려울까? 그런데, 우리 모니카는 불신자인 남편을 섬겼다. 그래서, 그를 결국 주님 앞으로 인도하였다. 이는 모니카의 인간 승리였다.

> 예수께서 이르시되 할 수 있거든이 무슨 말이냐 믿는 자에게는 능치 못할 일이 없느니라 하시니 (막 9:23 개역)

그러면 여기서 어거스틴의 『고백록』 제9권 9장 19절에 나오는 내용을 일부 인용해 보자!

> 그리고, 혼인할 나이가 되자, 어머니는 시집을 갔사온데, 남편을 섬길 때, 주를 섬기듯 하였나이다. 어머니는 남편을 당신께로 인도하기 위하여 많은 노력을 했사온데, [그때 어머니는 많은] 말보다는 선한 행실로써 남편에게 당신에 대하여 이야기하였나이다. 이로 인해 당신은 어머니를 아름다워 보이게 만드셨고, 어머니는 남편에게 존경과 사랑과 찬탄을 받게 되었나이다.

불신 남편에게 시집 간 여자의 입장에서, 남편에게 복음을 전도하는 것은 그 무엇과도 비교할 수 없이 중요한 사명일 수밖에 없다. 불신 남편과는 함께 살 수 없으니, 이혼하겠다? 이것은 패배를 자인하는 것이다. 예수님은 이혼을 금하셨다.

마 19:9

> 내가 너희에게 말하노니 누구든지 음행한 이유 외에 아내를 버리고 다른 데 장가 드는 자는 간음함이니라

막 10:7-12

> 이러므로 사람이 그 부모를 떠나서 8 그 둘이 한 몸이 될지니라 이러한즉 이제 둘이 아니요 한 몸이니 9 그러므로 하나님이 짝지어 주신 것을 사람이 나누지 못할지니라 하시더라 10 집에서 제자들이 다시 이 일을 물으니 11 이르시되 누구든지 그 아내를 버리고 다른 데에 장가 드는 자는 본처에게 간음을 행함이요 12 또 아내가 남편을 버리고 다른 데로 시집 가면 간음을 행함이니라

모니카는 불신 남편과 이혼함으로써 패배하는 길을 선택하기보다는, 불신 남편을 변화시켜 주께로 인도하는, 승리의 길을 선택하였다. 물론, 승리의 길은 오직 주님의 은혜로만 갈 수 있는 길이지만.

그림 25: 기도손

알브레히트 뒤러의
1508년 경 작품

어거스틴은 자세히 기록하지 않지만, 모니카는 불신 남편을 신앙으로 인도하기 위하여 눈물의 기도를 수없이 드렸을 것으로 짐작된다. 영적으로 전혀 다른 세계에 사는 남편에게 주님에 대해 이야기하려면, 기도를 통해 주님으로부터 힘을 공급받지 않고는 불가능하였을 것이다.

9 내가 또 너희에게 이르노니 구하라 그러면 너희에게 주실 것이요 찾으라 그러면 찾아낼 것이요 문을 두드리라 그러면 너희에게 열릴 것이니 10 구하는 이마다 받을 것이요 찾는 이는 찾아낼 것이요 두드리는 이에게는 열릴 것이니라 11 너희 중에 아버지된 자로서 누가 아들이 생선을 달라 하는데 생선 대신에 뱀을 주며 12 알을 달라 하는데 전갈을 주겠느냐 13 너희가 악할지라도 좋은 것을 자식에게 줄 줄 알거든 하물며 너희 하늘 아버지께서 구하는 자에게 성령을 주시지 않겠느냐 하시니라 (눅 11:9-13)

모니카가 만약 승리자가 되었다면, 그녀가 거둔 승리는 믿음의 승리요, 믿음으로 말미암은 기도에 근거한 승리였을 것이다.

모니카는 전도, 특히 가족에 대한 전도에 있어서는 "말보다는 선한 행실"이 중요함을 잘 알고 있었다. 그녀는, 산상수훈에서 예수님은 하신 말씀을 잘 기억하고 있었을 것이다.

> 이같이 너희 빛이 사람 앞에 비치게 하여 그들로 너희 착한 행실을 보고 하늘에 계신 너희 아버지께 영광을 돌리게 하라 (마 5:16)

여성의 "선한 행실" 혹은 "착한 행실"은 하나님의 보좌를 움직이기 때문에, 하나님은 그녀를 아름다워 보이게 만드신다. 어거스틴도 앞에 (pp. 69-70) 소개한 터툴리안처럼 여성의 아름다움을 외모에서 찾지 않고, 아름다운 영혼에서 찾았다. 아름다운 영혼은 "선한 행실"로 표현되고, 하나님은 그것을 보시고, 비록 겉모양을 별로 꾸미지 않는다 하더라도, 그녀에게 진정한 아름다움을 선사해 주신다. 모니카의 남편 파트리키우스는 바람을 피우는 사람이었다. 그러므로, 여자의 외모에 일가견이 있었을 것이다. 그리고 매일 보는 아내의 외모에 대해 싫증을 느낄 수도 있었다. 그런 그가 아내 모니카를 "아름다운 여인"이라 여기게 되었다는 것. 이것은 진정한 아름다움이 어디에서 오는지를 깊이 생각하게 해 주는 일이 아닐 수 없다.

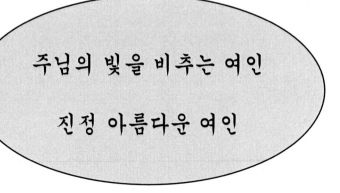

주님의 빛을 비추는 여인

진정 아름다운 여인

어거스틴에 의하면, 모니카는 더군다나 "남편에게 존경과 사랑과 찬탄을 받게" 되었다. 아마도 모니카는 잠 31:10 이하에 묘사된 "현숙한 여인"의 모습으로 그녀의 남편 파트리키우스에게 비쳤을 것이다.

> 누가 현숙한 여인을 찾아 얻겠느냐 그의 값은 진주보다 더 하니라 11 그런 자의 남편의 마음은 그를 믿나니 산업이 핍절하지 아니하겠으며 12 그런 자는 살아 있는 동안에 그의 남편에게 선을 행하고 악을 행하지 아니하느니라 13 그는 양털과 삼을 구하여 부지런히 손으로 일하며 14 상인의 배와 같아서 먼 데서 양식을 가져오며 15 밤이 새기 전에 일어나서 자기 집안 사람들에게 음식을 나누어 주며 여종들에게 일을 정하여 맡기며 16 밭을 살펴보고 사며 자기의 손으로 번 것을 가지고 포도원을 일구며 17 힘 있게 허리를 묶으며 자기의 팔을 강하게 하며 18 자기의 장사가 잘 되는 줄을 깨닫고 밤에 등불을 끄지 아니하며 19 손으로 솜뭉치를 들고 손가락으로 가락을 잡으며 20 그는 곤고한 자에게 손을 펴며 궁핍한 자를 위하여 손을 내밀며 21 자기 집 사람들은 다 홍색 옷을 입었으므로 눈이 와도 그는 자기 집사람들을 위하여 염려하지 아니하며 22 그는 자기를 위하여 아름다운 이불을 지으며 세마포와 자색 옷을 입으며 23 그의 남편은 그 땅의 장로들과 함께 성문에 앉으며 사람들의 인정을 받으며 24 그는 베로 옷을 지어 팔며 띠를 만들어 상인들에게 맡기며 25 능력과 존귀로 옷을 삼고 후일을 웃으며 26 입을 열어 지혜를 베풀며 그의 혀로 인애의 법을 말하며 27 자기의 집안 일을 보살피고 게을리 얻은 양식을 먹지 아니하나니 28 그의 자식들은 일어나 감사하며 그의 남편은 칭찬하기를 29 덕행 있는 여자가 많으나 그대는 모든 여자보다 뛰어나다 하느니라 30 고운 것도 거짓되고 아름다운 것도 헛되나 오직 여호와를 경외하는 여자는 칭찬을 받을 것이라 31 그 손의 열매가 그에게로 돌아 갈 것이요 그 행한 일로 말미암아 성문에서 칭찬을 받으리라

29절을 보라! 파트리키우스도 아마 모니카에게 "덕행 있는 여자가 많으나 그대는 모든 여자보다 뛰어나다"고 말하지 않았을까? "남편에게 존경과 사랑과 찬탄을" 받은 여자는 복되다.

앞에서도 이미 언급했지만, 파트리키우스는 바람을 피우고 있던 남자였다. 남편이 바람을 피울 때, 여자의 반응은 거의 대부분 부정적이다. 남편에게는 항의와, 불평과, 원망을 하게 되고, 상대방 여성에게도 어떤 형태로든지 복수를 하고자 한다. 경우에 따라선 맞바람을 피워 복수를 하기도 하고, 이혼을 심각하게 고려하며, 실지로 이혼을 감행하기도 한다. 극히 사려 깊은 반응을 보이는 경우에라도, 심적 고통만은 엄청나게 느낄 것이다. 우리의 주인공 모니카는 어떻게 했을까? 그녀의 아들 어거스틴은 이렇게 말한다.

> 어머니는 한편, 남편이 바람을 피울 때도, 그것을 잘 참아 내어, 그 일로 인해 남편과 다투는 일은 한번도 없었나이다. 이는, 남편에게 당신의 자비하심이 임하여, 그가 당신을 믿게 됨으로 말미암아, 정결해지기를 바랐음이라.[1]

모니카는 이혼에 대해서는 전혀 고려하지 않았다. 맞바람을 피워 복수하는 것은 상상조차 하지 않았다. 남편과 다투는 일은? "한번도" 없었다. 정말로 쉽지 않은 일인데, 그것이 가능했던 이유는? 그것은 주님의 "자비하심"에 대한 바람 때문이었다. 고전 13:4 말씀대로 사랑은 "오래 참"는다. 그러나, 오랜 인내를 가능하게 하는 힘은 주님의 "자비하심"을 믿는 믿음에서 오는 것. 모니카에게는 그런 믿음이 있었고, 남편 파트리키우스도 자기처럼 믿음을 가져, 정결한 사람 되기를 주님께 간구하였다. 위 인용문에 "기도 했다"는 표현은 나오지 않지만, 기도 없이 어떻게 그런 인내심을 가질 수 있었겠는가? 분명 오랜 세월 동안 눈물의 기도를 주님께 드렸을 것이고, 그 기도가 상달되어, 결국은 남편을 신앙으로 이끌 수 있었다. 남편을 신앙으로 이끌었다는 것은, 남편의 바람기를 잠재울 수 있었다는 것을 의미한다. 모니카는 승리한 것이다. <믿음으로> 말이다.

---

[1] *Conf.* IX, ix, 19.

믿음으로 말미암은 승리

부부가 함께 생활함에 있어 부부싸움을 하는 것은 매우 자연스러운 일일
지도 모른다. 더구나, 부부 중 한쪽이 불륜을 저지르는 경우는 더욱 그럴
것이다. 그러나, 모니카는 남편과의 언쟁을 피했다.

> 하온데, 아버지는 매우 선량한 사람이기는 하였사오나, 불 같은 성질 때문에
> 곧잘 화를 내었나이다. 하오나 어머니는, 아버지가 화를 낼 때는, 말과 행동을
> 조심하여, 일체 대항하지 않았나이다. 그리고는, 그의 성화가 가라앉아
> 조용해지기를 기다려, 좋은 기회가 되었을 때에, 어머니가 한 일을 아버지가
> 혹시 오해하여 그렇게 성화를 내었다면, 그 일에 대하여 잘 설명해 드렸나
> 이다.[1]

여기서 보는 대로, 파트리키우스는 "불 같은 성질"을 지닌 사람이었다. 이런
사람과의 언쟁은 아무런 유익도 가져오지 않는다. 아마도 모니카는 다음
과 같은 성경 말씀을 잘 알았을 것이다.

> 1 유순한 대답은 분노를 쉬게 하여도 과격한 말은 노를 격동하느니라 2 지혜
> 있는 자의 혀는 지식을 선히 베풀고 미련한 자의 입은 미련한 것을 쏟느니라
> 3 여호와의 눈은 어디서든지 악인과 선인을 감찰하시느니라 4 온순한 혀는
> 곧 생명 나무이지만 패역한 혀는 마음을 상하게 하느니라 (잠15:1-4)
>
> 오래 참으면 관원도 설득할 수 있나니 부드러운 혀는 뼈를 꺾느니라 (잠
> 25:15)

---

[1] *Loc. cit.*

어거스틴은 모니카의 훌륭함을 다른 여자들과 비교를 통해 부각시키려는
시도도 하였다.

> 이 세상에는 실로 아버지보다 훨씬 더 성질이 좋은 남편과 사는 부인네들이
> 많았나이다. 하오나, 남편에게 매를 맞아, 수치스럽게도 얼굴에까지 매맞은
> 흔적이 남아 있는 부인네들도 있었나이다. 그네들이 모여 앉아 정담(情談)을
> 나누다가, 자기들 남편에 대하여 그 행실을 욕하는 이야기들을 하면,
> 어머니는 농담을 하는 것처럼 하면서도, 진지하게 권면을 하며, 그네들의
> 말을 다음과 같이 꺾어 놓고는 하였나이다.

> 여자들은 소위 <혼인계약서>라는 것이 낭독된 다음부터는, 자기를 종
> 으로 삼는 문서가 낭독되는 소리를 들었다고 생각해야 할 것이야. 그런
> 까닭에, 여자들은 자기의 위치를 생각하여, 주인 양반에게 대드는 교만한
> 일일랑 절대 하지 말아야 돼.

> 하온데, 그 부인네들은, 어머니가 성질 사나운 남편 밑에서 힘들게 살고
> 있다는 것을 잘 알았던 까닭에, 파트리키우스가 부인을 때렸다거나, 단
> 하루라도 부부싸움을 한 날이 있었다는 소리를 들은 적이 없어, 그것을 신기
> 하게 여겼나이다. 그리하여, 은근히 그 비결을 물을라치면, 어머니는, 내가
> 위에서 언급한 그 생활 원칙을 가르쳐주었나이다. 하온데, 그 원칙을 따라서
> 해 본 부인네들은, 그 원칙이 옳은 줄 깨닫고, [어머니께] 감사하였사오며,
> 그 원칙을 따르지 않은 부인네들은, 종속 상태에서 벗어나지도 못하면서,
> 매만 계속 맞았나이다.[1]

가정폭력은 오늘날도 중요한 사회적 이슈가 되고 있다. 그래서, 가정폭력
방지법도 제정되었고, 가정폭력상담소나 여성보호센터 같은 것도 있다.
하지만, 모니카의 시대에는 그런 것을 전혀 기대할 수 없었다. 여성이 자기
자신의 지혜와 노력으로 문제를 해결해야 했던 시대였기 때문이다.

---

[1] *Conf.* IX, ix, 19.

시어머니와의 관계

여자에게 결혼이란, 단순히 자기 남편된 자의 지어미가 되는 것만을 의미하는 것이 아니다. 특히 대가족제도 하에서 그것은 "시가"(媤家)라고 하는 남편의 가족 속에 자기가 편입되는 것을 의미한다. 즉, 시가의 식구를 자기 식구로 인정하고 받아들이지 않으면 안 된다. 그런데, 시가의 식구 중에 가장 문제가 되는 사람은? 긴말할 것 없이 그것은 시어머니다. 고부관계 (姑婦關係)라 하는 것은 핵가족시대인 오늘날에도 쉽지가 않은 것이 현실 이다.

사진 14: 헬레니즘 시대의 할머니 두상

어거스틴은 모니카의 시아버지, 곧, 자기 할어버지에 대한 이야기는 하지 않는다. 반면, 자기 할머니, 곧, 모니카의 시어머니에 대한 이야기는 한다. 어거스틴의 말을 직접 들어 보자!

　어머니의 시어머니도 처음에는 못된 하녀들의 수군거리는 소리를 듣고는, 어머니에 대하여 나쁜 인상을 가졌사오나, 어머니는 인내심과 양순(良順)

함으로 한결같이 순종했던 까닭에, 결국에는 시어머니의 마음을 돌릴 수 있었나이다. 그리하여, 시어머니는 혀를 잘못 놀린 하녀들에 대하여 벌을 내리리라고 자기 아들 [파트리키우스]에게 말하기에 이르렀나이다. 즉, 그 하녀들이 자기와 며느리 사이를 이간질하여, 집안의 평화를 어지럽혔다는 사실을 자기 아들에게 알린 것이니이다. 그러자, 그는 자기 어머니의 말에 순종하고, 집안에 기강을 세우고, 집안 식구들 사이에 화목함이 있게 하기 위하여, 자기 어머니가 원하는 대로, 문제가 된 하녀들을 매로 다스렸나이다. 이에 할머니는 하녀들에게 다음과 같은 경고를 했나이다.

누구든지 나를 기쁘게 하려고, 내 며느리에 대하여 무슨 나쁜 소리를 하면, 이와 같은 벌을 결코 면할 수 없을 것이야.

그뒤로는 감히 그런 일을 하는 하녀가 전혀 없었사옵고, 할머니와 어머니는 아주 화목하게 잘 지내었나이다.[1]

이 글에 거짓이 없다면, 모니카는 시어머니에게 "인내심과 양순함으로 한결같이 순종"함으로써, 시어머니를 자기 편으로 만드는 데 성공한 것이다.

아마도 어거스틴은 어린 시절에, 할머니가 어머니가 "화목하게" 지내는 모습을 직접 목격했을 것이다.

SWEET HOME

---

[1] *Conf.* IX, ix, 20.

하녀들과의 관계

어거스틴은 방금 인용한 내용 외에는 모니카와 하녀들 사이의 관계에 대해
자세히 말하지 않는다. 그러나, 방금 인용한 내용을 통해서도 모니카가
하녀들을 어떻게 다루었는지를 어느 정도 짐작할 수 있다. 하녀들 입장
에서는 젊은 여주인에게 골탕을 먹이고 싶었을 것이다. 그래서, 그녀에
대해 부정적인 말을 하며 수근거렸고, 모니카의 시어머니에게까지 그 수근
거리는 소리가 들리게 되었다. 모니카는 억울했을 것이고, 보통 여자 같았
으면, 하녀들에게 직접 복수하고자 나섰을 것이다. 하지만, 그녀는 인내심을
발휘하였다. 시어머니의 오해가 풀릴 때까지 기다리면서, 변명하지 않았다.
또 그 문제로 하녀들을 추궁하지도 않았다. 만약 그녀가 변명하고자 했다면,
하녀들의 말이 틀렸음을 지적해야 했을 것이다. 만약 하녀들을 추궁했다면?
집안의 평화는 깨어졌을 것이고, 하녀들과의 관계는 더 악화되었을 것이
다. 다른 사람에 대한 비판이나, 공격이나, 험담은, 그것에 정당한
근거가 있다 하더라도, 인간관계를 악화시킨다. 모든 인간관계의 기본.
그것은 "화평케 하는 자"(마 5:9)가 되기 위해 노력하는 것이다. 어거스틴에
의하면, 그녀에게는 "화평케 하는 자"로서의 성향이 있었다.

> 당신은 당신의 이 선한 여종의 복중(腹中)에서 나를 창조하셨사온데, 이 여종
> 에게 당신은 또 다른 큰 은사를 주셨사오니, 곧, 서로 싸우며 불화하는 영혼들
> 사이에서 어머니는 "화평케 하는 자"(마 5:9)의 역할을 힘닿는 대로 감당
> 하였음이라. 사람들이 서로 불화하게 되면 보통, 상대방이 없는 자리에서
> 자기 옆에 있는 친구에게 자기의 원수 된 상대방에 대한 험담을 하게 되온데,
> 그때 그 험담에 과장을 섞을 뿐 아니라, 그 험담을 통해 자신의 증오심을 아무
> 여과 없이 표현할 때가 많나이다. 하오나, 어머니는 어떤 두 사람으로부터
> 서로를 헐뜯는 말을 들을 때에도, 그 두 사람을 화해시키는 데 도움이 되는
> 말 외에는, 이 사람의 말을 저 사람에게 옮기는 일이 전혀 없었나이다.

[이 세상의] 수많은 사람들로부터 내가 슬픈 경험을 하지 않는다면, 이 정도 일쯤 내가 하찮은 선(善)으로 여길 수 있을지 모르겠나이다. 하오나, [이 세상에는] 엄청난 죄악이 무서운 전염병처럼 널리 퍼져 있어, 서로 원수 된 사람들의 말을 상대방에게 전해 줄 뿐 아니라, 하지도 않은 말까지 덧붙여 전해 주는 일이 너무나 많나이다. [실로] 사람다운 사람이라면, 말을 조심하여, 사람들 사이의 악감정(惡感情)을 부채질하거나 증폭시키는 일을 하지 말아야 하고, 오히려 좋은 말로써 그러한 감정을 해소시키려고 노력하는 것이 도리니이다.

어머니는 바로 이러한 사람이었사오니, 이는, 당신이 심령의 학교에서 가르치시는 지극히 내적(內的)인 교사가 되셨음이라.[1]

우리는 오늘날, 크리스챤이라 자처하는 사람들 입에서도 다른 사람에 대한 비판과 험담이 쉽게 나오는 것을 볼 수 있다. 모니카는 말을 할 때는 항상 "화평케 하는 자"로서 말하기를 힘썼다. 그러므로, 그녀는 하녀들에 대해서도 이와 같은 입장을 견지하였으리라 믿어진다. 당연히 하녀들과의 관계도 좋은 관계로 바꾸어졌을 것으로 판단된다.

> 화평케 하는 자는 복이 있나니 그들이 하나님의 아들이라 일컬음을 받을 것임이요 (마 5:9)

---

[1] *Conf.* IX, ix, 21.

하녀들에 대한 모니카의 권위는, 단순히 그녀가 여주인이기 때문에, 혹은 시어머니가 그녀에게 힘을 실어 주었기 때문에 세워진 것만은 아니었다. 그녀의 권위는 신앙에서 나온 것이었기 때문이다. 그녀는, 파트리키우스에게 전도하기 전에 먼저 온 집안 식구들에게 전도하였다. 다시 어거스틴의 증언을 들어 보자!

여하간, 나는 이미 믿는 자였고, 아버지를 제외하고는, 어머니와, 온 집안 식구가 다 믿었나이다.[1]

여기서 "온 집안 식구"라 할 때는 종들, 하녀들도 다 포함된다. 당시의 "집안 식구"는 종들 내지 하인들도 포함한 것이었다.[2] 그리고, 그 시기는 어거스틴의 초등학생 때였다. 따라서, 어거스틴이 초등학교를 졸업하던 주후 366년 경까지는, 파트리키우스를 제외한 "온 집안 식구"들에게 믿음이 들어간 것이고, 그렇다면, 하녀들도 다 신자가 되었다는 것을 의미한다.

파트리키우스의 죽음 이후

모니카의 남편 파트리키우스는 주후 371년 대략 만 63세의 나이로 세상을 떠났다.

파트리키우스는 세상을 떠나기 1년 전인 주후 370년 학습교인이 되었으며, 세상을 떠나기 얼마 전 (주후 371년 봄?) 세례를 받고 정식 신자가 되었다.

---

[1] *Conf.* I, xi, 17.

[2] Cf. Emilien Lamirande, "Domus, domus dei," *AugLex* 2 (1996-2002): 599-605, esp. 600.

당시 모니카의 나이는 만 40세. 오늘날 기준으로 보면, 상당히 젊은 나이에 과부가 되었다. 물론, 당시로 보면 그렇게 젊은 나이라고는 할 수 없지만 말이다. 모니카는 주후 387년 만 56세로 소천(召天)하니까, 그녀의 과부 생활은 만 16년 간 계속된 셈이다.

그림 25: 「과부」
프랑스 화가 Evariste-Vital Luminais(1822~96)의
1865년 경 작품

물론, 그녀는 남편을 주께로 인도하는 데 성공했다. 하지만, 슬픔은 컸을 것이다. 더구나, 이제 그녀의 양 어깨에 가사를 꾸려 가는 일과 자녀를 기르는

일이 전적으로 맡겨졌다. 남편 없이 과부로 살아가는 것은 믿음 없이는 가기 힘든 길이다. 요즘 같으면, 만 40세에 과부가 되었을 경우, 재혼을 생각할 것이다. 그러나, 그녀는 재혼은 전혀 고려하지 않았다. 그녀에게는 어거스틴을 위시하여 최소 3명의 (혹은 그 이상의) 자녀가 있었으므로, 자녀들 때문에라도 재혼을 생각하지 않았을 것이다. 홀어미의 몸으로 자녀들을 성년이 될 때까지 양육하고, 그들을 결혼까지 시키는 것은 보통 일이 아닐 것이다. 하지만, 그녀는 그 길을 가기로 결심했다. 그리고 주님을 믿는 믿음 안에서 감당할 수 있었다. 사도 바울은 디모데전서 5장에서 "참 과부"에 대하여 이렇게 말한다.

> 5 참 과부로서 외로운 자는 하나님께 소망을 두어 주야로 항상 간구와 기도를 하거니와 6 항락을 좋아하는 자는 살았으나 죽었느니라 7 네가 또한 이것을 명하여 그들로 책망 받을 것이 없게 하라 8 누구든지 자기 친족 특히 자기 가족을 돌보지 아니하면 믿음을 배반한 자요 불신자보다 더 악한 자니라 9 과부로 명부에 오릴 자는 나이가 육십이 덜 되지 아니하고 한 남편의 아내였던 자로서 10 선한 행실의 증거가 있어 혹은 나그네를 대접하며 혹은 성도들의 발을 씻으며 혹은 환난 당한 자들을 구제하며 혹은 모든 선한 일을 행한 자라야 할 것이요

그림 26: 초등학생 시절의 어거스틴

이태리 화가 Benozzo Gozzoli(1421?~97)의
1464년 경 작품

맨 왼쪽의 여인이 어거스틴을 학교에 데려가는 모니카

믿음의 어머니

우리가 모니카에 대해 관심을 가지는 가장 큰 이유는 아마도, 그녀가 어거스틴이라는 위대한 교부의 어머니이기 때문일 것이다. 그녀는 어거스틴의 신앙 형성에 지대한 영향을 미쳤다. 어거스틴의 『고백록』 제9권 8장 17절에 나오는 다음 문장을 읽어 보자!

> 어머니는 나를 육신(carō)으로는 <시간의 빛>(lūx temporālis) 속에서 낳으셨고, 심령(cor)으로는 <영원한 빛>(lūx aeterna) 속으로 태어나게 하셨나이다.

물론, 모니카는 어거스틴 외에 최소한 나비기우스(Nāvigius)라는 아들 하나와 페르페투아(Perpetua)(?)라는 딸 하나를 더 낳았다. 그러나, 어거스틴 이외의 다른 자녀들에 대한 자료는 구하기가 어려우므로, 특별한 경우가 아니면, 어거스틴을 중심으로 이야기를 풀어 가겠다.

모니카와 영·유아기의 어거스틴

어거스틴이 태어난 것은 주후 354년 11월이었다. 어거스틴은 모니카의 장남이었을 것 같다. 당시 모니카의 나이는 만 23세였다.

> 당시는 영아사망율이 높은 시대였으므로, 모니카가 어거스틴을 자기의 첫 번째 아이로 낳았을 것 같지는 않다. 모니카는 만 17세 쯤 결혼하였다.
>
> 페르페투아가 어거스틴보다 먼저 태어났을 수 있다.
>
> 나비기우스는 어거스틴의 동생으로 추정된다. 이는, 그가 만약 장남이라면, 자기 집안 일이 어거스틴 중심으로 돌아가는 것을 허용했을 리가 없기 때문

이다. 모니카는 주후 385년 봄, 어거스틴이 있는 밀라노로 왔고, 모니카와
함께 (혹은 모니카를 뒤따라) 나비기우스도 밀라노로 와서, 주후 388년까지
어거스틴 일행과 함께 카씨키아쿰, 로마, 오스티아, 카르타고 등지를 여행
했다. 그가 만약 형이라면, 어거스틴이 중심이 된 그 일행 속에 그렇게 장
기간 머무를 이유가 있었을까? 주후 387년 여름 모니카가 세상을 떠났을
때, 장례 절차가 어거스틴의 주도로 이루어진 것도, 어거스틴이 형이라는
추정에 무게를 실어 준다. 주후 388년 가을 파트리키우스와 모니카의 유산을
정리하는 일도 어거스틴 주도 하에 이루어진 것처럼 보인다.

모니카는 어거스틴을 갓난아기 때부터 믿음으로 양육하기로 결심하였다.
그래서, 그녀는 이미 그때부터 그리스도의 이름을 어린 어거스틴의 마음
속 깊이 새겨 주기 위해서 노력했다. 어거스틴의 증언을 들어 보자!

이는, 이 이름, 나의 구주이신 당신의 아들의 이 이름은, "주여, 당신의 인자
하심을 따라"(시 25:7) 내가 어머니의 젖을 먹을 때부터 벌써, 여리고 여린
내 심령이 경건한 마음으로 마시고, 마음속 깊이 간직한 것으로, …[1]

독자들 중에는 혹 **태교**(胎敎)에 관심 있는 사람들이 있을 수 있다. 하지만,
모니카의 태교에 대한 자료는 찾을 수 없다. 단, 주님을 믿는 중에 자녀를
잉태한 여성은 무의식적으로라도 이미 태교를 하고 있다고 보아야 할 것
같다. 그녀가 성경을 읽고, 그녀가 기도를 하고, 그녀가 찬송을 부르고,
그녀가 주님의 뜻에 합한 말을 하고, 그녀가 교회에 출석하여 예배에 참석
하고, 그녀가 세상 속에서 착한 일을 행할 때, 그 모든 것이 태중의 아이
에게 좋은 영향을 미치지 않을까?

[1] *Conf.* III, iv, 8.

어거스틴은 주후 392년 경 『두 영혼론』(*Dē duābus animābus*)[1]이라는 책을
썼는데, 이 책 제1장 1절에서 다음과 같은 말을 한다.

　지극히 참된 믿음의 씨앗이 어린 시절부터 내 영혼에 든든히 심겨져 있었
　으므로, …

어거스틴에게 있어 "믿음의 씨앗"은 갓난아이 때부터 어머니 모니카에
의해 심겨졌다. 어거스틴의 어린 시절 아버지 파트리키우스는 아직 불신자
였다. 그럼에도 불구하고 그는, 모니카가 자기 자녀들을 믿음으로 양육
하는 것을 막지 않았다. 혹은 막지 못했다. 어거스틴의 말을 직접 들어
보자!

　하온데 아버지는, 어머니의 신앙심이 내게 영향을 미치지 못하도록 막지는
　못했나이다. 그리하여, 그리스도에 대한 나의 믿음이 엷어지도록 만드는
　일을 아버지는 하지 못했나이다. 당시 아버지는 아직 신자가 아니었음에도,
　그런 일은 하지 못했나이다.[2]

물론, 모니카에게는 파트리키우스의 태도에 상관없이 자녀들을 믿음으로
양육하겠다는 결심이 확고하였다. 어거스틴의 말을 계속 들어 보자!

　나의 하나님, 이는, 어머니가 온갖 노력을 다하여, 내가 육신의 아버지보다는
　당신을 나의 아버지로 모시도록 만들었음이라. 그리고 그때 당신은 어머니를
　도우사, 어머니로 하여금 남편을 이기게 하셨나이다.[3]

---

[1] 마니교에서는 인간에게는 "선한 영혼"과 "악한 영혼"이라는 두 영혼이 있으며,
"악한 영혼"은 하나님이 창조하시지 않았다고 가르쳤다. 어거스틴은 마니교의
이러한 영혼론을 반박하기 위해 이 책을 썼다.

[2] *Conf.* I, xi, 17. 파트리키우스는 비록 불신자였으나, 아내 모니카의 신앙생활에
대해 관대한 입장이었고, 자녀들의 신앙생활에 대해서도 간섭하지 않았다.

[3] *Loc. cit.*

앞에 말한 대로, 모니카는 남편에게 순종하는 여인이었다. 그렇지만, 신앙 문제에서 만큼은 자기 입장을 분명히 하였다. 그리고, 파트리키우스도 이 문제에서 모니카에게 양보하였다.

> 어머니는 아버지보다 훌륭한 분이었으나, 아버지를 섬겼사온데, 이를 통해 사실은, 남편을 섬기라 명하신 당신을 섬긴 것이니이다.[1]

> … 남편을 섬길 때, 주를 섬기듯 하였나이다. 어머니는 남편을 당신께로 인도하기 위하여 많은 노력을 했사온데, [그때 어머니는 많은] 말보다는 선한 행실로써 남편에게 당신에 대하여 이야기하였나이다. 이로 인해 당신은 어머니를 아름다워 보이게 만드셨고, 어머니는 남편에게 존경과 사랑과 찬탄을 받게 되었나이다.[2]

모니카는, 어거스틴이 태어나자마자, 어린 어거스틴을 타가스테 교회에 데리고 가 학습교인으로 등록하였다. 이를 위해 어거스틴의 이마에는 십자가 표시를 받게 하였고, 어거스틴의 입술에는 소금이 뿌려지게 하였다.

> 나는 당신에게 큰 소망을 두었던 내 어머니의 태에서 나오자마자, 십자가의 성호(聖號)로 표식(標識)을 받았사오며, 소금으로 뿌림을 받았나이다.[3]

그림 27: 라틴 십자가
이 모양의 십자가 기호는 아마도 초대교회 시대 초기 로마제국 서부 라틴어 사용 지역의 교회에서 최초로 사용되었을 것으로 보인다.

---

[1] *Conf.* I, xi, 17.

[2] *Conf.* IX, ix, 19.

[3] *Conf.* I, xi, 17.

지금도 천주교 신자들은 십자가 성호를 긋는 관습이 있다. 하지만, 이들이 성호를 긋는 곳은 이마뿐 아니고, 이마를 포함한 상반신 전면이다. 고대의 교회에서는 이마에 십자가 성호를 그었는데, 그것은 계 7:3-4의 말씀을 염두에 둔 것처럼 보인다.

가로되, "우리가 우리 하나님의 종들의 이마에 인치기까지, 땅이나, 바다나, 나무나 해하지 말라!" 하더라. 4 내가 인 맞은 자의 수를 들으니, 이스라엘 자손의 각 지파 중에서 인 맞은 자들이 십 사만 사천이니,

초대교회 성도들은 이 말씀에 따라 새로 세례 받은 사람들 내지는 학습 받는 사람들의 이마에 십자가 표시를 해 주었고, 이러한 관습이 주후 4세기 말까지는 로마제국 전역의 교회에 보급된 것으로 여겨진다.[1]

사진 15: 소금

"너희는 세상의 소금이니"(마 5:13)라는 주님의 말씀에 따라 소금은 크리스챤들에게 매우 중요한 의미를 지니고 있다.

소금은 옛부터 음식물의 부패 방지를 위해서, 또 조미료로 광범위하게 사용되어 왔다. 따라서, 초대교회 성도들은 마 5:13 말씀에 따라, 자신들에게 세상의 부패를 방지할 책임이 부여되었고, 자신들에게 살 맛 나지 않는

[1] Cf. Sister Charles Murray, "Kreuz, III: Alte Kirche," *TRE* 19 (1990): 726-732, esp. 728; Jürgen Hammerstaedt, "Crux," *AugLex* 2 (1996-2002): 143-152, esp. 147-149.

세상을 살 맛 나게 만들 책임이 부여되었음을 느끼고 있었다. 그들은 이
사실을 항상 기억하기 위해, 새로 세례 받은 사람들 내지는 학습 받는 사람
들의 입에 소금을 뿌려 주었다. 어거스틴의 어머니 모니카도 당시의 이러한
관습을 따른 것으로 보인다.[1]

> 당시 학습교인으로 일단 등록된 사람은 반복적으로 (일년에 여러 차례?)
> 이마에 십자가 성호(聖號)를 받는 예식과, 입술에 소금 뿌리는 예식에 참여할
> 수 있었던 것으로 여겨진다. 그것은, 마치 세례 받은 사람들이 성찬 예식에
> 반복적으로 참여할 수 있었던 것과 비교된다.[2]

그러나, 모니카는 어거스틴에게 유아세례를 받게 하지는 않았다. 당시 북
아프리카 교회에는 유아세례를 반대하는 입장과 유아세례를 찬성하는
입장이 공존하고 있었다.[3]

> 하지만, 모니카의 시대에 유아세례 문제는 북아프리카 교회의 핫이슈는
> 아니었다. 그래서, 자기 자녀에게 유아세례를 받게 할 것이냐 말 것이냐의
> 문제는 부모의 자율적 결정에 맡겨지고 있었다.

---

[1] Cf. F[rederic] van der Meer, *Augustinus der Seelsorger: Leben und Wirken eines Kirchenvaters*, übers. von N. Greitemann (Köln: Verlag J. P. Bachem, 1951), pp. 417-418; Manfred Lurker, *Wörterbuch biblischer Bilder und Symbole*, 4. Aufl. (München: Kösel, 1990), pp. 303-305; Wolfgang Wiefel, *Das Evangelium nach Matthäus* (Leipzig: Evangelische Verlagsanstalt, 1998), pp. 92-96.

[2] Cf. Eugen Paul, *Geschichte der christlichen Erziehung*, Bd. 1: *Antike und Mittelalter* (Freiburg: Herder, 1993), p. 88; William Harmless, *Augustine and the Catecumenate* (New York: Pueblo Publishing Co., 1995), p. 80.

[3] 자세한 것은 Gerald Bonner, "Baptismus paruulorum," *AugLex* 1 (1986-1994): 592-602, esp. 593-595; Edward J. Yarnold, "Taufe, III: Alte Kiche," *TRE* 32 (2001): 674-696, esp. 687-688 참조.

어거스틴 이전에 활약한 북아프리카 교부들 중에 유아세례에 반대하는 입장을 취한 대표적 인물은 터툴리안(Tertulliān, 150/160~222/223)[1]이었고, 찬성하는 입장을 취한 대표적 인물은 퀴프리안(Cypriān, 190/210~258)[2]이었다.

어거스틴은 유아세례를 찬성하는 입장을 취했다.[3]

그림 28: 중세 시대의 유아세례

[1] 터툴리안의 생애와 사상에 대하여는 졸저,『교부 열전』상권 (서울: CLC, 2010), pp. 260-277 참조.

[2] 퀴프리안의 생애와 사상에 대하여는 위의 책, pp. 384-393 참조.

[3] Cf. Gerald Bonner, "Baptismus paruulorum," *AugLex* 1 (1986-1994): 592-602.

모니카가 어거스틴에게 유아세례를 받게 하지 않은 이유에 대해서는 어거스틴의『고백록』제1권 11장 17절에 제시되어 있다.

> 내가 세례 받는 것은 연기되었사온데, 그것은, 나에게 생명이 유지되는 동안, 나는 계속해서 더 많은 죄를 짓게 될 것이라는 이유 때문이었나이다. 이는, 세례 받은 후에 죄를 짓는 것은, 더 크고 심한 벌을 받을 것이 확실함이라.

당시 신자들 중에는 오늘날 신자들보다 세례 받는 문제에 대하여 훨씬 더 신중한 사람들이 많았다. 그것은, 어거스틴이 말한 대로, "세례 받은 후에 죄를 짓는 것은, 더 크고 심한 벌을 받을 것이 확실"하다 여겼기 때문이다. 이것은, 히 6:4-6 말씀을 생각해 보면, 좀 더 쉽게 이해가 될 수 있다.

> 한번 비췸을 얻고, 하늘의 은사를 맛보고, 성령에 참예한 바 되고, 5 하나님의 선한 말씀과 내세의 능력을 맛보고 6 타락한 자들은 다시 새롭게 하여 회개케 할 수 없나니, 이는, 자기가 하나님의 아들을 다시 십자가에 못 박아 현저히 욕을 보임이라. (개역)

그림 29: 「콘스탄틴의 수세」

기독교를 공인한 황제였던 콘스탄틴 대제(재위 306/312~337)도 세상을 떠나기 직전에 세례를 받았는데, 그 이유 역시 세례 받은 후에 죄를 지으면, 용서받기 어렵다는 생각을 하였기 때문이다.[1]

옆 페이지의 그림 29는, 라파엘(Raphael, 1483~1520)의 제자 지안프란체스코 펜니(Gianfrancesco Penni, 1488/96~1528)가 그렸을 것으로 추정되며, 제작 시기는 1517년부터 1524년 사이다. 이 그림은 바티칸 사도궁전(= 교황궁)의 라파엘방 콘스탄틴홀에 소장돼 있다.

콘스탄틴의 세례는 주후 337년 5월 소아시아 반도 비두니아 지방의 도시 니코메디아(Nicomēdīa)에서 그 도시 감독 에우세비오스(Eusebios, 재직 317?~341/342)[2]에 의해 집전(執典)되었다.

물론, 콘스탄틴의 세례 연기는 아직도 이방종교를 믿고 있던 일부 로마인의 정서도 고려한, 고도의 정치적 계산이 깔린 행동이었을 것이다.[3]

종교개혁시대 재세례파는 유아세례에 반대하고, "성인세례" 혹은 "신앙세례"를 주장하였다.[4] 오늘날도 침례교에서는 유아세례를 반대한다.[5] 반면에, 장로교회를 위시한 개신교 대부분의 교파에서는 유아세례를 시행하고 있다. 천주교와 그리스정교회에서도 유아세례를 실시하는 것을 당연하게 생각한다.

---

[1] Cf. Eberhard Horst, *Konstantin der Große: Eine Biographie* (Hildesheim: Claassen, 1993), pp. 291-302; Hartwin Brandt, *Konstantin der Große: Der erste christliche Kaiser* (München: C. H. Beck, 2006), pp. 156-162.

[2] 졸저,『고대교리사』(서울: 보라상사, 2003), pp. 265-335 passim 참조.

[3] Cf. E. Horst, *Konstantin der Große*, pp. 294-295.

[4] 졸저,『도해 종교개혁사』(서울: 아침동산, 2009), pp. 84-85 참조.

[5] 졸저,『근세·현대교회사』(서울: CLC, 1990), pp. 238-239 참조.

모니카와 소년 시절의 어거스틴

어거스틴의 관점에서 소년 시절은 만 4세 쯤부터 만 15세 쯤까지 였던 것처럼 보인다.[1] 당시 로마 사람들은 유아(幼兒)와 소년을, 말을 할 줄 아느냐 모르느냐에 따라 구분하였다.

그래서 로마 사람들은 영아 및 유아를 īnfāns라 하였고, 여기서 영어 단어 infant가 유래하였다.

īnfāns의 어원은 다음과 같다.

> īnfāns < īn (= not) + fārī (= speak)

fāns는 동사 fārī의 현재분사 단수 주격이다.

īnfāns는 그러므로 원래 "말을 못하는 자"라는 뜻이다.

어거스틴은『고백록』제1권 8장 13절에서 다음과 같이 말하였다.

이는, 내가 이제 말도 못하는 젖먹이가 아니라, 말할 줄 아는 소년이 벌써 되었음이니이다.

어거스틴은 물론, 우리가 말을 배우는 것이 이미 유아기에 시작됨을 알고 있었다.

내가 이것을 기억하고 있사온데, 내가 어떻게 말을 배웠는지는 나중에 알게 되었나이다. 어른들이 내게 말을 가르쳐 준 것은, 얼마 뒤 글을 가르쳐 줄 때처럼, 어떤 일정한 교과과정을 따라 가르쳐 준 것이 아니었사오니, 나의 하나님이여, 당신이 내게 주신 이성의 힘을 사용하여 내 스스로 말을 배웠사온데, 옹알거림, 갖가지 소리를 지름, 갖가지 몸짓을 함을 통해 나는

---

[1] Cf. Cornelius Petrus Mayer, *Die Zeichen in der geistigen Entwicklung und in der Theologie des jungen Augustinus* (Würzburg: Augustinus-Verlag, 1969), pp. 52-53.

내 마음의 느낌을 표현하여, 사람들이 내 뜻을 따라 주도록 만들고자 하였사오나, 내가 원하는 모든 것을, 내가 원하는 모든 사람에게 다 나타낼 수는 없었나이다.[1]

그러나, 유아들은 아직 자기 의사를 말로 충분히 표현하지 못한다. 하지만 소년이 되면, 언어 능력이 상당히 발달하여, 기본적인 의사 표시는 언어를 통해 충분히 할 수 있게 된다. 물론, 어른들이 사용하는 고차적인 언어는 계속 배워야 한다.[2] 어거스틴은 어린이의 언어 습득 과정을 사회 편입 과정으로 생각하였다.

이렇게 하여 나는 내 주위의 사람들과 의사를 소통하기 위해 언어라는 표상을 주고 받게 되었사오며, 부모님의 명령과 어른들의 지도에 따라 인생의 거친 파도가 이는 사회 속으로 점점 깊숙이 들어가고 있었나이다.[3]

그림 30: 거친 파도

불란서 화가 에두아르 리우
(Édouard Riou, 1833~1900)의
1868년 작품

---

[1] *Conf.* I, viii, 13.

[2] Cf. Benno E. Friedrich, *Augustins Weg zu Gott: Eine didaktische Lesehilfe zu den »Bekenntnissen« (I~IX)* (Würzburg: Augustinus-Verlag, 1996), p. 32, n. 19.

[3] *Conf.* I, viii, 13.

"인생의 거친 파도가 이는 사회" 속을 헤쳐 나가는 길은? 그것은 믿음의 길밖에 없다. 모니카는 그것을 알았으므로, 어린 어거스틴에게 그리스도에 대한 믿음을 심어 주고자 최선의 노력을 기울였다. 당시 어린이들이 초등학교에 입학하는 것은 보통 만 7세 쯤이었다. 그런데, 당시에는 유치원이 없었다. 그러므로, 미취학 아동은 보통 가정에서 자기 어머니로부터 교육을 받았다.[1] 어거스틴도 마찬가지였을 것으로 생각된다. 모니카는 어린 어거스틴에게 어떤 교육을 시켰을까? 이에 대한 사료(史料)는 매우 부족하다. 하지만, 모니카의 교육의 핵심 내용은 역시 신앙교육이었을 것이다. 어거스틴 자신의 말을 들어 보자!

> 나는 아직 소년일 때, 영생에 관한 것을 들었사온데, 그 영생이란, 교만한 우리들에게까지 내려오신 우리 주 하나님의 겸손으로 말미암아 우리에게 약속된 것이었나이다.[2]

모니카의 신앙교육은 이미, 어거스틴이 젖먹이 때부터 시작되었다. 앞에 인용한 인용문을 다시 인용해 보자!

> 이는, 이 이름, 나의 구주이신 당신의 아들의 이 이름은, "주여, 당신의 인자하심을 따라"(시 25:7) 내가 어머니의 젖을 먹을 때부터 벌써, 여리고 여린 내 심령이 경건한 마음으로 마시고, 마음속 깊이 간직한 것으로, …[3]

그러므로, 어거스틴이 젖먹이 때 시작된 신앙교육은, 어거스틴이 소년이 된 다음에도 계속되었다 보아야 옳다.

---

[1] Cf. George Howie, *Educational Theory and Practice in St. Augustine* (London: Routledge & Kegan Paul, 1969), pp. 2-3.

[2] *Conf.* I, xi, 17.

[3] *Conf.* III, iv, 8.

> **마땅히 행할 길을 아이에게 가르치라 그리하면
> 늙어도 그것을 떠나지 아니하리라** (잠 22:6)

이 세상 어느 어머니치고 모성애(母性愛) 없는 사람이 있을까? 아마 거의
없을 것이다. 거의 모두가 다 자기 자녀를 위해서라면, 어떠한 희생도,
고난도 감수하려 할 것이다. 차라리 내가 먹지 못할지언정, 자식을 먼저
먹이려 할 것이요, 차라리 내가 헐벗을지언정, 자식에게는 좋은 옷을 입히려
할 것이요, 차라리 내가 춥게 지낼지언정, 자식에게는 따뜻한 이부자리와
보금자리를 마련해 주려 할 것이다. 그래서, 예수님도 이런 말씀을 하셨다.

> 너희 중에 누가 아들이 떡을 달라 하는데 돌을 주며 10 생선을 달라 하는데
> 뱀을 줄 사람이 있겠느냐 11 너희가 악한 자라도 좋은 것으로 자식에게 줄
> 줄 알거든 하물며 하늘에 계신 너희 아버지께서 구하는 자에게 좋은 것으로
> 주시지 않겠느냐 (마 7:9-11)

이 세상의 많은 부모들은, 자기 자녀에게 좋은 것 먹이고, 좋은 옷 입히는
데 관심이 많다. 그리고 특별히 대한민국의 어머니들은 자녀교육에 관심이
아주 많다. 초등학생 때는 말할 것도 없고, 유치원 때부터, 아니, 영아 때
부터 자기 자녀에게 할 수만 있다면 영재교육을 시키고 싶어한다. 혹 영재
교육은 시키지 못하더라도, 웬만하면, 자기 자녀를 두 군데 이상의 학원에
보내는 경우가 많다. 하지만, 그렇게 해서 소기의 성과를 거두는 부모가
얼마나 될까? 그래서, 요즘 이지성 님의 책과 강연이 인기다. 2000년 성남
(분당) 소재 서현초등학교 교사로 직장생활을 시작했다는 그. 2007년 첫
출간된 『여자라면 힐러리처럼』(다산북스)이라는 책으로 베스트셀러
작가가 되었는데, 그의 책은 영어, 중국어 등 외국어로도 번역되고 있다.

아이의 진정한 부모 하나님

**하나님의 방법으로
자녀를 경영하라**

이지성 지음

요단 2007

이지성 작가가 훌륭하게 느껴지는 것은, 자녀교육의 문제가 심각한 사회 문제가 되고 있는 오늘날 그 해법을 아주 명쾌하게 제시해 준다는 점, 그것도 "하나님의 방법"을 가지고 제시해 준다는 점 때문이다.

우리는 모두 우리의 자녀를 훌륭하게 키우고 싶어한다. 문제는 그 방법이다. 수많은 학부모들이 돈으로 문제를 해결하고자 한다. 좋은 학원에만 많이 보내면 될 것으로 생각한다. 그래서, 자녀 한 명 당 매달 수백만원의 사교육비를 지출하는 경우, 심지어는 1000만원 가량의 사교육비를 지출하는 경우도 있다. 그러나, 돈으로 문제를 해결하는 것은 극히 어렵다. 혹시 해결한다 해도, 다른 문제가 불거진다. 인생의 참된 의미와 목적, 그리고 그것을 이룰 수 있는 방법을 제대로 알지 못하는 한, 아무리 훌륭한 명문 대학을 졸업한다 해도 명품 인생을 살 수 없다.

북아프리카 소도시 타가스테에 살던 모니카. 그녀는 북아프리카 원주민 베르베르족이었다. 남편이 로마 시민권자였고, 타가스테 시의회 의원이었으나, 사도 바울의 시대와는 달리 로마 시민권은 웬만한 사람이면 누구나 취득할 수 있는 것이었고, 시의회 의원이라는 신분도 그렇게 대단한 것은 아니었다. 달리 말해, 모니카의 남편 파트리키우스는 로마의 명문 거족에 비하면, 보잘 것 없는 신분의 사람이었다. 신분 상승이란, 그때나 지금이나 어려운 일이라는 점에서는 변함이 없다. 자녀에게 좋은 교육을 시켜서 신분 상승을 하도록 돕는다는 것. 모니카도 나중에 그와 같은 일의 필요성을 인정하고, 어머니로서의 도리를 다하려고 노력한다. 그러나, 그보다 더 중요한 일, 더 우선적으로 추구해야 할 일이 있다는 사실을 모니카는 알았다. 세상적으로 성공한 사람이 되는 것보다 더 중요한 일, 더 우선적으로 추구해야 할 일. 그것은 믿음의 사람이 되는 것이었다. 그리스도의 이름을 존귀하게 여기는 사람이 되는 것이었다.

> 우리가 그리스도의 이름을 존귀하게 여기면, 만왕의 왕되신 그리스도께서 우리를 존귀하게 세워 주신다. 지금은 혹시 우리가 사람들의 멸시와 조롱을 받을 수 있다. 그러나 때가 되면, 주님께서 우리를 높여 주신다.

> 혹 우리의 가치가 당대에 드러나지 않을 수 있다. 또는 내세에나 인정을 받을 수도 있다. 그러나, 진정한 신앙인은 결코 조급함을 보이지 않는다. 담담하게 주님의 인도하심을 기다린다. 왜냐하면, 우리의 최고의 가치는 예수님 안에 있는 것이기 때문이다. 그분은 세상에서 멸시와 천대를 받았다. 십자가의 길을 가셨다. 그분이 우리에게 세상에서 작은 것만 허락하셨다면, 우리는 그것으로 만족해야 한다.

잠 4:8-9

> 그를 높이라 그리하면 그가 너를 높이 들리라 만일 그를 품으면 그가 너를 영화롭게 하리라 9 그가 아름다운 관을 네 머리에 두겠고 영화로운 면류관을 네게 주리라 하셨느니라

벧전 1:7

> 너희 믿음의 확실함은 불로 연단하여도 없어질 금보다 더 귀하여 예수 그리스도께서 나타나실 때에 칭찬과 영광과 존귀를 얻게 할 것이니라

마 13:45-46

> 또 천국은 마치 좋은 진주를 구하는 장사와 같으니 46 극히 값진 진주 하나를 발견하매 가서 자기의 소유를 다 팔아 그 진주를 사느니라

모니카는 어거스틴을 학교에 보내기 전에 먼저 신앙교육부터 시켰다.
그리고 어거스틴을 학교에 보낸 다음에도, 어거스틴의 신앙 문제에 깊은
관심을 가졌다. 그 결과 어거스틴은 믿음으로 자라가는 어린이가 되었다.
예를 들어 보자!

초등학교 때 어거스틴은 기도하는 법을 배웠다. 그는 아직 어렸지만, 어려움에
처할 때, 하나님이 우리의 "피난처" 되시는 줄 알고, 하나님께 자발적으로
기도 드리는 자가 되었다.

> 하오나, 주여, 그 즈음 우리는 당신께 기도하는 사람들을 만나게 되었사
> 옵고, 그들로부터 배워서, 우리의 이해력이 허락하는 범위 안에서, 당신은
> 어떤 위대한 존재로서, 비록 우리의 감각에는 나타나시지 않을지라도,
> 우리 기도를 들어 주시며, 우리를 도와주실 권능이 있는 분임을 깨닫게
> 되었나이다. 그리하여, 당시 나는 소년으로서 나의 도움이시오, 나의 피난처
> 되시는 당신께 기도하기 시작했사온데, 당신을 부름으로써 내 혀의 매듭은
> 풀렸사오며, 내 비록 작은 아이였사오나, 상당히 간절한 심정으로 학교에서
> 매를 맞지 않게 해 달라고 당신께 기도했나이다.[1]

우리는, 소년 어거스틴의 기도 내용이 어린 사무엘의 기도 내용에 비하여
"유치"하다 생각할지 모른다. 하지만, 소년이 아니라 어른이라 해도, 고차적인
기도를 드리는 사람은 많지 않다.

> 사무엘의 경우는 실로의 노(老) 제사장 엘리가 어떻게 기도할 것을 구체적
> 으로 가르쳐 주었다. (삼상 3:9 참조)

어린 어거스틴이 만난 기도자들 가운데는 모니카가 포함되었을 것이고,
모니카와 친분이 있는 타가스테 교회의 신자들도 있었을 것이다. 여하간,
어거스틴이 그들로부터 기도하는 법을 배웠다는 것이 중요하다. 당시 그의

---

[1] *Conf.* I, ix, 14.

그림 31: 기도하는 어린 사무엘

영국의 화가 조수아 레이놀즈
(Joshua Reynolds, 1723~92)의
1723년 작품

사무엘은 "사무엘아, 사무엘아" 부르
시는 여호와 하나님께 "말씀하옵소서!
종이 듣겠나이다"고 대답하였다.

삼상 3:10

이해력으로는 하나님이 어떤 분인지를 자세히 알기는 어려웠다. 그래도,
"우리 기도를 들어 주시"는 분, "우리를 도와주실 권능이 있는 분임을 깨닫게
되었"다는 것이 귀하게 여겨진다.

하나님은 우리의 피난처시요 힘이시니 환난 중에 만날 큰 도움이시라

시 46:1

이 사실을 어린 어거스틴이 가슴에 새기고, 인생의 어려운 고비마다 주님을
찾고, 주님께 간구 드리는 사람이 되었다는 것을 유념할 필요가 있을 것 같다.
어거스틴은 이에 대해 "혀의 매듭이 풀렸다"는 표현을 사용하였다.

신자의 혀와 불신자의 혀의 가장 중요한 차이점은, 전자는 하나님을 찬양
하고, 하나님께 기도 드리는 데 사용되고, 후자는 그렇지 않다는 데 있을 것
이다. 어거스틴의 입장에서 하나님께 기도 드릴 줄 모르는 혀는 "매듭으로
묶인 혀" 였다. 어거스틴은, 주님의 "에바다"(막 7:34)라는 말씀에 혀가
풀린 자에 관한 기사(막 7:31-37)를 염두에 두었을 것이다.

우리는 앞에서 어거스틴의 유아세례가 연기된 것에 대해 살펴본 바 있다. 그런데, 어거스틴은 소년 시절 세례 받기를 스스로 간구한 적이 있다.

> 주여, 내가 소년시절 어느 날 갑자기 위장의 압박으로 거의 죽게 되었을 때, 당신은 보셨나이다. 나의 하나님, 당신은 그때 이미 나를 지키시는 자이셨사오니, 내가 어떠한 마음으로, 또 얼마나 뜨거운 믿음으로 내 어머니의 경건과, 우리 모두의 어머니인, 당신의 교회의 경건에 힘입어, "나의 주시며 나의 하나님"(요 20:28)이신 그리스도, 당신의 기름 부은 자의 세례 받기를 간절히 구했는지 보셨나이다.[1]

여기서 보는 대로, 소년 어거스틴은 이미 그의 "어머니의 경건"에 힘입는 자였고, 주님의 "교회의 경건에 힘"입는 자였다.

당시 어거스틴은 어머니 모니카를 따라 타가스테 교회의 예배에 참석하였을 것이다. 물론, 그때는 아직 주일학교 제도가 없었다. 따라서, 어린 아이들은 어른 예배에 함께 참석할 수밖에 없었다.

우리는, 당시 어거스틴이 하나님을 "나를 지키시는 자"로 이미 감지 내지 인식하고 있었음도 알 수 있다. 어거스틴은, 당시 자기 자신에게 "뜨거운 믿음"이 있었음도 고백하고 있다. 그랬기 때문에, "위장의 압박으로 거의 죽게 되었을 때", 세례 받기를 어거스틴 스스로가 "간절히 구했"던 것이다. 당시는 세례를 아직 받지 못한 사람이라도, 죽음이 임박했다 생각되는 경우에는, 자기가 소속한 교구 목회자에게 세례를 베풀어 달라고 요청할 수 있었다.[2] 어거스틴의 경우는 아직 미성년자였으므로, 어머니 모니카를 통하여 그러한 요청을 하였다.

---

[1] *Conf.* I, xi, 17.

[2] 이것은 비상시에 받는 "긴급세례"였다.

내 육신을 낳아 주신 어머니는, 당신에 대한 믿음 안에서 경건한 마음으로 내 영혼의 구원도 값지게 낳아 주셨사온데, 내가 거의 죽게 된 것을 보자, 심히 당황하였나이다. 주 예수여, 그리하여, 내가 참회하고 죄 사함을 얻도록, 구원에 이르게 하는 성례를 받아, 죄 씻음을 얻도록, 황급히 준비하였나이다.[1]

그러나, 어거스틴의 병은 나았고, 세례는 무기 연기되었다.

하오나, 나는 병에서 곧 회복되었나이다. 그러자, 내가 세례 받는 것은 연기되었사온데, 그것은, 나에게 생명이 유지되는 동안, 나는 계속해서 더 많은 죄를 짓게 될 것이라는 이유 때문이었나이다. 이는, 세례 받은 후에 죄를 짓는 것은, 더 크고 심한 벌을 받을 것이 확실함이라.[2]

여기서, 비록 어거스틴의 세례는 연기되었으나, 소년 시절의 어거스틴에게 그리스도에 대한 "뜨거운 믿음"이 있었다는 것은 확인할 수 있다. 물론, 그 믿음은 어머니 모니카로부터 물려받은 것이었다.

그림 32: 그리스도 심볼

주후 312년 10월 밀비우스(Milvius) 다리 전투에서 콘스탄틴이 처음 사용한 다음부터 널리 사용되게 되었다.

---

[1] *Conf.* I, xi, 17.

[2] *Loc. cit.*

어거스틴은 그의 소년 시절 대부분을 초등학교와 문법학교에 다니는 학생으로 지냈다. 그가 고향 타가스테의 초등학교에 들어간 것은 만 7세 쯤 (주후 361년 경)이었을 것이다. 그리고 만 12세 쯤 (주후 366년 경) 타가스테의 이웃 도시 마다우라(Madaura)에 소재한 문법학교에 보내졌을 것이다. 당시 어거스틴에게는 몽학선생(蒙學先生)[1]이 붙여져 있었다.

> "몽학선생"이라는 말은 우리말 개역성경 갈 3:24-25에 등장한다. 요즘 같으면 입주 가정교사가 하는 일을 주로 맡았는데, 신분은 보통 노예였다. 아이의 등·하교 때 동반하며, 수업을 참관하기도 하였다.

모니카는 어거스틴의 신앙교육에 관심이 많았지만, 일반 교육도 등한시하지 않았다. 신앙인도 이 세상을 살아감에 있어서 세상 지식이 필요하다는 것을 모니카는 분명히 알고 있었다.

> 모니카의 남편 파트리키우스 역시 자녀들의 학교교육에 대단히 열성적이었다.

> 사실, 오늘날도 지독한 광신도가 아니라면, 자녀의 학교교육의 필요성을 부정하지 않을 것이다. 신앙인에게는 신앙교육만 필요하고, 학교교육은 필요 없다는 생각은 아주 그릇된 생각이다.

모니카는 학교교육의 필요성을 인정하였으므로, 어거스틴에게 학교교육을 시키는 일에 있어 남편 파트리키우스를 적극 도왔다. 그리고 당시의 학교교육의 방법에 대해서도 아무런 반감을 가지지 않았다. 잘 아는 대로, 당시의 학교교육 방법은 **타율학습**(他律學習)에 의존하는 바가 많았다. 그래서, 선생님의 지도에 잘 따르지 않는 학생에 대해서는 체벌이 가해지는 경우가 많았다. 만약 당시 어거스틴이 어머니 모니카에게 실망한 점이 있었다면,

---

[1] *Conf.* I, xix, 30.

그것은 바로, 어머니 모니카가 학교 교사들이 그에게 가한 체벌에 대해 찬성하는 입장을 취했다는 점일 것이다.

하나님, 나의 하나님, 소년 시절 나는 얼마나 많은 괴로움과 실망을 경험하였는지요? 올바른 생활이라 하여 철없는 나에게 제시된 것은, 이 세상에서 잘 살기 위해서는, 인간의 명예와 헛된 부귀를 얻게 하는 웅변술에 뛰어나야 하고, 그러기 위해서는, 선생님의 말씀에 순종해야 한다는 것이었나이다. 그리하여, 나는 글을 배우러 학교에 다니게 되었사온데, 그것이 무슨 소용이 있는지를 이 불쌍한 자식은 알지 못하였나이다. 하오나, 나는 공부를 게을리 하면, 매를 맞았나이다. 어른들은 이런 일을 잘하는 일이라 여겼사온데, 우리 이전에도 수많은 사람들이 똑같은 삶을 살았사오며, 그들이 닦아 둔 이 힘든 길을 우리는 억지로 갈 수밖에 없었사오니, 아담의 후손들에게는, 세월이 갈수록, 수고와 고통만 늘어가나이다.… 하오나 당신이, 나를 가르치시려고, 내 기도를 들어 주시지 않아, 내가 매를 맞을 때에, 어른들은 웃었사오며, 나에게 어떠한 불행도 닥치기를 원하지 않는 부모님까지도 웃었나이다. 당시 나에게 있어, 매맞는 것은 여간 크고, 견디기 어려운 불행이 아니었는데도 말이라.[1]

그림 33: 「못된 아이들」

---

[1] *Conf.* I, ix, 14.

고문 도구는, 온 세상 사람들이 크게 두려워하는 것이라. 그것을 모면하기 위해, 많은 사람들이 당신께 간구하지 않나이까? 그와 같이 우리 소년들도 매맞는 것을 심히 두려워했나이다. 그런데도, 우리들의 부모님들은, 우리 소년이 선생님들에게 매맞는 것을 보고, 좋아라 웃었나이다.[1]

어거스틴은 어머니를 사랑하고 존경하였으나, 어머니가 체벌을 인정한 것에 대해서는 비판적인 입장을 취하였다. 어거스틴은 또한, 어머니가 자녀들에게 학교교육을 시킨 목적에 대해서도 비판하는 입장이었다. 아까 인용한 글의 일부를 다시 인용해 보자!

하나님, 나의 하나님, 소년 시절 나는 얼마나 많은 괴로움과 실망을 경험하였는지요? 올바른 생활이라 하여 철없는 나에게 제시된 것은, 이 세상에서 잘 살기 위해서는, 인간의 명예와 헛된 부귀를 얻게 하는 웅변술에 뛰어나야 하고, 그러기 위해서는, 선생님의 말씀에 순종해야 한다는 것이었나이다. 그리하여, 나는 글을 배우러 학교에 다니게 되었사온데, 그것이 무슨 소용이 있는지를 이 불쌍한 자식은 알지 못하였나이다. 하오나, 나는 공부를 게을리 하면, 매를 맞았나이다.… 내가 매를 맞을 때에, 어른들은 웃었사오며, 나에게 어떠한 불행도 닥치기를 원하지 않는 부모님까지도 웃었나이다.[2]

어거스틴은 체벌에 대해서만 비판적입장을 취한 것이 아니다. 학교교육의 목적에 대해서도 비판하였다. "세상에서 잘" 사는 것, "인간의 명예와 헛된 부귀를 얻는 것". 이것이 학교교육의 목적이었다는 것 역시 비판하였다. 그리고 어머니 모니카가 그러한 세속적인 목적에 찬성하고 있다는 점에 대해 실망하고 있었다. 신앙교육을 중요시했던 모니카도 자기 자녀의 출세 문제에서는 세상의 다른 어머니와 큰 차이가 없었다. 어거스틴은 이 점을 솔직히 인정한다.

[1] *Conf.* I, ix, 15.

[2] *Conf.* I, ix, 14.

그리하여, 나의 호기심은 자꾸만 커졌고, 귀에서 눈으로 옮겨가, 어른들의 놀이인 연극이나 경기를 구경하는 재미까지 구하게 되었나이다. 그러한 행사를 주최하는 사람들은 모두, 사회적 지위가 높은 사람들로서, 이 세상 부모들은 거의 대부분, 자기 자녀들이 장차 그러한 사람 되는 것이 소원 이라. 하오나, 자기 자녀들이 그러한 경기나 연극을 구경하는 것 때문에 공부를 게을리 하게 되면, 매를 맞는 것이 당연하다고 여기는 것도 부모들 이라. 하온데, 그 공부라는 것이, 자녀들로 하여금 장차 그러한 행사를 주최 할 수 있는 사회적 지위를 갖도록 하는 데 목적이 있지 않나이까?[1]

여기서도 어거스틴은, 어른들이 자기 자녀들에게 학교교육을 시키는 목적에 대해 비판을 가하지만, 그 비판의 대상 속에는 어머니도 살짝 포함시켰다. 단지, 표현만 "부모들"이라는 다소 중립적 표현을 사용하였을 따름이다.

그림 34: 술레잡기하는 아이들
덴마크 화가 Vilhelm Pedersen(1820~59)의 작품

---

[1] *Conf.* I, x, 16.

어거스틴은 만 12세 쯤 (주후 366년 경) 타가스테의 이웃 도시 마다우라
(Madaura)로 유학(留學)을 갔다.

사진 16: 마다우라의 유적

불란서 시인 미쉘 조르주 베르나르
(Georges Bernard, *1944)의 1975년 작품

마다우라를 마다우로스(Madauros)라고도 하며, 오늘날은 므다우루쉬
(M'daourouch)라 한다. 2008년 현재 인구 약 3만 7천으로, 알제리 동북의
작은 도시다. 하지만, 로마 시대에는 타가스테보다 더 중요한 도시였다.

　누미디아 지방에 위치한 마다우라는 주전 3세기 혹은 그 이전에 건설된,
매우 유서 깊은 도시다.

지중해로부터는 약 120km 떨어져 있는 마다우라는 타가스테로부터 직선
거리로 약 22km 남쪽에 위치하며, 해발 약 900미터의 고원 지대에 소재해
있다. 어거스틴의 부모가 그를 이 도시로 보낸 것은, 이 도시의 교육 환경이
타가스테보다 더 나았기 때문일 것이다. 실지로 이 도시는 주후 2세기에

아풀레이우스(Āpulēius, 123?~?180)라고 하는 유명한 중기플라톤주의[1]
철학자를 배출한 바 있는, 누미디아 지방의 중요한 문화 중심지였다.

그림 35: 아풀레우스

이 사람은 『변신』(*Metamorphōsēs*) 혹은
『황금 당나귀』(*Asinus aureus*)라고도
하는, 세계 최초의 소설을 썼다.

이 책은 송병선 교수에 의해 번역되어
2007년 매직하우스에서 출판되었다.

<큐피드의 화살>

이 말을 모르는 사람은 아마 드물 것이다. 아풀레우스의 『변신』에 나오는
사랑 이야기다. 2001년 시와사회라는 출판사에서 송병선 교수의 번역으로
간행되었다. 아풀레이우스는, 진정한 사랑이 무엇인지에 대해 고민하는
철학자였다.

물론, 그는 플라톤을 존경하는 플라톤주의자였으므로, 사랑도 플라톤적인
사랑(Platonic love)을 추구하였다.

---

[1] 플라톤과 플라톤주의에 대하여는 졸저, 『고대교리사』 (서울: 보라상사,
2003), pp. 133-161, 중기플라톤주의에 대하여는 졸저, 『교부 열전』 상권 (서울:
CLC, 2010), pp. 128-134 참조.

어거스틴은 마다우라에 주후 370년까지 (약 4년 간?) 체류하는데, 이곳에서
그는 문법학교(文法學校)를 다닌 것으로 보인다.

사진 17: 문법학교 교사 (목제 부조)

문법학교

로마 시대의 문법학교를 라틴어로는 schola grammaticōrum이라 하였다.
이곳에서는 주로 라틴어와 헬라어를 가르쳤지만, 문법만 가르친 것은
아니고, 문학도 가르쳤다. 문법학교 교사를 라틴어로는 grammaticus라 한다.

문법을 영어로 grammar라 하는데, 이것은 라틴어 grammaticus에서 파생
되었다.

오늘날도 사정이 크게 다를 것은 없지만, 당시 학교의 교과 내용은 기독교
신앙에 기초한 것이 아니었다. 오히려 기독교 신앙에 반(反)하는 내용이
더 많았다. 학교 공부를 충실히 하면 할수록, 신앙을 잃어버릴 수 있는
가능성이 아주 많았던 것이 당시의 형편이었다.

오늘날의 일반 학교는 보통 종교 편향적인 교육을 하지 않기 위해 매우 애를 쓴다. 왜냐하면, 오늘날의 공교육은 종교의 자유를 전제로 하여 실시되기 때문이다.

어거스틴의 학창 시절 로마제국의 공교육은 종교의 자유를 전제로 실시되었다. 그러나, 공교육 기관의 교사들은 대부분 불신자였고, 그리스·로마 신화를 가르치는 것에 대해 아무런 거리낌도 느끼지 않았다. 공교육을 받는 학생들은 당연히 그리스·로마 신화의 영향을 받기 쉬웠다. 우리의 어거스틴도 그러한 영향에서 자유로울 수 없었다. 어거스틴의 글을 직접 읽어 보자!

그러나, 인간 세태의 흐름이여, 너에게 화 있도다! 너를 거스를 자 누구냐? 네가 마를 날이 언제겠느냐? 너 언제까지 하와의 자손들을 이 크고 무서운 바다로, 나무[1]에 오른 자들도 건너기 어려운 바다로 떠밀 것이냐? 제우스 신이 뇌성벽력도 치고, 간음도 한다는 이야기를 내가 읽은 것은 너로 인해서가 아니냐? 이 두 가지가 서로 어울리지 못할 것이로되, 마치 어울리는 것처럼 묘사된 것은, 가짜 벼락이 뚜장이 노릇을 함으로, 사람들이 간음을 진짜로 본뜨도록, 이야기에 권위를 부여하기 위함이라.[2]

그렇지만, 오, 지옥의 강이여! 이런 것을 배우려고, 인간의 자녀들이 월사금을 내 가며, 네 속에 뛰어드는구나! 그런데, 이런 것을 가르치는 일이 광장에서 공개적으로 행해지면, 국법에 의해 크게 중요한 일로 인정되어, 월사금 외에 국가보조금까지 지급되니, 너는 네 바위를 치며, "여기는 말을 배우는 곳, 여기는 사람들에게 확신을 심어 주며, 모든 것을 명확히 설명해 주는 데 지극히 필요한 곳"이라 부르짖는구나! 그리하여, 테렌티우스가 제우스 신을 음탕한 생활의 본보기로 삼았던 한 방탕한 청년을 소개하지 않았더라면, 우리는 그의 글에 적혀 있는 바, "황금의 비", "여인의 품", "속임수", "하늘의

---

[1] 여기서 "나무"는 노아의 방주 내지 교회를 상징한다.

[2] *Conf.* I, xvi, 25.

신전" 등과 같은 표현을 알지 못했을지라. 테렌티우스(Terentius)[1]에 의하면, 그 청년은 벽화 하나를 구경했는데, 그 벽화에는, 신화에 나오는 대로, 제우스 신이 언젠가 다나에[2]의 품에 황금비를 내려, 그 여인을 속임수로 꾀어내는 장면이 그려져 있었도다. 그런데, 그 청년이 자신의 정욕을 불태울 때, 마치 천상(天上)의 교사[3]로부터 가르침을 받기라도 한 것처럼, 자기에게 하는 말을 들어 보라!

아, 어떠한 신을 본받으랴? 하늘의 신전을 엄청난 우뢰 소리로 뒤흔드는 그 신? 그렇다면, 나 같이 미천한 인간이라고 그런 일을 못할까? 아니, 나는 벌써 그런 일을 했도다. 즐거운 심정으로.[4]

이러한 표현들을 이렇게 추잡한 것을 통해 쉽게 배우려 한다는 것은 절대로, 절대로 있을 수 없도다. 이는, 이러한 표현들을 배움으로, 우리가 이렇게 추잡한 일을 오히려 더 거침 없이 행하게 됨이라. 하지만, 내가 탓하는 것은 언어가 아니라. 언어는 고르고 고른 값진 그릇과도 같은 것. 내가 탓하는 것은 우리를 오류에 빠뜨리는 술이라. 이것을 거나하게 취한 교사들이 그릇에 담아, 우리 앞에 내어놓고, 우리가 마시지 않으면, 우리에게 매를 때렸으니, 당시 우리에게는 이 문제를 사려 깊은 재판관에게 호소할 자유마저 없었도다.[5]

당시 어거스틴은 아직 소년이었으나, 학습교인의 지위를 지닌 신자였다. 하지만, 문법학교를 다니기 위해서는 이와 같은 교과 내용에 대해 항의할

---

[1] 테렌티우스(Terentius, 195?~159/158 BC)는 리비아 출신의 해방노예로서, 카르타고와 로마에서 활약한 희극작가였다.

[2] 다나에(Danae)는 아크리시오스의 딸로, 제우스 신에게 황금비를 맞은 후, 페르세우스를 낳았다고 한다.

[3] 제우스 신을 의미한다.

[4] Terentius, *Eunuchus* 584-591.

[5] *Conf.* I, xvi, 26.

수 없었다. 항의할 수 없었을 뿐 아니라, 이러한 공부를 태만히 하면, 그 벌로 교사로부터 매를 맞아야 하였다.

그림 36: 「황금비를 맞는 다나에」
(주전 5세기 고대 그리스의 도자기에 그려진 그림)

물론, 이 책에서 우리의 주된 관심은 어거스틴의 모니카에게 있다. 이러한 내용의 교육에 대해 모니카는 어떠한 입장이었을까? 어거스틴은, 자기가 마다우라에서 공부할 때, 자기 집안 사람들이 어떤 생각을 가지고 어떤 생활을 했는지에 대해 거의 말하지 않는다. 그럼에도 불구하고 우리는, 당시 모니카의 생각을 짐작해 볼 수는 있다. 이는, 모니카가 어린 아들의

교육을 위해, 그를 자기 슬하에서 다른 도시로 떠나 보낼 생각을 한 것이
분명하기 때문이다. 마다우라가 비록 타가스테의 이웃 도시였기는 하나,
매일같이 쉽게 왕래할 수 있는 곳은 아니었다. 따라서, 모니카는 마다
우라에서의 어거스틴의 생활을 자기 눈으로 직접 살필 수 있는 형편이
아니었다. 물론, 마다우라에서 어거스틴은 자기 친척 집에 기숙하였을 것
이고, 모니카는 마다우라에 사는 친척들을 통해 어거스틴에 대한 소식을
들었을 것이다. 더구나, 어린 어거스틴에게는 몽학선생이 붙여져 있었다.
(*Conf.* I, xix, 30)

　　종교개혁자 칼빈은 만 14세에 고향 누아용(Noyon)을 떠나, 파리로 유학을
　　갔지만, 그때 그의 친구들과 함께 몽학선생의 지도를 받았다.

물론, 마다우라에서 어거스틴이 교회에 출석했을 것 같지는 않다. 마다
우라는 남파니오(Namphāniō) 등 순교자를 배출한 도시이기는 했으나,[1]
당시 그 도시의 기독교 교세는 미약하였고,[2] 그래서, 어거스틴이 그곳 문법
학교에서 공부하던 시절, 마다우라는 이교적(異敎的) 성격이 짙은 도시
였다.[3]

　　이 도시에서 어거스틴을 가르친 문법교사(grammaticus) 가운데는 막시무스
(Maximus)라는 사람이 있었던 것 같다. 막시무스는 이교도(異敎徒)였지만,
어거스틴이 기독교로 개종한 후에도 어거스틴과 편지 교환을 하는 등
어거스틴과 교제를 계속하였다. 어거스틴의 『서한집』에 수록된 제16번
편지는 막시무스가 어거스틴에게 보낸 것이고, 제17번 편지는 이에 대한
어거스틴의 답신이다. 이들 편지는 주후 390년 기록되었다.

---

[1] Augustinus, *Ep.* XVI & XVII.

[2] Cf. Thomas Lehmann, "Madauros," *AugLex* 3 (2004-2010): 1078-1082.

[3] Cf. Garry Wills, *Augustinus*, übers. von Holger Fliessbach (Berlin: Ullstein, 2004), p. 27.

그러니까, 마다우라는 비록 북아프리카의 소도시이긴 했으나, 전형적인 "세속 도시"였다. 그곳을 지배하는 문화는 기독교 문화가 아니라 이교적(異敎的) 문화 혹은 세속적(世俗的) 문화였다.

하비 콕스
Harvey Cox

세속 도시
The Secular City

하비 콕스(*1929)는 미국 하버드대학교 신학부 교수이며, 1965년 처음 출간된 『세속 도시』로 인해 세계적인 명성을 얻게 되었다.

하비 콕스는 현대 세계의 특징을 "도시화"(都市化, urbanization)와 "세속화"(世俗化, secularization)로 규정짓지만, 이 두 경향은 이미 고대의 로마제국에서도 나타나고 있었다.

세속화의 진행 속도가 농촌보다는 도시에서 더 빠를 것은 충분히 짐작할 수 있다.

세속 도시에서는 기독교가 그 도시의 문화를 주도하지 못한다. 세속 도시에서 기독교 문화는 "하위문화"(subculture)에 불과할 뿐이다.

어거스틴은 이교적(異敎的)인 도시 마다우라에서 미래의 사회 지도층이 받는 교육을 받으면서, 이교문화(異敎文化)에 그대로 노출될 수밖에 없었다. 이에 대한 모니카의 입장은?

리차드 니버
Richard Niebuhr

그리스도와 문화
Christ and Culture

리차드 니버(1894~1962)는 미국 예일
대학교 신학 교수였고, 1951년 처음
출간된 『그리스도와 문화』로 인해
세계적 명성을 얻었다.

리치드 니버가 지적하는 대로, 어거스틴은 그리스도를 "문화의 변혁자"(the transformer of culture)로 보는 입장이었다. 변혁 모델에 의하면, 그리스도인은 이교문화(異敎文化)를 회피하지 아니하고, 도리어 그것을 적극적으로 변화시킨다.

어거스틴의 어머니 모니카는 어거스틴처럼 신학자나 기독교 사상가가 아니었다. 하지만 그녀는, 자기 아들이 이교문화를 피하여 숨기를 바라지 아니하고, 이교문화와 접촉하면서도 크리스챤으로서의 정체성을 지키기를 바랐다.

물론, 당시 그녀의 최대 관심사는, 자기 아들이 장차 높은 사회적 지위를 갖는 것이었다. 그리고 이를 위해서 자기 아들이 학교 공부를 잘하기를 바랐다. (*Conf.* I, x, 16) 그 학교의 교과 내용이 아무리 이교적(異敎的)이라 해도 말이다.

현대 사회에서는 소위 "종교편향적 교육"에 대한 거부감이 강하다. 그래서, 미션 계통의 학교에서조차 기독교 교육을 하기가 점차 어려워지고 있다. 그렇다고 우리 자녀를 대안학교로 보내야 할 것인가? 아마도 자기 자녀를 신앙적 이유 때문에 대안학교로 보내는 사람은 그리 많지 않을 것이다.

어거스틴이 마다우라의 문법학교에서 배운 내용 가운데 중요한 것은 라틴어 문법이었다. (*Conf.* I, xiii, 20-22)

> 프랑스의 어거스틴 전문가 앙리 이레네 마루(Henri-Irénée-Marrou, 1904~ 77)에 의하면, 어거스틴이 철학자로, 또 기독교 사상가로 성공한 데는 문법 교육에 힘입은 바 컸다.[1]

어거스틴은 헬라어도 배웠으나, 그는 헬라어 공부를 그렇게 좋아하는 편이 아니었다.[2] 그는 그 이유를 이렇게 술회한다.

> 이는, 헬라어 단어 실력이 전혀 없는 나에게 사람들은 무서운 벌을 받을 것이라고 위협하며, 그 언어를 꼭 배워야 한다고 나를 몹시 닦달하였기 때문이니이다. (*Conf.* I, xiv, 23)

로마제국에서 헬라어는 요즘 영어 같이 필수 이상의 과목이었다. 그래서, 아동들에게 체벌까지 가해 가며 헬라어 공부를 시켰다.

소년 시절 헬라어 공부를 싫어했던 어거스틴의 헬라어 실력은, 어른이 되어서도, 별로 탁월하지 못했다. 헬라어 성경을 사전을 찾아 가며 천천히 읽을 수 있는 정도였다.[3]

어거스틴은, 자기가 라틴어 공부를 헬라어 공부보다 더 좋아한 이유를 이렇게 말한다.

---

[1] Henri-Irénée-Marrou, *Augustinus und das Ende der antiken Bildung*, übers. von Lore Wirth-Poelchau, 2., erg. Aufl. (Paderborn: Schöningh, 1995), p. 13.

[2] *Conf.* I, xiii, 20 - xiv, 23.

[3] 어거스틴이 헬라어 성경을 읽었다는 증거는 예컨대 그의 *DDC* II, xi, 16 - xv, 22 passim (= 졸편역,『어거스틴의 교육사상 텍스트』, pp. 300-310) 참조. 어거스틴의 연약한 헬라어 실력에 대해서는 H.-I. Marrou, *op. cit.*, pp. 25-41 참조.

물론. 나는 젖먹이 적에 라틴어도 전혀 모를 때가 있었사오나. 나를 귀여워
해 주는 유모들과. 나를 보고 웃고, 나와 함께 놀아 주는 사람들의 농담과
장난 소리를 들으면서. 아무런 두려움이나 어려움 없이 라틴어를 배울 수
있었나이다. 라틴어는. 공부하라고 무거운 벌을 주며 닦달하는 사람이
없었어도. 내 마음이 자기의 생각을 내놓으려고 나를 채근했기 때문에.
저절로 배우게 되었나이다. 물론. 이를 위해서는 몇 마디 단어라도 알아야
했사온데. 이것도 이른 바 "교사들"이 따로 있어서가 아니라. 말하는
사람들의 말을 귀담아 들음으로써 알게 되었사오며. 그후에 나도 그들의
귀에다 내가 느끼는 바를 말로 표현하게 되었나이다. 이를 통해 분명히
알 수 있는 바는. 언어의 교육에 있어서는 어린이들의 마음 속에 공포심을
일으켜 강제로 가르치는 것보다는 그들 마음 속에 자연스레 일어나는
호기심을 자극하는 것이 훨씬 더 효과가 있다는 사실이라. (*Conf.* I, xiv,
23)

여기서 보는 대로, 라틴어는 어거스틴의 모국어였다. 위의 글에는 모니카에
대한 언급이 없지만, 젖먹이 적부터 어거스틴에게 라틴어를 가르쳐 준 사람
속에는 어머니 모니카가 포함되었음이 틀림없다.

그러나, 마다우라에서 어거스틴이 배운 라틴어는 단순히 구어(口語)로서의
라틴어만이 아니라, 문어(文語)로서의 라틴어가 포함되었다. 어거스틴은
장차 수사학자(修辭學者)가 될 사람이었다. 수사학자는 문자 그대로 언사
(言辭), 곧, 말에 정통한 사람이다. 그런데, 고상하고 세련된 말을 하고자
하는 사람은 먼저 문법(文法)부터 공부해야 한다. 로마 사람들이 초등학교를
졸업한 자기 자녀들을 수사학교(修辭學校)에 보내기 전에 먼저 문법학교
(文法學校)에 보낸 이유는 여기에 있었다.

어거스틴은 『기독교 학문론』(DDC) 제4권 3장 5절에서 문법을 "바른 말 하는
법"(locūtiōnis integritās)이라 정의(定義)한 바 있다.

성인이 된 후 어거스틴은 말하는 것을 자기의 직업으로 삼았다. 그는 처음에
수사학자였고, 나중에 설교자가 되었다.

수사학자든, 설교자든, 문법에 맞는 정확한 말, 곧, 바른 말을 하기 위해 힘써야 함은 지극히 당연하다.

어거스틴이 마다우라에서 문법학교에 다닌 것은 그의 어머니 모니카의 뜻에 합한 일이었음이 분명하다. 그녀는 자기 아들 어거스틴이 장차 높은 "사회적 지위를" 갖기 원했다. (*Conf.* I, x, 16) 이를 위해 문법학교에 다니는 것은 당시로서는 필수 코스였다.

어거스틴
Augustine

문법론
De grammatica

주후 387년 봄 밀라노에서 세례를 받을 즈음 어거스틴은 『문법론』이라는 책을 썼다. 당시 그의 나이는 만 34세였다.

이 책은 어거스틴이 밀라노의 국립수사학교 교수 지위를 버린 다음에도 라틴어 문법에 얼마나 많은 관심을 가졌었는가를 잘 보여 준다.

그런데, 당시 문법학교에서는 문법뿐 아니라 고전문학도 함께 가르쳤다. 학생들로 하여금 고전을 읽고, 그것을 소화하는 능력을 함양하게 하는 것이 그 시대 문법학교의 중요 소임이었기 때문이다.[1]

고전을 제대로 읽은 사람은, 자기가 읽은 고전의 내용을 자기의 말로 바꾸어서 표현할 수 있다. 소년 어거스틴은 이런 일에 매우 탁월함을 보였다. (*Conf.* I, xvi, 26)

---

[1] Cf. H.-I. Marrou, *op. cit.*, p. 9.

당시 문법학교에서는 그리스와 로마의 고전을 읽혔다. 물론, 그리스의 고전 중에서는 단연 호메로스(Homēros)의 대서사시 『일리아스』(*Ilias*)와 『오뒷세이아』(*Odysseia*)가 제일 중요했다.

그림 37: 「호메로스와 그의 가이드」

프랑스의 화가 윌리암 부게로(William Bouguereau, 1825~1905)의 1874년 작품

호메로스를 영어로는 Homer라 한다. 시각장애인이었던 그는 유랑시인으로 활약했고, 개들의 공격을 많이 받았다 한다.

호메로스의 작품에는 그리스 신화가 많이 나온다. 어거스틴은, 『고백록』 (제1권 14장 23절)에서 호메로스에 대해, "헛된 이야기를 흥미진진하게 엮어 내는 솜씨가 뛰어났"다고 평하고 있다. 그리고 그리스 신화에는 "달콤한 맛"이 있다고 하였다.

이렇게 볼 때 요즘 젊은이들이 그리스, 로마 신화를 좋아하는 것이 충분히 이해가 된다.

우리나라 작가 중에서 그리스, 로마 신화를 가장 재미 있게 풀어 준 사람은 이윤기(李潤基, 1947~2010) 선생일 것이다.

그러나 어거스틴에게는, 앞에서 말한 대로, 그리스의 고전을 헬라어로 신속하고 자유롭게 (사전을 거의 찾지 않고) 읽을 수 있는 실력이 없었다.

필자는, 외국어 실력이 약했던 어거스틴이 위대한 학자 내지 사상가가 될 수 있었던 이유가 궁금하다.

필자의 좁은 소견으로는, 어거스틴은 비록 외국어 실력은 부족했으나, 깊이 있게 생각할 줄 아는 힘이 있었을 것 같다.

그러면, 깊이 있게 생각할 줄 아는 힘은 어디서 왔을까? 물론, 선천적으로 영민하였을 것이다. 하지만, 광범위한 독서가 뒷받침되었을 것으로 본다. 그리고 깊은 기도 생활을 통해 영적인 능력을 함양했던 점도 크게 작용하였을 것이다.

마다우라의 문법학교에서 어거스틴이 읽은 라틴어 고전으로 가장 중요한 것은 베르길리우스(Vergilius, 70~21 BC)의 대서사시 『애네이스』(*Aenēis*) 였다.

사진 18: 베르길리우스 흉상

베르길리우스는 아우구스투스(Augustus, *63 BC, 재위 28 BC ~ 14 AD) 황제 시대에 활약한 로마의 가장 위대한 서사시인이다.

어거스틴은 『고백록』과 『신국론』에서 베르길리우스의 『애네이스』를 자주 인용한다.

베르길리우스의 책, 특히 그의 『애네이스』(*Aenēis*)는 서양에서는 지금도 고전으로 여겨진다.[1]

<table>
<tr><td>

베르길리우스
Vergilius

애네이스
Aeneis

</td><td>

트로이(Troy)의 영웅 애네아스(Aenēās)를 주인공으로 한 서사시 형태의 표랑기(漂浪記)인 이 책은 베르길리우스의 대표작이다. 호메로스의 『오뒷세이아』의 모작(模作)이기는 하나, 그 탄탄한 구성과 박진감 넘치는 표현으로, 고대 로마인이 만든 최고의 문학 작품이 되었다.

</td></tr>
</table>

트로이는 BC 13세기 중엽 그리스 사람들에 의해 멸망하였다. 용감히 싸웠으나, 나라를 잃은 애네아스. 그는 일단의 무리를 이끌고 지중해 세계 각지를 표랑하는 처지가 되었다. 그러나 그의 표랑은 단순한 방랑이 아니었다. 그것은 새로운 고향을 찾기 위한 여정이었다. 그는 마침내 이탈리아 라티움(Latium) 지방에 새로운 터전을 잡았다. 그래서, 로마인의 조상이 된 것이다.

위대한 "로마는 하루 아침에 이루어지지 않았다". "로마 민족과 로마제국을 세우는 데는 이처럼 [엄청난] 수고가 필요하였다". 이것이, 베르길리우스가 그의 독자들에게 전하고 싶었던 핵심 메시지였다.

Tantae mōlis erat Rōmānam condere gentem imperiumque.
Of such effort it was to found the Roman people and empire.   *Aenēis* I, 33

---

[1] Cf. Louise Cowan & Os Guinness, eds., *Invitation to the Classics* (Grand Rapids, Mich.: Baker Books, 1998), pp. 67-70.

어거스틴의 신학은 순례자의 신학이다. 그는 순례자로서의 삶을 살았고, 이것이 그의 사상과 작품에 고스란히 반영되었다.

베르길리우스에게 애네아스의 새로운 고향은 라티움이었지만, 어거스틴에게 그것은 하나님의 나라였다. 우리 인생은 하나님의 나라에 새로운 터전을 얻기 위한 여정이라는 것이 어거스틴의 확신이었다.

어거스틴은 『고백록』, 『신국론』과 같은 작품을 쓰면서, 『애네이스』의 내용과 표현 방법을 항상 염두에 두었다. 소년 시절에 읽었던 고전이 일생 동안 그에게 영향을 미친 것이다.

종교개혁자 칼빈(1509~65)도 소년 시절 『애네이스』를 읽었고, 그의 작품에서 종종 『애네이스』를 인용 내지 참조한다.

위대한 인물은 대부분 어린 시절 고전을 읽으며 자랐다. 대부분의 신앙 위인들도 마찬가지였다.

대중매체가 발달한 현대에는 고전 읽기의 중요성이 더욱 강조돼야 한다. 책 읽기를 싫어하는 사람들이 많은 시대에, 진정한 리더쉽은 자연히 고전을 많이 읽은 사람들에게 옮겨 가게 돼 있기 때문이다.

어거스틴의 어머니 모니카 자신은 고전 교육을 전혀 받은 사람이 아니다. 하지만, 그녀는 감(感)으로나마 고전 교육의 중요성을 알고 있었을 것이다. 그래서, 어린 아들의 마다우라 유학을 허락했을 것이다.

마다우라에서의 어거스틴의 학업 성취도는 매우 높았던 것으로 보인다. 이는, 그가 『고백록』에서 『애네이스』를 배우던 시절에 대해 이야기하면서, 그에게 "도처에서 들려오는 것은 '잘한다, 잘한다' 하는 소리"였다고 고백하고 있기 때문이다. (제1권 13장 21절) 아마도 그의 어머니 모니카도 타가스테의 집에서 그 소식을 듣고 기뻐했을 것이다.

그러나 마다우라에서의 교육에는 신앙 교육이 빠져 있었다. 신앙인이 된 이후 어거스틴은, 마다우라에서 자기가 받은 교육의 가장 큰 문제점을 바로 여기에서 찾았다.

하지만, 어거스틴의 어머니 모니카는 이 같은 문제점을 파악하지 못한 것 같다. 물론, 그녀의 입장에선, 일반 학교의 교육과정에 대해 무슨 지적을 할 수 있는 상황이 아니었다. 이것은 오늘날 우리나라 많은 학부형의 입장과 비슷하다. 자기 자녀를 일단 학교에 맡겼으면, 교육 내용에 대해 왈가왈부 하는 것은 매우 어렵다. 설령 한다 하더라도, 학부형의 요구 사항이 받아 들여지는 일은 별로 없다.

교사들조차도, 자기가 가르치는 내용을 일반적 관행에서 크게 벗어나게 할 수는 없다. 모든 교과과정 및 교육 내용은, 전문가들이 오랫 동안 연구해서 만들어 낸 것이고, 그것은 또 국가의 뒷받침을 받는다. 예를 들어, 교과서를 교사 마음대로 편찬할 수 있는가? 그리고 교과서 없이 학교 교육이 가능 한가? 심지어 대학에서조차 교과서는 필요하지 않은가?

어거스틴이 바란 것처럼, 신앙 교육이 일반 학교에서 이루어지려면, 사회가 기독교 사회가 되지 않으면 안 된다. 그러나, 종교다원주의가 지배하는 사회에서, 일반 학교에서 신앙 교육이 이루어지기를 바라는 것은 무리다.

심지어 미션 스쿨에서조차 신앙 교육을 하기가 어려워져 가고 있다.

어거스틴의 시대는, 기독교가 국가종교로서 자리잡아 가고 있던 시대 였다. 기독교의 세력이 크기는 하였으나, 사회에 오랫 동안 뿌리내리고 있던 이교적(異敎的) 관행을 단숨에 뿌리뽑을 수는 없었다. 특히 각급 학교에서는 여전히 옛날처럼 이교적 내용이 가르쳐지고 있었다.

이러한 현상을 타파하기 위해서는 수많은 기독교 학교가 새로 설립 돼야 했다. 그리고, 기독교 신앙을 가진 교사가 많이 양성돼야 하였다. 나아가서, 기독교적 내용을 담은 수많은 서적이 출판돼야 하였다. 신앙인 이 된 다음 어거스틴은 이 모든 일에 다 관심을 가졌지만, 특히 기독교적 내용을 담은 책을 저술하는 일에 아주 많은 노력을 기울였다. 그가 소년 시절 마다우라에서 배운 내용은 이러한 작업에 큰 도움이 되었다. 이렇게 볼 때 모니카는 그녀의 아들 어거스틴을 공부시킴으로써 간접적으로 역사 발전에 기여한 여인이 되었다 할 수 있다.

모니카와 사춘기의 어거스틴

인생은 위기의 연속이다. 즉, 태어나는 순간부터 세상을 떠나는 순간까지 갖가지 위험에 노출되지 않는 시기는 없다. 백일 잔치를 하는 이유는? 요즘은 사정이 많이 좋아졌지만, 옛날에는 영아사망율이 매우 높았으므로, 100일을 넘기는 아기들이 많지 않았다. 그러므로, 아기가 100일을 넘겨 생존하는 것은 아주 축하해 줄 일이었다.

사춘기 = 인생의 첫 번째 큰 위기

돌잔치도 마찬가지였다. 그러나 돌이 지났다고 해서, 위기가 끝나는가? 아니다. 부모 혹은 보호자의 끊임없는 돌봄이 없이는, 아기는 정상적으로 자랄 수 없다.

소년이 되어도, 사정은 달라지지 않는다. 인생의 높은 파도를 헤쳐 나가는 것은 소년의 힘으로는 감당하기 어려운 일이다. 여전히 부모 혹은 보호자의 돌봄과 후견(後見)이 필요하다.

그러면, 사춘기가 왜 인생의 첫 번째 큰 위기인가? 인생은 소년기까지는 보통 부모나 보호자의 돌봄과 후견에 절대적으로 의존한다. 그러나 성인이 되면, 그러한 의존에서 벗어나 독립하게 된다.

그림 38: 캥거루

캥거루는, 태반이 별로 발달되어 있지 않다. 이 때문에 새끼는 크기가 1-2센티미터에 불과한 미성숙 상태에서 태어나며, 출생 직후 혼자 힘으로 어미배에 있는 육아낭(育兒囊)에 기어 들어가고, 6개월~1년간 육아낭에서 성장한 뒤 비로서 독립한다.

"캥거루족". 1997년 발생한 IMF 외환 위기를 계기로 대학가에서부터 유행하기 시작한 신조어(新造語)다. 2004년 경부터 널리 사용되었다. 성인이 돼서도, 부모로부터 독립하지 못하는 가련한 군상(群像). 최근 일본에도 30대 및 40대 캥거루족이 무려 300만 명에 이른다는 보도가 나왔다. (2012. 5. 2 뉴스엔 / 미디어다음)

사춘기는 의존적 인간에서 독립적 인간에로 바뀌는 전환기다. 사춘기의 청소년은 신체적으로뿐 아니라 정신적으로도 어른이 되어 간다. 그에게는 당연히 성장통이 따르기 마련이다.

위인 어거스틴에게도 사춘기는 있었다. 그의 사춘기는 특별하게 찾아왔다. 이는, 이 시기에 그가 1년 동안 학업을 중단해야 하였고, 그의 부친을 여의였기 때문이다.

어거스틴이 학업을 중단한 것은, 가세(家勢)가 기운 탓이었다. 곧, 가정의 경제적 형편이 어려워졌기 때문이다. 사춘기의 청소년이 경제적 이유 때문에 공부를 하지 못한다는 것은 대단히 큰 문제를 야기할 수 있다. 이런 상황에서는 탈선도 일어날 수 있는 까닭이다.

어거스틴은 열여섯 살 되던 해 (주후 370년) 마다우라에서 그의 고향 타가스테로 돌아왔다. (*Conf.* II, ii, 4 - iii, 6) 그의 아버지 파트리키우스는 타가스테의 시의회 의원이었다. 하지만, 파트리키우스의 경제적 사정은 악화되었다.

앞에서 이미 언급했지만, 파트리키우스는 바람을 피운 전력이 있다. 다른 이유도 있었겠으나, 이것도 그의 경제적 사정을 악화시킨 요인 중 하나였을 것이다. 그는 예수를 믿지 않았다. 그러나, 그는 아내 모니카의 전도를 받아들였다. 그리고 주후 370년 학습교인이 되었다. 주후 370년은, 어거스틴이 마다우라에서 학업을 중단하고 타가스테로 돌아온 해다. 파트리키우스는 주후 371년 봄(?) 세례를 받았고, 얼마 있지 않아 세상을 떠났다.

사춘기에는 제2차 성징(性徵)이 나타난다. 이것은, 한 인간이 성인이 되기 위한, 지극히 자연스러운 현상이다. 하지만 문제는, 이와 함께 찾아오는 성욕이 절제되지 않을 때 일어난다.

청년심리학 책을 보면, 방어기제(防禦機制, Eng.: Defense Mechanism)에 대한 이야기가 많이 나온다. 잘못된 방향으로 흐르기 쉬운 욕망의 절제를 위한 최선의 방어기제는? 그것은 역시 승화(昇華, Eng.: sublimation)다. 학문이나, 예술이나, 스포츠나, 종교 등이 승화를 위한 좋은 방도가 된다.

사춘기 청소년이 그러므로 학교를 다니거나, 직업훈련을 받는 것은 젊음의 열정을 건전하게 발산하는 데 큰 도움이 된다.

Passion = 열정? or 아픔?

서울대 김난도 교수의 유명한 책『아프니까 청춘이다』(서울: 샘앤파커스, 2010)를 보면, passion이라는 단어가 지닌 중요성을 절감하게 된다.

비록 위의 책이 20대 대학생들을 주 타겟으로 한 책이라 해도, 사춘기 청소년들과 그들의 부모들에게도 많은 도전이 되는 것이 사실이다.

영어 passion은 라틴어 명사 passiō에서 유래하였고, 라틴어 명사 passiō는 "고난당하다"는 뜻의 라틴어 동사 patī에서 파생하였다.

청소년들은 피가 끓기 마련. 그러나 세상은 녹록지 않다. 그들의 꿈은 쉽게 이루어지지 않는다. 그래서, 그들에게 열정과 아픔은 함께 가는 것 같다. 하지만, 그들에게만 그럴까?

사춘기의 어거스틴에게 1년 동안이나 학업을 중단하고, 고향 집에서 지낸다 하는 것은 분명 고통이었을 것이다. 그 시기에 1년은 정말 긴 시간이 아닐 수 없다.

더구나 사춘기는, "청년의 정욕"(딤후 2:22)[1]이 움트는 시기. 어거스틴은 당시 자신의 모습을 이렇게 묘사하고 있다.

---

[1] 또한 네가 청년의 정욕을 피하고 주를 깨끗한 마음으로 부르는 자들과 함께 의와 믿음과 사랑과 화평을 좇으라.

당시 나에게 사랑하고 사랑받는 것 말고 즐거운 것이 또 무엇이더이까?
하오나, 당시 나는 영혼과 영혼을 맺어 주는, 밝은 우정의 길만으로 만족
하지 못했사오니, 흙탕물 같은 육신의 정욕으로 가득한 사춘기의 용솟음
치는 물 속에서 짙은 물안개가 피어올라, 내 마음을 흐리게 하고 어둡게
하여, 사랑의 순수함과 정욕의 혼탁함을 구별하지 못하였나이다. 이 두
가지는 서로 뒤엉켜 파도를 일으켰고, 나의 연약한 청춘을 정욕의 낭떠
러지로 끌고 가, 죄악의 소용돌이 속에 빠뜨렸나이다. (*Conf.* II, ii, 2)

어거스틴의 사상에서 사랑은 매우 중요한 위치를 차지한다.[1] 그래서 그는
그의 『고백록』 제13권 9장 10절에서 이렇게 말한다.

나의 무게는 나의 사랑. 그것이 나를 어디로 이끌든지, 나는 그리로 이끌려
가나이다.

어거스틴은, 크리스챤의 사랑은 순수해야 한다 생각하는 사람이지만,
현실 세계에서는 "사랑의 순수함과 정욕의 혼탁함"이 "서로 뒤엉켜
파도를" 일으키는 일이 많다는 사실도 잘 알고 있었다. 자기의 경험에
비추어 볼 때, 사춘기에는 그러한 일이 자주 발생, "연약한 청춘을 정욕의
낭떠러지로 끌고 가, 죄악의 소용돌이 속에" 빠뜨리는 일이 많다는 것도
잘 알고 있었다.

사춘기는, 이성(異性)에 대한 순수한 사랑과 육신의 정욕이 함께 싹트는
시기, 이성을 대할 때, "영혼과 영혼을 맺어 주는, 밝은 우정의 길만으로
만족"하는 것이 지극히 어려운 시기다. 어거스틴은 당시의 자신에 대해
이렇게 질책하고 있다.

---

[1] Cf. Hannah Arendt, *Love and Saint Augustine*, ed. and with interpretative essay by
Joanna Vecchiarelli Scott and Judith Chelius Stark (Chicago: Univ. of Chicago Press,
1996).

내 육신의 나이 열여섯 되던 해, 나는 어디에 있었더이까? 그때 나는 기쁨이
넘치는 당신의 집에서 얼마나 멀리 떨어져, 스스로 귀양살이를 하고 있었
더이까? 그때 나는 광적(狂的)인 정욕의 지배를 받아, 그것에 두 손을 다 든
상태였사오니, 파렴치한 인생의 법으로는 허용이 될지 모르오나, 당신의
법으로는 허용될 수 없는 것이라. (*Conf.* II, ii, 4)

앞에서 말한 대로, 당시 어거스틴의 아버지 파트리키우스의 경제 사정은
그다지 좋지 않았다. 그래도, 아들을 계속 공부시키고자 하는 마음에는
변함이 없었다. 즉, 북아프리카의 수도 카르타고로 유학시킬 계획을 추진
하고 있었다. 어거스틴의 말을 직접 들어 보자!

그 해 나의 학업은 중단되었나이다. 나는 타가스테 인근의 도시 마다우라
에서 문학과 수사학 공부를 이미 시작했사온데, 아버지는 나를 그곳에서
고향으로 돌아오게 하였나이다. 그리고 아버지는, 내가 카르타고에서
장기간 유학하는 데 필요한 학자금을 마련하고 있었나이다. 하오나, 이것은
타가스테에서 결코 부유하다고 할 수 없었던 아버지의 공명심 때문이었지,
재력 때문은 아니었나이다. (*Conf.* II, iii, 5)

어거스틴은 다음과 같은 말도 하는데, 여기에는 자기 아버지에 대한 칭찬뿐
아니라 비판도 포함돼 있다.

그 당시 내 아버지된 그분을 높이 칭송하지 않는 사람이 어디 있더이까?
이는, 아버지가 넉넉지 못한 집안 형편에도 불구하고, 아들이 멀리 유학을
떠나는 데 필요한 모든 경비를 마련해 주고자 했던 까닭이라. 당시 아버지
보다 훨씬 부유하게 사는 사람들은 많았사오나, 자녀들을 위하여 이런 일
까지 하는 사람은 별로 없었나이다. 하오나, 바로 그러한 아버지가, 내가
당신 앞에서 어떠한 사람으로 성장하는지에 대해서는, 또, 내가 얼마나
순결한지에 대해서는 아무 관심이 없이, 내 마음밭이 당신의 가꿈을 받지
못해 황폐해지든 말든, 내가 말솜씨에 능하기만 하면 되었나이다. (*Conf.* II,
iii, 5)

어거스틴이 여기서 자기 아버지에 대해 하는 비판의 요지는 이것이다. 즉, 아버지 파트리키우스는 아들의 학교 교육에만 관심 있었지, 아들의 "마음밭", 곧, 영혼에는 별다른 관심이 없었다는 것이다.

사진 19: 밭을 일구고 있는 아프리카 수단의 농촌 부녀

어거스틴은 다음과 같은 이야기를 통해, 당시 아버지 파트리키우스가 아들의 영혼 문제에 대해서는 별로 관심이 없었음을 날카롭게 지적하고 있다.

그렇지만, 내가 열여섯 살 때, 어려운 집안 형편으로 인해 모든 학업을 중단하고, 부모님과 함께 지내면서, 쉬고 있는 동안, 정욕의 가시덤불이 내 머리 위로 무성히 올라왔어도, 그것을 뽑아 주는 손은 전혀 없었나이다. 오히려, 상황은 그와 정반대였나이다. 나의 아버지는 공중목욕장에서, 내가 격정의 사춘기를 맞아, 성인으로 변해 가는 모습을 보았사온데, 벌써 손자라도 본

듯, 뛸 듯이 기뻐하며, 그것을 어머니께 말하였나이다. 하오나, 내 아버지의 기쁨은, 이 세상이 창조자이신 당신을 잊고, 당신 대신 당신의 피조물을 사랑하는, 그릇된 사랑으로 잔뜩 취한 데서 오는 것이었사오니, 이 세상 사람들은 그릇된 사랑이라는 보이지 않는 술로 인해 심지(心志)가 왜곡되어, 지극히 낮은 것을 추구하게 되나이다. (*Conf.* II, iii, 6)

사진 20: 고대 로마제국의 공중목욕장 유적

고대 로마제국의 각 도시에는 공중목욕장이 있었고, 거기에는 열탕, 온탕, 냉탕이 고루 갖추어져 있었다. 이것은, 상·하수도도 잘 갖추어져 있었음을 뜻한다.

타가스테와 같은 소도시에도 이런 시설이 있었다. 로마제국은 정말 대단한 나라였다.

오늘날도 종종 있는 일이지만, 로마 시대에는 파트리키우스와 어거스틴의
경우처럼 부자 간에 함께 공중목욕장에 가는 일이 간혹 있었던 것 같다.
파트리키우스는 타가스테의 공중목욕장에서, 마다우라의 유학 생활을
마치고, 이제 사춘기 소년이 되어 고향으로 돌아온 아들 어거스틴이 제2차
성징(性徵)을 보이는 모습을 보고, 신기하기도 하고, 대견하기도 했을 것
같다. 그래서, 기뻐하면서 그 사실을 자기 아내에게 전했을 것이다.

파트키우스는 이 세상의 여느 아버지와 별로 다르지 않았을 것으로
보인다. 어른이 다 돼 가는 아들의 모습을 보고, "나도 이제 늙었구나!",
"내가 손자 볼 날도 멀지 않았구나!" 느끼는 것은 지극히 자연스러운 일
아닌가?

『고백록』을 쓸 당시 어거스틴은, 자기 아버지 파트리키우스의 그런
모습이 지극히 자연스러운 모습임을 모르지 않았을 것이다. 하지만 그는,
사춘기가 사람들로 하여금 그릇된 사랑을 추구하는 계기가 될 수 있음을
독자들에게 말하고 싶었을 것이다. 그가 자기 아버지에 대해 비판적 태도를
취한 것은 실상, 자기 아버지를 비판하기 위해서라보다는, 독자들에게
권면의 말을 하고 싶었기 때문일 것이다.

좀 전에 언급한 대로, 파트리키우스는 당시 학습교인이었다. 학습교인.
그는 신앙요리교육을 받는 사람 (혹은 받아야 할) 사람이다.[1] 아직 학습
교인이었던 파트리키우스가 경건한 모습을 보이는 것은 어려운 일이었을
것이다. 그런 그가, 기독교적 의미의 참된 사랑이 무엇인지를 잘 알고서,
사춘기의 아들을 올바로 지도한다는 것은 거의 불가능했을 것이다.

---

[1] 어거스틴은 주후 400년부터 주후 405년 사이에 학습교인들을 위하여 『신앙
요리교육론』이라는 책을 썼다. 이 책의 우리말 번역은 필자의 『어거스틴 교육
사상 텍스트』(서울: 아침동산, 2011), pp. 97-205 참조.

남편 파트리키우스의 이야기를 들은 모니카의 반응은? 그녀는 파트리키우스와는 달리, 신앙의 연조(年條)가 깊었고, 또 매우 경건하였다. 당연히 아들이 그릇된 사랑에 취하지나 않을까 걱정하였다. 어거스틴의 이야기를 들어 보자!

그러므로, 그 말을 들은 어머니는 거룩한 두려움으로 인해 떨면서, 내가 아직 정식 교인이 아니었음에도 불구하고, 당신께 "등을 향하고, 얼굴을 향하지 아니하는"(렘 2:27) 자들이 걷는 그릇된 길로, 혹시 내가 걸어갈까 염려하여, 펄쩍뛰었나이다.

내게 화 있을지라! 나의 하나님, 내가 당신을 떠나, 멀리 멀리 갔으면서도, 당신이 잠잠하셨다고 감히 말할 수 있나이까? 당신은 그때 정말 내게 잠잠히 계셨더이까? 하오면, 당신의 신실한 여종이던 내 어머니를 통하여 내 귓전에 들려지던 그 말씀이, 당신의 말씀이 아니고, 누구의 말씀이더이까? 하오나, 어머니의 그 어떠한 말씀도, 내가 그것을 실행에 옮길 만큼, 내 마음 속에 파고들지 않았나이다. 너무나 큰 염려를 한 어머니가 나에게 조용히 타이르던 일이 생각나온데, 어머니가 바랐던 바는, 내가 음행하지 않는 것, 특히 다른 사람의 아내와 간음하지 않는 것이었나이다. (*Conf.* II, iii, 6-7)

어거스틴의 말대로, 모니카는 아들을 위하여 "거룩한 두려움"(Lt.: pia trepidātiō, Eng.: a pious fear)에 떨었다. 그리고 아들을 불러 조용히 타일렀다. 음행하지 말라고, 특히 다른 사람의 아내와 간음하지 말라고 말이다. 이에 대한 어거스틴의 반응은? 그의 이야기를 또 들어 보자!

그러한 훈계는 내게, 여자라면 노상 하는 것처럼 보여, 그것을 따르는 것이 창피하게 여겨졌나이다. 사실, 그것은 당신의 훈계였사오나, 나는 그것을 알지 못하여, 당신은 잠잠히 계시고, 어머니만 말씀하시는 줄로 생각했나이다. 하오나, 어머니를 통하여 말씀하신 분은 바로 당신이었사오니, 당신은 잠잠히 계신 것이 아니라. 그러므로, 내가 어머니를 업신여긴 것은, 당신을 업신여긴 것이오니, 내가, 어머니의 아들인 내가, "주의 여종의 아들, 곧, 주의 종"(시 116:16)인 내가 당신을 업신여겼나이다. 그러하오나, 나는 이를 알지 못하고, 장님처럼 그릇된 길로 갔사오니, 나와 같은 나이 또래의 아이들보다 잘못된 일을 덜하는 것을 창피하게 여길 정도였나이다. 즉, 저들이 저들의 잘못된 행위를 자랑하는 소리를 듣고, 또, 저들의 행위가 추하면 더 추할수록, 더 많이 자랑하는 모습을 보고, 나 역시 그러한 행위를 하게 되었사온데, 그때 나는 그러한 행위를 통하여 얻는 즐거움 때문만이 아니라, 그러한 행위로 인해 친구들로부터 얻는 찬사 때문에 그러한 행위를 하였나이다. 악한 행위가 책망을 받는 것은 당연한 일이 아니니이까? 그럼에도, 나는 책망 대신 찬사를 받고자, 더 악한 일을 하게 되었사오니, 못된 친구들보다 악한 일에서 더 승(勝)하지 못했을 경우에는, 내가 하지도 않을 일을 했다고 꾸며대는 일까지 하였나이다. 이는, 내가 순수할수록 친구들에게 무시를 당하고, 정결할수록 욕을 더 많이 먹는다는 사실을 알았음이오니, 나는 순수함과 정결함 때문에 친구들에게 무시를 당하거나 욕먹는 일을 원하지 않았음이라. (*Conf.* II, iii, 7)

이 글을 보면, 사춘기의 어거스틴이 타가스테에서 난봉을 피웠을지도 모른다는 추측을 할 수 있다. 물론, 어거스틴은 여기서, 자기가 행한 "악한 일", "악한 행위", "잘못된 행위"가 구체적으로 무엇인지는 밝히지 않는다. 독자들의 상상에 맡길 뿐.

대부분의 어거스틴 연구가들도 이 부분을 살짝 넘어가든지, 아니면, 구체적인 언급을 피한다. 어거스틴처럼 위대한 인물이 젊은 시절 한때 잘못을 저질렀다 해도, 그것을 구태여 자세하게 묘사하는 것이 사람들에게 별로 도움이 되지 않는다 생각하기 때문이 아닐까?

미국의 역사학자 개리 윌스(Garry Wills, *1934)는, 어거스틴이 이미 이때 타가스테에서 동거녀를 얻었을 것으로 본다.[1] 물론, 필자는 윌스의 생각에

---

[1] *Augustinus*, übers. von Holger Fliessbach (Claassen, 2004), pp. 39-41.

동의하지 않는다. 이는, 어거스틴에 관한 모든 일차자료를 검토해 볼 때,
그가 카르타고에서 그의 동거녀(= 그의 아들 아데오다투스의 어머니)를
만났다고 보는 것이 옳기 때문이다.

개리 윌스는『링컨의 연설』(*Lincoln at Gattisburg*)[1]이라는 책으로 1993년에
퓰리처상(Pulitzer賞)까지 받은 사람이다. 그러나, 어거스틴과 그의 동거녀에
대한 윌스의 묘사가 항상 정확한 것일 수는 없다.

어거스틴이 카사노바와 같은 난봉꾼이었다는 증거는 찾아보기 어렵다.
다만, 또래친구들과 함께 어울려 다니며 "무절제하게 이러저러한 놀이를"
즐겼을 것은 같다.[2]

물론, 어거스틴이 친구들과 함께 색주가(色酒家) 혹은 홍등가(紅燈街)를
찾아갔을 수는 있다. 이는, 그가『고백록』에서 이렇게 고백하고 있는 까닭
이다.

> 보소서! 내가 어떠한 친구들과 바벨론의 거리를 누비고 다녔더이까?
> 나는 그 진흙탕 속을, 마치 계피 가루가 뿌려진 값비싼 향유 속이나 되는
> 것처럼, 뒹굴고 있지 않았나이까? 보이지 않는 원수는, 내가 그 속에 더
> 깊이 빠져 들어가도록, 나를 발로 차 넣었으니, 이는, 내가 유혹에 약하여,
> 쉽게 넘어갈 수 있었던 연고라. (II, iii, 8)

어거스틴은 여기서 당시 타가스테의 거리를 바벨론의 거리와 동렬(同列)에
놓는다. 그에게 바벨론은 세속도시 혹은 "악마의 도성"(cīvitās diabolī)의
전형적 표상이었다.[3]

---

[1] 1992년 New York의 Simon & Schuster에서 첫 출간되었고, 권혁 님에 의해
번역되어, 2012년 서울의 돌을새김 출판사에서 간행되었다.

[2] *Conf.* II, iii, 8.

[3] Cf. Johannes van Oort, *Jerusalem and Babylon: A Study into Augustine's »City of
God« and the Sources of His Doctrine of the Two Cities* (Leiden: Brill, 1991), pp. 118-
123.

그림 39: 카사노바의 초상화

이탈리아 베네치아 출신의 문필가 겸 모험가 지아코모 카사노바(Gia-como Casanova, 1725~98)는 희대의 여성편력가이기도 하였다.

요한계시록에는 바벨론이 "땅의 음녀들과 가증한 것들의 어미"로 묘사되어 있지만,[1] 『고백록』을 쓸 당시 어거스틴은 요한계시록의 이 바벨론 묘사를 충분히 고려하고 있었을 것이다.

실제로 바벨론은 성적(性的)으로 매우 문란(紊亂)한 도시였다. 그리고 타가스테를 포함한 북아프리카에는 성개방 풍조가 만연해 있었다. 어거스틴은 힙포의 감독이 된 후, 이러한 풍조를 바로잡기 위해 노력하였다. 성과를 거두기는 어려웠지만.

어거스틴은 당시, 자기 어머니 모니카가 자기를 결혼시킬 생각을 하지 않은 것에 대해 약간의 아쉬움을 내비친다. 어거스틴의 말을 들어 보자!

---

[1] 계 17:5 (= "그 이마에 이름이 기록되었으니 비밀이라, 큰 바벨론이라, 땅의 음녀들과 가증한 것들의 어미라 하였더라").

"바벨론 가운데서"(렘 51:6) 벌써 도망하여 나와, 그 가장자리를 천천히 걷고 있던, 내 육신의 어머니도 나에게 몸가짐을 바르게 하라고 타이르기는 했사오나, 자기 남편을 통하여 나에 대해 들은 말에는 그다지 큰 관심은 가지지 않았사온데, 이는, 나의 정욕이 해롭다는 것, 장차 나를 위태롭게 할 것이라는 것을 어머니도 감지(感知)하고는 있었으나, 그것을 뿌리째 뽑아 버릴 수 없을 바에는, 나를 굳이 결혼시켜, 부부애(夫婦愛)라는 속박으로 나의 정욕을 억제할 것까지는 없다고 생각하였음이라. 어머니가 나를 결혼 시키는 일에 관심을 가지지 않았던 것은, 나의 장래가 결혼이라는 족쇄 때문에 방해를 받을까 염려했던 까닭이오니, 어머니가 내게 걸었던 희망은 당신 안에서 장차 올 세상에 관계된 것이 아니었고, 단지 내가 학문에서 큰 진보를 이루는 것이었나이다. (*Conf.* II, iii, 8)

"사회적 모세관 현상"이라는 말이 있다. 신분 상승을 위해선 모세관과 같이 좁은 공간을 통과해야 하는 현실을 지적하는 말이다. 어거스틴은 타가스테라고하는 북아프리카 소도시의 시의회 의원 아들이었다. 이 정도 집안 배경 가지고는 로마제국이라는 거대한 나라의 중앙 무대에서 활약 하는 인물이 되기 어려웠다. 어거스틴이 큰 인물이 되려면, 대도시에서 최고의 교육을 받아야 하고, 명문 거족 출신 여식과 결혼하지 않으면 안 된다. 타가스테라는 작은 도시의 한미한 집안 여식과 결혼시키는 것은, 어거스틴의 출세에 방해가 된다. 이것이 어머니 모니카의 생각이었다. 그래서, 그녀는 어거스틴의 결혼을 늦추고 싶었다. 당시 로마제국에는 조혼(早婚)의 풍속이 있었지만, 조혼은 아들 어거스틴의 장래에 "족쇄"만 될 것으로 여겨졌다.

그때 만약 어거스틴이 일찍 결혼하였다면? 역사에서 가정(假定)이란 있을 수 없다고 하지만, 만약 그랬다면, 어거스틴이 위대한 교부(敎父), 위대한 기독교 사상가가 되지는 못했을 것이고, 서양의 역사도 아주 다른 방향 으로 진행되었을 것이다.

어거스틴의 카르타고 유학

주후 371년 여름(?) 어거스틴은 만 17세의 나이로 북아프리카의 수도 카르타고(Carthāgō)로 유학을 갔다.

사진 21: 카르타고의 포에니 항구 유적

같은 해 봄(?) 어거스틴의 아버지 파트리키우스는 세례를 받은 지 얼마되지 않아 세상을 떠났다. 세상을 떠나기 전 파트리키우스는, "어거스틴이카르타고에서 장기간 유학하는 데 필요한 학자금을 마련"하기 위해 애를쓴 바 있다.[1] 그러나, 그는 어거스틴의 학자금을 충분히 마련하지 못한 채

---

[1] *Conf.* II, iii, 5.

세상을 떠났고, 어거스틴의 학자금 마련은 이제 어머니 모니카의 몫이
되었다. 어거스틴이『고백록』제3권 4장 7절에서 하는 말을 보면, 모니카는
어거스틴의 학자금 마련에 성공한 것 같다.

> 당시 내 나이는 열아홉 살이었고, 아버지는 돌아가신 지 이태가 지났사오니,
> 나는, 어머니가 대주는 학비로 말하는 능력을 연마하고 있었사오나, ···.

물론, 어거스틴은 로마니아누스(Rōmāniānus, †409?)라고 하는 타카스테의
부유한 시민으로부터 장학금 내지는 경제적 지원을 받았다.

사진 22: 카르타고의 주화

제1차 포에니 전쟁(264~261 BC) 때
주조됨

로마니아누스는, 카르타고에서 유학하는 어거스틴에게 숙소를 제공해 주기도
하였다.[1] 이에는 로마니아누스가 어거스틴의 아버지 파트리키우스와 맺었던
친분 관계도 작용했을 것으로 보인다. 로마니아누스는 거부(巨富)였으므로,
카르타고에도 저택을 소유하고 있었다.

---

[1] *Contra Academicos* II, ii, 3. Cf. Sister Marie Aquinas McNamara, O. P., *Friends and Friendship for Saint Augustine* (Staten Island, N. Y.: Society of St. Paul, 1964), pp. 99-104.

사진 23: 카르타고의 유적

카르타고. 북아프리카 최대의 도시. 명장 한니발(Hannibal, 246?~183 BC)을 배출한 도시. 주전 146년 로마 사람들에 의해 멸망당했으나, 주전 46년 율리우스 캐사르(Iūlius Caesar, 100~44 BC)에 의해 재건이 시작되었고, 아우구스투스 황제(*63 BC, 재위 28 BC ~ 14 AD) 치세 말년에 로마령 북 아프리카의 수도가 되었다.

카르타고는 터툴리안(Tertulliān, 150/160~222/223), 퀴프리안(Cypriān, 190/210~258)과 같은 유명한 교부를 배출한 도시이기도 하다.[1]

---

[1] 졸저,『교부 열전』상권 (서울: CLC, 2010), pp. 260-277 및 pp. 384-393 참조.

북아프리카의 수도였던 카르타고는 북아프리카의 문화와 교육의 중심지이기도 하였다. 당연히 이 도시에는 각급 학교가 다 있었다.

초등학교(lūdus litterārius)

> 초급 라틴어 (= 읽기 + 쓰기) 및 산수

문법학교(schola grammaticōrum)

> 헬라어 및 라틴어 문법 및 고전 문학, (수사학 기초)

수사학교(schola rhētōrum)

> 수사학, 논리학, (철학, 법학, 대수학, 기하학, 천문학, 음악)

이 중 어거스틴이 입학한 학교는 수사학교. 수사학교(修辭學校)는 문자 그대로 수사학(修辭學, Lt.: ars rhētorica, Eng.: rhetoric)을 가르치는 학교다. 오늘날의 대학(大學)에 해당하는 학교 내지 고등교육기관이었다. 그러면 수사학은? 이것은 웅변술에 관한 학문이다.

> 수사학자 혹은 수사학 교사를 라틴어로 rhētor라 했다. 그래서, 영어로도 rhetor라 한다. 수사학자는 마땅히 웅변도 잘해야 한다. 그는 웅변가 혹은 변사(辯士)를 기르는 사람이니 말이다. 웅변가를 라틴어로 ōrātor라 하고, 여기서 영어 orator가 나왔다.

수사학은 그리스에서 시작되어, 로마로 전래되었다. 고대의 헬라인과 로마인은 웅변을 매우 중요시했다. 왜 그랬을까?

그림 40: 비잔틴제국의 대학 강의실

고대 그리스와 로마의 국가와 사회는 자유민을 주축으로 하여 운영되었다. 물론, 노예제도가 있었다. 그러나, 헬레니즘이 전파되면서, 노예도 인간 이라는 인식이 확산되었다. 노예도 인간이라면, 하물며 자유민은 더더욱 인간 대접을 받아야 한다.

자유민은 단순히 지배나 통제의 대상이 아니다. 그러므로, 국가와 사회는 자유민에게 아무 이유 없이 명령이나 강제를 해서는 안 된다. 자유민으로 하여금 국가와 사회를 위해 무슨 일을 하게 하려면, 군대나 경찰의 힘으로 강압해서는 안 되고, 그들을 설득해야 한다. 그래서, 그들이 마음이 자발적 으로 움직이도록 해야 한다.

웅변술이란, 말을 사용하여 사람의 마음을 움직이는 기술, 곧, 설득의 기술이다. 국가와 사회의 지도자들이 이 기술을 잘 연마해야, 국가와 사회가 원활히 돌아간다. 그래서, 고대 그리스와 로마에서는 웅변을 중시했고, 웅변가 내지 수사학자들을 우대하였다. 그래야 국가와 사회가 삐걱거리지 않고 잘 운영될 것이기 때문이다.

어거스틴은 수사학을 배우기 위하여 카르타고로 갔다. 그가 훌륭한 수사학자 혹은 웅변가가 되면, 그는 로마제국에서 높은 사회적 지위를 지닌 사람이 될 것이다. 그의 어머니 모니카는 이러한 기대를 하면서 그를 카르타고로 보냈을 것이다.

프랑스 출신의 가톨릭 역사신학자 레옹 크리스티아니(Léon Cristiani, 1879~ 1971)는, 모니카가 어거스틴과 함께 카르타고로 가서, 거기서 함께 생활했을 것이라고 말하지만,[1] 믿기 어렵다.

차리리, 그녀가 어거스틴과 함께 카르타고에 잠시 갔다가, 이내 타가스테의 집으로 돌아갔다는 허버트 부인(Lady Herbert)의 말이 더 신빙성 있게 느껴진다.[2]

카르타고는 타가스테로부터 약 210km 거리에 위치한다. 교통수단이 발달하지 않았던 당시, 모니카가, 남편 파트리키우스가 세상을 떠난 지 얼마 안 된 상황에서, 여자의 몸으로 장거리 여행을 했을 것 같지는 않다. 또, 그녀가 집안의 안팎살림을 다 해야 했던 것도 고려해야 하지 않을까?

어거스틴은 카르타고의 "수사학교에서 일찍부터 좋은 성적을" 거두었다. 그는 소위 '불량학생들'과는 매우 거리가 먼 사람이었다. (*Conf.* III, iii, 6) 이 점에서 그는 어머니의 기대에 부응하는 사람이었다.

어거스틴은 카르타고의 수사학교 학생 시절 만 19세의 나이에 로마의 정치가 겸 철학자 겸 수사학자 내지 웅변가였던 키케로(Cicerō, 106~43 BC)의 책 『호르텐시우스』(*Hortēnsius*)를 읽고, 지혜에 대한 사랑이 불타올라, 철학 공부를 할 결심을 하게 되었다. (*Conf.* III, iv, 7-8)

---

[1] *Saint Monica and Her Son Augustine*, trans. M. Angeline Bouchard (Boston: Pauline Books & Media, 1977), p. 61.

[2] Lady Herbert, *The Life of St. Monica: The Mother of St. Augustine* (London: Catholic Truth Society, 1910), p. 30.

우리는 이것을 "호르텐시우스의 체험"이라 부르지만, 어거스틴이 만 19세의 나이에 어느 누구의 자극이나 격려 없이 단지 책을 읽다가, 지혜를 얻기 위해 철학 공부를 하기로 결심한 것은 대단한 일이 아닐 수 없다. 그가 기독교 역사상 가장 위대한 사상가가 될 싹이 이미 이때 보이고 있었다.

사진 24: 키케로의 조각상

덴마크의 조각가 베르텔 토르발드센(Bertel Thorvaldsen, 1770~1844)이 로마 시대의 것으로부터 복원, 제작

(Copenhagen의 토르발드센 박물관에 소장)

앞에서 말한 대로, 웅변은 설득의 기술이다. 설득이란, 말로써 사람들의 마음을 얻는 것. 그러나, 그것은 단순한 "대중 조작"이 아니다. 변사(辯士)가 말로써 대중을 조작하려는 마음을 가지는 순간, 그는 참된 지혜의 길에서 멀어진다. 그는 지혜보다 세상 허영을 추구하게 된다.

진정한 지혜란 무엇인가? 아니, 진정한 행복이란 무엇인가? 큰 재물을 얻는 것인가? 높은 지위를 얻는 것인가? 엄청난 권세를 얻는 것인가? 사람들로부터 존경과 찬사를 받는 것인가?

살기 좋은 세상은 어떻게 이룰 수 있을까? 경제를 발전시키면? 군사력을 증강시키면? 영토를 확장하면?

우리 모두가 다 같이 함께 잘살 수 있는 세상은 어떻게 만들 수 있는가? 나만 잘살겠다? 이것은 진정한 행복의 길, 진정한 지혜의 길이 아니다. 그렇다면, 진정한 지혜는 어떻게 얻을 수 있는가? 그 길을 알고자 하는가? 철학을 하라!

어거스틴은 카르타고의 수사학교 학생 시절 만 20세 쯤의 나이에 (374년 경) 그리스의 철학자 아리스토텔레스의 『십범주론』을 "혼자 힘으로 읽고 깨칠 수" 있었다. (*Conf.* IV, xvi, 28)

사진 25: 아리스토텔레스의 조각상

뤼십포스(Lysippos, BC 4세기 후반 활약)의 BC 330년 경 작품

(대리석, 로마 시대 모조품)

아리스토텔레스(384~322 BC)는 플라톤(427~347 BC)과 함께 서양철학사의 양대(兩大) 거봉(巨峰)을 이룬다.

요즘에는 경영자들도 아리스토텔레스를 공부한다. 왜인가? 오늘날은 "윤리 경영"이 화두가 된 시대이기 때문이다.

이런 의미에서 미국의 철학자 톰 모리스(Tom Morris, *1952)가 쓴 『아리스토텔레스가 제너럴 모터스를 경영한다면』(*If Aristotle Ran General Motors*) 같은 책을 읽어 볼 만하다.[1]

『십범주론』(十範疇論, *Decem Categoriae*)은 아리스토텔레스의 논리학 저술인 『오르가논』(*Organon*)에 속한 첫 번째 작품이다.

---

[1] 윤희기 님에 의해 번역되어, 2001년 서울 예문 출판사에서 처음 간행됨.

아리스토텔레스에 의하면, 어떤 명제(命題)는 개념(概念)의 집합체인 바, 개념은 열 가지 범주(範疇)로 분류된다. 여기서 열 가지 범주란, 실체(實體)와, 어떤 실체의 아홉 가지 속성(屬性)을 말하는 것이며, 어떤 실체의 아홉 가지 속성은 (1) 양, (2) 질, (3) 관계, (4) 장소, (5) 시간, (6) 위치/자세, (7) 상태, (8) 능동, (9) 수동을 말하는 것이다.

이 책이 상당히 어려운 책임에도 불구, 어거스틴은 선생의 도움 없이 혼자 힘으로 깨칠 수 있었으니, 어거스틴은 우수한 학생이었음이 틀림없다.

어거스틴은 이렇게 학업의 면에서는 어머니의 기대에 부응하는 사람이었으나, 두 가지 점에서 어머니를 실망시켜 드릴 수 있는 일을 행했다. 첫째, 어머니의 허락 없이 동거녀를 취하여, 그 동거녀에게서 아들 아데오다투스(Adeōdatus, 372~?389)를 얻었다. 둘째, 그는 마니교라는 이단에 빠졌다.

그림 41: 커플 아이콘

사춘기의 어거스틴은, 매우 감수성이 풍부한 사람이었다. 그래서인지, 그는 이성과의 사랑에 꽤 일찍 눈을 떴다. 사실, 그는 카르타고에 가자마자, 만 17세의 나이에 동거녀를 취하고, 만 18세의 나이에 그녀에게서 아들 데오다투스를 얻은 것도 이와 연관된다.

요슈타인 가아더
Jostein Gaarder

인 생 은 짧 다
Vita Brevis

1996

요슈타인 가아더(*1952)는 노르웨이의 작가이며, 『소피의 세계』라는 작품으로 잘 알려져 있다.

『인생은 짧다』라는 이 책은 동거녀를 버리고 수도사가 된 어거스틴을 비판한다.

이 책은 이용숙 님에 의해 번역되어, 1998년 현암사에서 간행된 바 있다.

가아더는 위의 책에서 어거스틴의 동거녀 이름을 플로리아(Flōria)라 제시한다. 어거스틴은 자기 동거녀의 이름을 자기 책 어디에서도 전혀 밝히지 않기에, 필자는 가아더의 제안에 따라 그녀를 플로리아라 부르겠다.

여기서 "동거녀"란, 라틴어 concubīna를 번역한 말로, 영어로는 concubine이라 하며, 정식 결혼을 하지 않고 살다가, 남자의 뜻에 따라 언제든지 버릴 수 있는 여자를 말한다.

로마 시대의 동거녀는 보통 하층계급 출신의 여성 내지는 노예 신분의 여성이었다. 로마제국에서는 자유민인 남자가 동거녀를 거느리는 것을 법으로 허용하였다. 이에 대해서는 교회법으로도 제재가 가해지지 않았다.

어거스틴은 그의 플로리아를 카르타고의 교회당에서 만난 것으로 보인다. (*Conf.* III, iii, 5) 그러므로 플로리아는 크리스챤이었을 것이다.

그들은 동거를 시작한 지 얼마 되지 않아 아들 아데오다투스(Adeōdatus)를 낳았는데, 그 뜻은 "하나님이 주신 아들"이다. 부모가 크리스챤이 아니라면, 아들에게 이런 이름을 지어 줄 수가 없다.

그들은 사귀기 시작한 지 얼마 되지 않아, 동거로 들어갔고, 1년 후 아들까지 낳았다. 학생 신분에 동거녀를 취하고, 거기다 애까지? 그러나 당시 풍속으로는 별 문제될 것이 없었다.

모니카가 이 사실을 언제 알았을까? 어거스틴은 어머니 모니카와 친밀한 관계였으므로, 편지로 이 사실을 곧 알렸을 가능성이 높다. 또 카르타고와 타가스테를 오가는 인편으로 이 사실이 자연스럽게 알려졌을 수도 있다. 여하간, 모니카에게 어거스틴과 플로리아의 동거는 달가운 일이 아니었던 것으로 보인다. 이는, 어거스틴이 카르타고에서 학업을 마치고, 타가스테로 돌아갔을 때, 모니카가 어거스틴과 플로리아, 그리고 손자 아데오다투스까지 처음에는 집으로 들어와 함께 사는 것을 허락하지 않았기 때문이다. (*Conf.* III, xi, 19)

카르타고의 학생 시절 어거스틴이 어머니 모니카를 실망시킨 또 하나의 일은, 그가 마니교라는 이단 종교에 빠진 일이었다. 어거스틴 자신의 말에 따르면, 그는 "열아홉부터 스물여덟까지 9년 동안"(*Conf.* IV, i, 1) 마니교 신자로 지냈다.

그림 42: 마니

마니(摩尼 / Mani, 216?~?276)는 메소포타미아의 대도시 크테시폰 (Ktesiphon) 부근에서 태어났고, 주후 240년 경에 마니교를 창설하였다.

어거스틴 같이 천재적인 사람이 어떻게 젊은 시절 이단에 빠질 수가 있었을까? 더군다나 그는, 모태신앙으로 태어난 사람이 아닌가? 정말로 매우 의아한 일이 아닐 수 없다.

그러나 우리는, 어거스틴처럼 위대한 인물도 젊은 시절에는 실패의 길을 걸었다는 사실 때문에 위로를 받을 수 있다.

어거스틴이 항상 "범생"이기만 했다면, 우리는 그에게서 인간적인 매력을 느끼기 어려울 것이다. 왜냐하면, 우리 보통 사람들은 인생을 살면서 참으로 실수와 오류를 많이 저지르고, 심지어는 범죄까지 자행할 때가 있기 때문이다.

모니카를 힘들게 했던 것은, 어거스틴 곁에 있는 플로리아만이 아니었다. 과부의 몸이 되어, 아들이 성공하기만을 바라면서, 오직 하나님이 주시는 신앙의 힘으로 사는 모니카의 입장에서는, 아들이 이단에 빠져 있다는 사실은 견디기 어려운 고통이었을 것으로 생각된다.

눈물의 아들

어거스틴은 흔히 "은혜의 교사"(doctor grātiae)라 불린다. 종교개혁자들은 그를 통해 sōlā grātiā(= "오직 은혜로만")의 원리를 배웠다. 사실, 기독교는 은혜의 종교, 긍휼의 종교다.

은혜란 무엇인가? 그것은, 전혀 갚을 길이 없도록, 사랑이 베풀어짐을 의미하는 것 아닌가? 은혜는 고마워할 줄 모르는 사람에게도 베풀어지는 것. 나의 경쟁자, 나의 적, 나의 원수에게도 베풀어지는 것. 하나님은 사람을 그렇게 만드셨다. 사랑 없이는 살아갈 수 없도록. 예민하지 못한 사람은 사랑을 받으면서도, 은혜를 받으면서도 그것을 잘 느끼지 못한다. 그래도,

그런 사람에게도 사랑은 필요하다. 나는 사랑받을 자격이 없는데, 권리가 없는데, 그런데도 내게 사랑이 주어진다면, 그것은 오직 은혜로 주어지는 것이리라.

상식적으로 죄인은, 사랑받을 자격이 없다. 권리가 없다. 그는, 사랑은 커녕, 징벌을 받아 마땅하다. 그는 사람들의 비난과, 책망과, 혐오와, 기피의 대상이다. 그는 사회로부터 격리돼야 한다. 버림을 받아야 한다. 그러나, 은혜는 죄인까지도 용납한다. 그에게 다시 시작할 수 있는 기회를 준다. 그에게도 미래에 대한 가능성을 열어 준다. 꿈과 희망을 준다. 함께 아름다운 세상을 만들어 가자 제안한다.

이해타산으로만 생각한다면, 갚을 능력이 없는 사람에게 은혜를 베푸는 것은 손해일 수 있다. 무능한 사람, 가진 것 없는 사람, 병에 찌든 사람, 늙어서 살 날이 얼마 남지 않은 사람에게 은혜를 베푸는 것은 어리석은 일처럼 보일 수 있다. 그래도 은혜가 은혜인 것은, 이해타산을 뛰어넘기 때문이다.

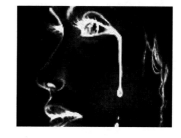

사진 26: 눈물

모든 포유류의 눈엔 눈물샘이 있다. 여기에서 나오는 눈물은 눈의 표면과 각막을 덮어, 이물질과 박테리아 감염으로부터 눈을 보호한다. 사람의 눈물이 다른 포유류의 눈물과 다른 점은? 그의 눈물에는 감정이 섞이는 경우가 많다는 데 있다. 곧, 눈물과 울음이 결합되는 경우가 잦다는 데 있다.

다른 포유류 동물도, 감정이 섞인 눈물을 흘릴 때가 있다. 예를 들어, 도살장에 끌려가는 소가 운다는 이야기, 정든 주인 집을 떠나야 하는 강아지가 눈물을 흘렸다는 이야기를 우리는 종종 듣는다.

어거스틴은 눈물이 많은 사람이었다. 그는 카르타고의 학생 시절, 연극 관람을 좋아했는데, 그는 연극 중에서도 비극을 좋아하였다.

그림 43: 디도

문예부흥시대 이탈리아 화가 도쏘 도씨 (Dosso Dossi, 1490?~1542)의 작품

디도(Dīdō)는, 베르길리우스(Vergilius, 70~21 BC)의 대서사시 『애네이스』 (Aenēis)에 등장하는 카르타고의 비련(悲戀)의 여왕이다. 그녀는 트로이의 영웅 애네아스(Anēās)를 사랑했는데, 애네아스가 자기를 버리고 이탈리아로 떠나자, 스스로 목숨을 끊었다.

어거스틴은 카르타고에서 연극을 좋아하던 시절의 자신의 모습을 이렇게 묘사한다.

하오나, 당시 이 가련한 자는 슬퍼하기를 좋아하여, 슬퍼할 대상을 찾아 헤매었나이다. 배우들이 가상적으로 연출한 고통은 남의 고통 내지는 거짓된 고통이기는 하였사오나, 나는 배우들의 연기를 무척 좋아하였사오며, 그 연기가 나의 눈물을 더 많이 짜내면 짜낼수록, 나는 더욱 더 즐거워하였나이다. (*Conf.* III, ii, 4)

어거스틴은 주후 376년 경, 타가스테의 동향 친구가 세상을 떠났을 때도 크게 슬퍼하여 많은 눈물을 흘렸다.

그때 내 마음은 슬픔으로 인해 그 얼마나 어두워졌는지요? 어디를 둘러 보아도, 보이는 것은 모두 죽음뿐이었나이다.… 오직 눈물만이 달콤하게 느껴졌사오니, 그 친구 대신으로 눈물이 내 영혼의 유일한 낙이 되었나 이다. 주여, 이제 그때 일은 이미 다 지나갔사옵고, 시간이 흐름에 따라 나의 상처도 많이 아물었나이다. 이제 내 마음의 귀를 당신의 입에 가까이 가져가, 불행한 자에게는 왜 눈물이 달콤하게 느껴지는지, 당신이 내게 하시는 말씀을 진리 되신 당신에게서 들을 수 있사오리까? … 하오면, 그때 나에게 닥쳤던, 무엇을 잃어버린 자로서 당하는 고통과 슬픔은 어떠 했나이까? 나는 물론, 저가 되살아나기를 바라지 않았사오며, 그렇게 되기를 눈물로 간구하지도 않았나이다. 나는 그저 슬퍼하며 눈물을 흘릴 따름이었나이다. 이는, 내가 불행하게도 나의 기쁨을 잃어버린 까닭 이라. (*Conf.* IV, iv, 9 - v, 10)

어거스틴은 주후 386년 여름 밀라노에서 회심을 체험할 때도 많은 눈물을 흘렸다.

나는, 나 자신도 모르게, 어떤 무화과나무 아래에 주저앉아, 울음보를 터뜨렸사온데, 내 눈에서는 눈물이 강물처럼 흘러내렸사오니, 당신이 받으실 만한 희생제물이었나이다.… 나는 이렇게 말하면서, 내 심령으로 부터 쓰디쓴 통회의 눈물을 흘리고 있었나이다. (*Conf.* VIII, xii, 28-29)

그는 주후 387년 봄 세례를 받을 때도 기쁨의 눈물을 많이 쏟았다.

그때에 나는 인류 구원을 위한 당신의 구속경륜의 깊이를 묵상하는 기쁨을 맛보았사온데, 그 놀라운 기쁨은 아무리 맛을 보아도 질리지 않았나이다. 당신의 교회에서 아름답게 울려나오는 찬송과 노랫소리를

듣고, 나는 너무나 감격하여, 얼마나 많은 눈물을 흘렸는지요! 그 찬송
소리가 내 귀에 스며들고, 당신의 진리가 내 심령에 배어들 때, 그 속
에서 경건의 염(念)이 솟아올랐고, [눈에서는] 눈물이 쏟아졌사오나. 그
눈물은 기쁨의 눈물이었나이다. (*Conf.* IX, vi, 14)

어거스틴은 주후 391년 초 힙포의 교회에서 그의 뜻에 반(反)하여 목회자로
추대되었을 때도, 목회자가 되기를 정말 사양한다는 뜻으로 눈물을 펑펑
쏟았다. (Possidius, *Vita Augustini* iv, 5)

이렇게 눈물이 많았던 어거스틴. 누굴 닮아서였을까? "눈물의 아들"을 둔
모니카를 닮아서가 아닐까? 어거스틴은 주후 375년 카르타고에서의 학업을
마치고 고향 타가스테로 돌아왔다. 그의 나이 만 21세. 그에게는 동거녀
플로리아와 만 3살 난 아들 아데오다투스가 딸려 있었다.

　모니카에게 손자인 아데오다투스는 그래도 귀엽게 보였을 것이다.
그러나 그녀의 "사실상의"(dē factō) 며느리 플로리아는 달갑지 않았을 것이
다. 본디 시어머니가 며느리를 진심으로 사랑하기는 어렵다. 그런데,
플로리아는 모니카에게 며느리로 인정받을 수 없는 신분이었다. 어거스틴
자신도 플로리아를 정실부인(正室夫人)으로 맞이할 생각이 없었다. 그는
그 시대의 풍속을 따라 그녀를 동거녀로만 대우했을 뿐이다. 모니카로선
플로리아가 어거스틴의 앞길을 가로막는 존재로 생각될 수밖에 없었다.
그렇다고 플로리아 때문에 만 4년만에 고향집에 돌아온 아들 어거스틴을
내칠 수는 없었다.

　모니카가 어거스틴을 내친 결정적 이유는 다른 데 있었다. 그것은,
그가 마니교 신자가 돼서 돌아왔기 때문이었다. 이단에 빠진 아들을 대체
어떻게 해야 한단 말인가? 사랑하는 아들이 문선명에, 정명석에, 안상홍에,
이만희에 빠졌을 때, 우리는 무슨 일을 해야 할까?

그림 44: 마니교 성직자
위구르 지방 고창(高昌)에서 발견된 마니교 경전의 그림

독실한 기독교 신자였던 모니카로서는 어거스틴이 이단이 됐다는 사실은
도저히 납득이, 용납이 되지 않았다. 만 40에 과부가 된 그녀의 유일한
희망이었던 아들 어거스틴. 얘가 어떻게 나를 이렇게 실망시킬 수 있다는
말인가? 그녀는 아들 어거스틴을 과감하게 내쳤다. 이단으로 살려거든,
다신 집에 들어올 생각을 말라 엄포를 놓았다.

어거스틴은 플로리아와 아데오다투스를 데리고 로마니아누스 집으로
갔다.[1] 그의 후원자이기도 했던 로마니아누스는 어거스틴처럼 마니교
신자였다. 아니, 실은 어거스틴이 로마니아누스를 마니교로 끌어들였다.[2]
어거스틴은 타가스테에서 라틴어 문법 및 수사학을 가르치는 교사로 활약
했는데,[3] 이에는 로마니아누스의 도움이 컸을 것이다.

---

[1] *Contra Academicos* II, ii, 3. Cf. McNamara, *Friends and Friendship for Saint Augustine*, p. 100.

[2] *Ibid.* I, i, 3.

[3] *Conf.* IV, iv, 7.

아무리 아들을 집에서 내쳤지만, 어머니의 마음이 편할 리 없었다. 모니카는 이제 하나님께 눈물로 부르짖을 수밖에 없었다.『고백록』을 인용해 보자!

> 하오나, 당신은 높은 곳으로부터 당신의 손을 펴시사, 내 영혼을 이 깊은 어둠 속에서 건져내 주셨사온데, 이는, 당신의 신실한 여종인 내 어머니가 나를 위해 당신께 눈물로 부르짖었음이라. 어머니는, [이 세상의 다른] 어머니들이 저들의 죽은 자식을 위해 통곡하는 것보다, 더 애절하게 나를 위해 통곡하였나이다. 이는, 어머니가 믿음으로 말미암아, 또, 당신께서 주신 성령으로 말미암아, 내 죽음을 보고 있었음이라. 주여, 당신은 어머니의 기도를 들어주셨나이다. 당신은 어머니의 기도를 들어주셨사오며, 그 눈물을 멸시치 않으셨사오니, 어머니가 어디서 기도하든지, 그 눈에서 눈물이 샘솟듯 흘러나와, 그 밑의 땅을 적실 때, 그러하셨나이다. 당신은 어머니의 기도를 들어주셨나이다. (III, xi, 19)

어거스틴은 이 글을 쓰면서 아마도 사르밧(= 사렙다)의 과부와 나인 성의 과부를 염두에 두었을 것이다.

> 우리가 아는 대로, 이스라엘의 아합 왕(재위 874/3~853 BC) 때에 3년 6개월 동안 기근이 있었다.[1] 이때 엘리야 선지자는 "요단 앞 그릿 시냇가에서" (왕상 17:5-7) 잠시 머물다가, 시돈에 속한 사르밧으로 가, 그곳의 한 과부에게 공궤를 받았다. 그녀가 가진 양식이라고는 "다만 통에 가루 한 움큼과 병에 기름 조금뿐"(왕상 17:12)이었다. 그러나, "여호와가 비를 지면에 내리는 날까지, 그 통의 가루는 다하지 아니하고, 그 병의 기름은 없어지지 아니"(왕상 17:14)하였다.

> 그런데, 그 과부의 독자인 아들이 병들어, 숨이 끊어졌다. (왕상 17:17) 그녀는 죄책감과 아들을 잃은 슬픔에 오열하며 엘리야에게 말했다.

> 하나님의 사람이여! 당신이 나로 더불어 무슨 상관이 있기로, 내 죄를 생각나게 하고, 또 내 아들을 죽게 하려고 내게 오셨나이까? (왕상 17:18)

---

[1] 왕상 17:1-18:46, 눅 4:25, 약 5:17.

하나밖에 없는 아들을 잃은 과부의 입장에서는 "하나님의 사람"에게라도 원망의 말을 쏟아 놓고 싶었을 것이다. 하나님도 무심하다고 불평할 수밖에 없는, 통절한 상황.

그녀의 아픔이 선지자 엘리야의 마음에 절절히 전해져 왔다. 엘리야는 그 아들을 "안고, 자기의 거처하는 다락에 올라가서, 자기 침상에 뉘이고, 여호와께 부르짖"었다. (왕상 17:19-20)

나의 하나님 여호와여! 주께서 또 내가 우거하는 집 과부에게 재앙을 내리사, 그 아들로 죽게 하셨나이까?

나의 하나님 여호와여! 원컨대, 이 아이의 혼으로 그 몸에 돌아오게 하옵소서! (왕상 17:21)

하나님은 그의 기도를 들어 주셨다. 사르밧 과부의 아들은 소생하였고, 그녀는 하나님께 영광을 돌렸다. (왕상 17:22-24)

그림 45: 사르밧 과부의 아들 소생

Julius Schnorr von Carolsfeld(1794~1872)의 1860년 경 작품

히브리서 기자는 "[믿음으로] 여자들은 자기의 죽은 자를 부활로 받기도 하며, …"(히 11:35)라는 말을 했는데, 이것은 사르밧의 과부를 염두에 두고서 한 말이 틀림없다.

나인 성의 과부도 하나밖에 없는 아들, 독자를 잃었다. 눅 7:11-16을 인용해 보자!

11 그 후에 예수께서 나인이란 성으로 가실새, 제자와 허다한 무리가 동행하더니, 12 성문에 가까이 오실 때에, 사람들이 한 죽은 자를 메고 나오니, 이는, 그 어미의 독자요, 어미는 과부라. 그 성의 많은 사람도 그와 함께 나오거늘, 13 주께서 과부를 보시고, 불쌍히 여기사, 울지 말라 하시고, 14 가까이 오사, 그 관에 손을 대시니, 멘 자들이 서는지라. 예수께서 가라사대, 청년아! 내가 네게 말하노니, 일어나라! 하시매, 15 죽었던 자가 일어앉고, 말도 하거늘, 예수께서 그를 어미에게 주신대, 16 모든 사람이 두려워하며, 하나님께 영광을 돌려 가로되, 큰 선지자가 우리 가운데 일어나셨다 하고, 또 하나님께서 자기 백성을 돌아보셨다 하더라.

그림 46: 나인 성 과부의 아들 소생

Julius Schnorr von Carolsfeld(1794~1872)의 1860년 경 작품

그런데, 사르밧 과부의 아들의 죽음과 나인 성 과부의 아들의 죽음은 육신의 죽음이었다. 이단에 빠진 어거스틴은 비록 육신으로는 죽지 않았다. 하지만, 영적으로는 죽은 것이나 진배없었다. 그러므로 모니카는 사르밧 과부나, 나인 성 과부보다 "더 애절하게 통곡"하였다. "눈물로 부르짖었다". 그녀가 "어디서 기도하든지, 그 눈에서 눈물이 샘솟듯 흘러나와, 그 밑의 땅을" 적셨다.

이때 하나님이 그녀에게 위로해 주셨다. 꿈을 통해서 말이다.『고백록』을 읽어 보자!

그렇지 않고서야, 당신이 어머니를 위로해 주신 그 꿈이 어디로 좇아 왔겠나이까? 이는, 그 꿈을 꾼 다음에야 비로소, 어머니가 나와 한 집에서 함께 살고, 나와 한 상에서 같이 식사를 하였음이라. 이전에 어머니는 그렇게 하지 않았사오니, 내가 하나님을 모욕하는 이단의 오류에 빠진 것을 어머니가 싫어하고 혐오하였기 때문이라.

[꿈 속에서] 어머니는, 자신이 나무로 된 자 위에 서 있는 것을 보았나이다. 그때 어머니는 근심과 슬픔에 싸여 괴로워하고 있었사온데, 빛나는 옷 입은 청년 하나가 즐거운 낯으로 웃으며 어머니에게 다가와서는, 어머니가 왜 슬퍼하는지, 왜 날마다 눈물을 흘리는지를 물었나이다. 하오나, 그 물음은 무엇을 알기 위한 물음이라기보다는, 어머니에게 깨달음을 주어, 위로하기 위한 물음이었나이다. 그 물음에 어머니는, [자식인] 나의 타락 때문에 자기가 괴로워하는 것이라고 대답하자, 그 청년은 어머니 보고 안심하라고 하면서, 좀 더 자세히 살펴보면, 어머니가 있는 곳에 나도 있다는 사실을 발견하게 될 것이라 권면하였나이다. 이에 어머니가 정신을 차리고 자세히 살펴보니, 내가 같은 자 위에 자기와 나란히 서 있는 것을 발견할 수 있었나이다.

이것이 어머니의 마음에 당신의 귀를 기울이심이 아니고 무엇이나이까? 오, 선하신 전능자시여! 당신은 우리 한 사람 한 사람을 돌보아 주시되, 마치 이 세상에 당신의 돌보심을 받는 사람이 단 한 사람뿐인 양, 집중적으로 돌보아 주시며, 그와 동시에 모든 사람을 다 돌보아 주시오니, 모든 사람이 마치 한 사람밖에 안되는 것처럼, 능력 있게 돌보아 주시나이다. (III, xi, 19)

여기서 보는 대로, 모니카는 이단의 오류에 빠진 아들 어거스틴과 "한 집에서 함께 살고, … 한 상에서 같이 식사를" 하는 것까지 싫어하였다. 그만큼 그녀에게 이단은 혐오스러운 것이었다.

그러나, 그와 같은 그녀의 태도를 180도 바꾸게 한 것. 그것은, 그녀가 아들 어거스틴에 관해 꾼 꿈 때문이었다. 그녀는 꿈속에서, "자신이 나무로 된 자 위에 서 있는 것을" 보았고, "빛나는 옷 입은 청년 하나가 즐거운 낯으로 웃으며" 자기에게 다가오는 것을 보았다. "빛나는 옷 입은 청년"은 천사로 추정된다.

예수님의 부활 때도, 예수님의 무덤을 찾아간 막달라 마리아 등 여성도들에게 천사가 흰 옷 입은 청년의 모습으로 나타난 일이 있다. (막 16:1-8)

그 청년이 모니카에게 가르쳐 준 사실은, 모니카가 서 있는 그 자 위에, 아들 어거스틴도 함께 서 있다는 사실이었다. 모니카가 자세히 보니, 정말로 어거스틴이, 자기가 서 있는 그 자 위에 서 있는 것이었다.

모니카는 이 꿈 이야기를 어거스틴에 하였다. 그에 대해서는 『고백록』을 다시 보자!

어머니는 꿈에 본 것을 내게 이야기하였나이다. 그때 나는 그것을 어머니와 전혀 다른 방식으로 해석하여, 어머니가 나처럼 될 때가 장차 있을 것이니, 실망치 말라는 뜻이라고 하였나이다. 그리하였더니, 어머니는 전혀 서슴지 않고 대뜸 이렇게 말하였나이다.

아니니라. 내가 들은 말은, '저가 있는 곳에, 너도 있으리라'가 아니고, '네가 있는 곳에, 저도 있으리라'는 것이었느니라.

주여, 전에도 여러 번 아뢰었음 같이, 내 기억력이 허락하는 범위 내에서, 내가 기억하는 바를 당신께 아뢰나이다. 그 당시 나는 그 꿈 자체보다 꿈에서 깨어난 어머니를 통해 주신 당신의 대답에 더 큰 감동을 받았나이다. 어머니는 나의 분명히 잘못된 해몽(解夢)에 당황하지 않았사오니, 이는, 그 꿈이 무엇을 의미하는지 일찍부터 알고 있었음이라. 하오나, 나는 그것을, 어머니가 말해 주기 전에는, 전혀 알지 못했었사온데, 당시 그 꿈은 경건한 당신의 여종인 어머니의 현재의 근심을 위로하기 위해, 아주 먼 장래에 있을 기쁨을 미리부터 알려 주는 것이었나이다. (III, xi, 20)

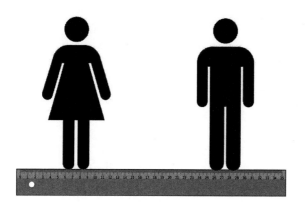

그림 47: 자 위에 서 있는 두 사람

여기서 "자"는 무엇을 상징하는가? 자를 영어로 ruler라 하고, 어거스틴이 사용한 라틴어로는 rēgula라 한다. 어거스틴은 여기서 rēgula라는 말을 "신앙의 규준"(rēgula fideī)이라는 의미로 사용했다.[1]

---

[1] "신앙의 규준"(rēgula fideī)의 자세한 의미에 대해서는 졸저,『고대 교리사』 (서울: 보라상사, 2003), pp. 61-80 참조.

기독교의 역사는 이단의 역사와 나란히 갔다. 이는, 기독교가 전파되는 곳에는, 이단도 함께 발호했기 때문이다. 이단은 많은 신자들을 미혹한다. 이단은 위장술이 뛰어나기 때문에, 식별이 용이하지 않다. 그래서, 교회는 옛부터 "신앙의 규준"이라는 것을 만들었다. 이것을 일종의 자 혹은 척도의 역할을 한다. 이것을 준거(準據)로 하여, 이단과 정통을 구별한다. "신앙의 규준"이면서 암송하기 쉽게 되어 있는 것을 우리는 "신경"(信經)이라 한다. 「사도신경」과 「니케아·콘스탄티노플 신경」이 가장 대표적인 예다.

APOSTOLICUM (사도신경)

Credo in Deum,
Patrem omnipotentem,
Creatorem caeli et terrae.
Et in Iesum Christum,
Filium eius unicum, Dominum nostrum:
qui conceptus est de Spiritu Sancto,
natus ex Maria Virgine,
passus sub Pontio Pilato,
crucifixus, mortuus, et sepultus,
descendit ad inferos:
tertia die resurrexit a mortuis;
ascendit ad caelos;
sedet ad dexteram Dei Patris omnipotentis:
inde venturus est
iudicare vivos et mortuos.
Credo in Spiritum Sanctum,
sanctam Ecclesiam catholicam,
Sanctorum communionem,
remissionem peccatorum,
carnis resurrectionem,
vitam aeternam.
Amen.

카르타고에서 학업을 마치고 고향에 돌아온 어거스틴은 "신앙의 규준"을 인정하지 않는 이단자였다. 그래서, 모니카에게 커다란 근심과 시름을 안겨 주었다. 그러나 주님은 꿈을 통해 그녀에게 위로와 희망을 주셨다.

물론, 그녀의 희망이 이루어지기까지는 아직 많은 세월이 남았다. 그래서 그녀는 주님께 계속 눈물의 기도를 드렸던 것이다.『고백록』을 또 읽어 보자!

> 이는, 내가 거의 아홉 해 동안이나 [마니교의] 저 "깊은 수렁"(시 69:2)과 거짓의 암흑 속에서 뒹굴었음이라. 나는 거기에서 일어서려고 여러 번 애를 썼사오나, 그럴수록 더 깊이 그 속으로 빠져들어 갔나이다. 하오나, 정숙하고, 경건하고, 사려 깊은 저 과부는 – 당신은 이런 이들을 사랑하시 온데, – 꿋꿋하게 희망을 잃지 않았나이다. 그렇지만, 어머니는 당신께 기도 드릴 때마다, 끊임없는 눈물과 한숨 가운데서 애통해 하며 간구하기를 쉬지 않았나이다. 이런 어머니의 기도가 당신께 비록 상달은 되었사오나, (시 88:2 참조) 당신은 그럼에도 나를 그 어둠 속에서 뒹굴며 살도록 그냥 내버려두셨나이다. (III, xi, 20)

주님께 날마다 아들을 위하여 눈물의 기도를 드리던 모니카에게 주님은 결정적 위로를 주셨다. 그 위로는 어느 교회 (타가스테 교회?) 감독의 입을 통해 왔다. 그는 하나님 "말씀에 능통"한 사람이었고, "어린 소년 시절 이 단에 빠진 자기 어머니 때문에 마니교 신자들과 어울려 지내며, 마니교의 책이란 책은 거의 다 읽고, 그 책들을 필사(筆寫)까지 하였으나, 마니교는 사교(邪敎)이므로 버려야겠다는 생각을 스스로 하게" 되었던 사람이었다. 그 감독에 대한 어거스틴의 말을 직접 들어 보자!

> 당신이 [어머니께] 주신 다른 응답은 당신의 제사장인 어느 감독을 통하여 주신 것이온데, 저는 교회에서 성장하였사오며, 당신의 말씀에 능통하였나 이다. 저에게 어머니가, 나와 함께 대화를 좀 나누어, 나의 오류를 논박해 주고, 나의 나쁜 점은 고쳐 주고, 좋은 것은 가르쳐 달라고 요청하였나이다.

사실, 그 감독은 받아들일 태세가 돼 있는 사람에게는 그런 권면을 종종 했던 사람이었나이다. 하오나, 그 감독은 어머니의 그러한 요청을 거절 하였사오니, 나중 생각해 보면, 저의 그러한 거절은 매우 현명한 처사였나 이다. 이는, 저가 대답하기를, 어머니가 자기에게 귀띔해 준 대로, 나는 저 새로운 이단의 가르침에 마음이 잔뜩 현혹돼 있을 뿐 아니라, 몇 가지 하찮은 질문을 가지고 벌써 많은 무지한 사람들의 마음을 들뜨게 만들어 놓은 사람인 만큼, 아직은 가르쳐 보아도 별 도움이 되지 않을 것이라고 하였음 이라. 그 감독은 이렇게 말했다 하나이다.

그러니, 저를 그냥 내버려 두라! 오직, 저를 위해 주께 기도하라! 저는 책을 공부하다가 스스로, 자기가 어떠한 잘못에 빠져 있는지, 자기의 죄악됨이 얼마나 큰지를 깨닫게 되리라.

그 감독은 그와 동시에 자기도 어린 소년 시절 이단에 빠진 자기 어머니 때문에 마니교 신자들과 어울려 지내며, 마니교의 책이란 책은 거의 다 읽고, 그 책들을 필사(筆寫)까지 하였으나, 마니교는 사교(邪敎)이므로 버려야겠다는 생각을 스스로 하게 되었다는 것, 그때 자기에게 마니교의 오류에 대해 지적해 주거나 가르쳐 주는 사람이 전혀 없었음에도, 마니교를 결국 버릴 수 있었다는 것을 이야기해 주었다 하나이다. 이런 이야기를 저가 해 주었어도, 어머니는 안심하지 못하고, 눈물을 펑펑 쏟으며, 나를 한번 만나, 이야기를 좀 해 달라고 계속 간청하자, 저는 귀찮아 짜증을 내면서, 이렇게 말했다 하나이다.

이제 그만 가라! 너의 삶을 두고 이르노니, 눈물의 아들은 결코 망하지 않느니라.

그후 어머니는 나와 이야기하는 중에, 그때 그 일을 이따금 회상하면서, 저의 이 말을 마치 하늘에서 내려온 음성인 양, 받아들였다고 하였나이다.

(*Conf.* III, xii, 21)

그 감독은, 어거스틴과 같은 지성인은 스스로 확신에 도달해야지, 다른 사람의 설득만으로는 바른 신앙에 돌아올 수 없다는 것, 그러나, 어거 스틴 같은 인물은 반드시 마니교의 오류를 자기 힘으로 깨닫고, 바른 신앙으로 바드시 돌아올 것임을 모니카에게 누차 말하였다. 하지만, 모니카가 자기 말을 듣지 않고, 어거스틴을 만나 이야기를 좀 달라고 계속 간청하자, "눈물의 아들은 결코 망하지 않는다"는 유명한 말을 한 것이다.

눈물의 아들은 결코 망하지 않는다

이 문장의 라틴어 원문과 영어 번역은 다음과 같다.

Fierī nōn potest, ut fīlius istārum lacrimārum pereat.
It is not possible that the son of these tears should perish.

우리말로 직역하면 다음과 같다.

이처럼 [엄청난] 눈물의 아들이 망한다는 것은 불가능하다.

그림 48:「진주 같은 눈물」(Pearl of Grief)

미국 화가 렘브란트 필(Rembrandt Peale, 1778~1860)의 1849년 작품

그림 49: 만남

독일 화가 루드비히 리히터(Ludwig Richter, 1803~84)의
1866년 작품

모니카를 떠나는 어거스틴

"품안의 자식"이라는 말이 있다. 자녀는 어린 시절 엄마의 품에서 자라지만, 장성하면 제 갈 길을 간다. 어거스틴도 언제까지나 고향 타가스테에서 어머니 모니카 곁에 머무르지 않았다. 어거스틴이 카르타고의 수사학교에서 공부를 다 마치고 귀향하여, 고향에서 수사학 교사 내지 문법교사 생활을 시작했던 것은 그의 나이 만 21세 되던 주후 375년이었다. 그러나 그는 1년 후인 주후 376년 고향을 다시 떠나 북아프리카의 수도 카르타고로 갔다. 이는, 카르타고에서 수사학 교사, 그것도 공립학교의 수사학 교사로 일할 기회가 생겼기 때문이다.[1]

카르타고는 대도시, 북아프리카 제일의 도시였다. 어거스틴처럼 야망을 가진, 유능한 젊은이라면, 타가스테 같이 궁벽한 소도시에서 평생 썩고 싶지 않을 것이다. 더구나 어거스틴은 당시 마니교 신자였다. 어머니 모니카가 그를 여전히 아들로 인정해 주기로 했지만, 그래도 그의 마음은 편치 않았을 것이다. 어거스틴의 동거녀 플로리아에게도 카르타고가 더 좋았을 것이다. 여성은 남성보다 더 도시지향적이다. 농촌보다는 도시, 소도시보다는 대도시를 선호하는 경향이 있다. 게다가 플로리아의 대도시 카르타고에서 어거스틴을 만났다. 아마도 그녀의 고향은 카르타고 내지는 그 부근이었을 것이다. 그녀도 당연히 카르타고로 가는 것을 찬성했을 것 같다.

어거스틴은 카르타고에서 주후 383년까지 만 7년 간 수사학 교사로 일했다. 주후 383년. 그가 만 29세 되던 해다. 그때까지 그는 여전히 최소한 겉으로나마 마니교 신자였다. 그래서, 그는 계속 어머니 모니카에게 큰 근심을 안겨 주는 자였다.

---

[1] *Conf.* VI, vii, 11.

어거스틴이 카르타고에서 수사학 교사로 일하던 7년 동안, 그의 어머니 모니카는 주로 고향 타가스테에서 지냈을 것 같다. 어거스틴은 어머니 모니카와 인편을 통해 편지 교환을 했을 것으로 생각된다.

어거스틴이 카르타고를 떠나 로마로 향한 것은 주후 383년 여름이었을 것이다. 모니카가 로마로 가려는 어거스틴의 계획을 어떻게 알았는지에 대해서, 어거스틴은 아무 기록을 남기지 않았다. 그러나 모니카의 전기를 쓴 루이 부고(Louis Bougaud, 1824~88)의 말처럼,[1] 어거스틴의 편지를 통해 알았을 가능성이 높다.

어떤 경로를 통해서 알았건, 아들 어거스틴이 카르타고를 떠나 로마로 가려고 한다는 사실을 알게 된 모니카는 어거스틴의 여행 계획을 간곡히 만류하였다. 그녀가 타가스테에서 카르타고에 온 것이 만약 어거스틴의 여행 계획을 안 이후였다면, 그녀는 아마 급히 왔을 것이다. 그가 로마로 떠나기 전에, 자기가 카르타고에 도착해야 했을 테니까.

어거스틴이 타가스테를 떠나, 카르타고에서 생활하는 것도 모니카 로서는 마음에 드는 일이 아니었다. 남편 파트리키우스를 먼저 하늘나라로 떠나 보낸 모니카로서는 아마도 장남이었을 어거스틴과 고향 집에서 함께 살고 싶었을 것이다. 어거스틴이 카르타고에서 생활하는 것은 그래도 견딜 만하였다. 왜냐하면, 카르타고는 타가스테와 마찬가지로 같은 북아프리카에 있는 도시니까. 거리는 약 210km로, 좀 멀기는 하였으나, 마차만 구한다면, 하루만에도 도달할 수 있었다. 하지만, 로마는 사정이 달랐다. 로마는 북아프리카가 아니다. 이탈리아에 있다. 이탈리아 중에서도 북아프리카와 한참 떨어진 이탈리아 중부에 있다. 그것도 지중해라는 큰 바다를 건너야 도달할 수 있는 곳이다.

---

[1] L. Bougaud, *History of St. Monica*, p. 136.

그림 50: 카르타고의 유적

모니카는, 자기가 환갑을 넘기지 못하고 세상을 떠나리라는 것을 미리 알지는 못했다 하더라도, 자기가 장수하리라 기대는 하지 않았을 것 같다. 남편은 이미 12년 전 (주후 371년) 세상을 떠났다. 오랫 동안 홀어미로 살면서 많이 외로웠을 것이다. 물론, 믿음으로 이긴다고는 하나, 자녀 및 손주가 주는 위로도 결코 무시할 수는 없었다.

　아무리 성녀(聖女)라 해도, 기족 관계를 <완전히> 무시해야 한다고 주장 한다면, 그것은 비인간적인 주장이 아닐 수 없다.

모니카는, 어거스틴의 마음이 마니교에서 떠났다는 것을 알고는 어느 정도 안도했을 것이다. 그러나, 어거스틴이 아직 기독교 신앙을 받아들인 것은 아니기에, 애통하는 마음은 여전히 계속되었다.

모니카는, 자기가 세상을 떠나기 전에, 아들이 주님을 영접하는 모습을 보고 싶었다. 그래서 그녀는 날마다 주님께 눈물로 호소하였다. 어거스틴의 글을 읽어 보자!

어머니는 날마다 나를 위해 당신의 존안(尊顔) 앞에 엎드려, 눈물로 땅을 적시지 않았더이까? (*Conf.* V, viii, 15)

어거스틴을 만약 그냥 보내 버리면, 나의 나이와 건강으로 보아 다시는 못 보게 될지도 모른다. 그리고 그보다 더 중요한 것은, 그를 주님의 품에 돌아오게 하지 못하고 내가 죽게 될지도 모른다. 아마도 모니카는 그런 생각을 했을 것이다.

어거스틴은 어머니의 뜻을 따를 수 없었다. 제국의 중앙 무대로 진출하여, 수사학자로서의 명성을 날리고 싶은데, 어머니의 만류 때문에, 그런 희망을 접을 수 없었다. 그래서 그는 어머니를 속이고 카르타고를 떠났다. 어거스틴의 말을 직접 들어 보자!

하온데, 어머니는, 내가 떠난다 해서, 애처롭게 울면서, 바닷가까지 따라 나왔나이다. 어머니는 한사코 나를 붙들면서, 나보고 집으로 돌아가든지, 아니면, 자기가 나를 따라가겠다고 하였사오나, 나는 그 어머니를 속여, 친구가 하나 있는데, 그 친구가 순풍을 만나 출항할 때까지, 그 친구를 떠날 수가 없다고 하였나이다. 어머니, 그런 어머니를 속이고, 나는 빠져 나왔나이다. 이것도, 당신이 긍휼로 나를 용서하신 까닭이오니, 저주 받아 마땅할 만큼 더러움으로 가득한 나를 [흉용한] 바닷물에서 건지시사, 당신의 은총의 물, 곧, 세례에까지 이르게 하셨음이라. 내가 이 물에 씻김을 받자마자, 내 어머니의 눈물의 강이 마르게 되었나이다. 어머니는 날마다 나를 위해 당신의 존안(尊顔) 앞에 엎드려, 눈물로 땅을 적시지 않았더이까?

하온데 어머니는, 나와 함께가 아니라면, 집으로 돌아가지 않으려고 하였나이다. 그리하여, 나는 겨우 어머니를 설득하여, 그날 밤 퀴프리안 기념예배당에 머무르게 하였나이다. 그날 밤 나는 몰래 떠났사온데, 어머니는 그곳에 남아, 눈물을 흘리며 기도하고 있었나이다. (*Conf.* V, viii, 15)

그림 51: 교회당

여기서 보는 대로, 모니카의 요구는, 자기를 로마로 함께 데리고 가든지, 아니면, 북아프리카에 계속 머물든지 하라는 것이었다. 애처롭게 울면서 호소하는 어머니의 요구를 마냥 거절할 수만은 없어 어거스틴은 어머니를 속였다. 내가 오늘 당장에 떠나겠다는 것이 아니고, 오늘은 카르타고를 떠나는 친구를 전송만 하겠다고 말이다. 어머니는 잘 속아 주지 않았지만, 밤이 되어, 계속 부둣가에만 있을 수가 없어, 어머니로 하여금 부둣가에서 가까운 교회당에 머무르게 하고, 자기는 친구에게 가는 척 하면서 사실은, 출항하는 배를 타고 말았다.

모니카가 퀴프리안 기념예배당에서 머무르고 있는 사이, 어거스틴이 탄 배는 밤중에 출항하였다. 어거스틴은 모니카를 완전히 속이고 카르타고를 떠난 것이다.

모니카는 엄청난 배신감을 느꼈을 것이다. 그러나 자식 이기는 부모는 없다. 그래도 사랑할 수밖에 없고, 그래도 위해서 기도할 수밖에 없다.

그러면 여기서 어거스틴의 말을 인용해 보겠다.

> 하온데, 나의 하나님, 어머니가 그렇게 눈물을 흘리며 간구한 것은 무엇
> 이니이까? 당신이 나의 출항을 허락지 마시라는 것 아니었나이까? 하오나,
> 당신의 섭리는 오묘하여서, 어머니의 마음 속 깊은 곳의 [진정한] 소원을
> 들어 주시고자, 어머니가 그때 구한 것은 허락하지 않으셨사오니, 이는,
> 어머니가 [그전에] 항상 소원했던 대로, 나를 만들어 주시려는 당신의 뜻이
> 계셨음이라.
>
> 바람이 불고, 우리의 돛이 부풀자, 해안이 우리의 시야에서 사라져 갔사
> 온데, 이른 아침 어머니는 미친 듯 애통해 하며, 비탄과 한숨으로 당신의
> 귀를 메웠사오나, 당신은 모른 체하셨사오니, 이는, [첫째,] 나의 정욕으로
> 나를 붙들어 가게 하사, 정욕 자체를 없애시고, [둘째,] 어머니의 육신적
> 욕심에는 슬픔이라는 온당한 채찍으로 징벌을 가하고자 하셨음이라.
> 어머니는 다른 어머니들 처럼, 아니 그들보다 훨씬 더 [아들인] 나와 함께
> 사는 것을 좋아했사오나, 내가 [어머니 곁을] 떠나간 후에, 당신이 어머니께
> 어떠한 즐거움을 마련해 주실지는 모르고 있었나이다. 어머니는 그것을
> 몰랐던 까닭에, 슬피 통곡하였사온데, 이러한 통곡을 통해 어머니는 자기
> 속에 하와로부터 물려받은 유산이 있는 것을 드러냈사오니, 자신이 고통
> 속에서 낳은 자식을 고통 속에서 찾고 있었나이다. 하오나, 어머니는 나의
> 거짓말과 나의 매정함을 한탄한 연후에, 다시 돌이켜서 당신께 나를
> 위한 간구를 드리면서, 평상시 하는 일로 돌아갔고, 나는 로마로 갔나이다.
> (Conf. V, viii, 15)

앞에서 말한 대로, 어거스틴이 탄 배는 밤중에 이미 항구를 출발하였다.
모니카가 눈치챘을 때는 벌써 늦었다. 모니카는 "비탄과 한숨으로" 하나
님께 부르짖었으나, 하나님은 모른 체하셨다고 했다.

그 이유는, 어거스틴이 북아프리카를 떠나 이탈리아로 가는 것이 어거
스틴을 위해서나, 모니카를 위해서나 좋은 일이었기 때문이라는 것이다.
이는, 어거스틴이 회심을 체험하고 주님을 영접할 곳이 하나님의 뜻에
의해 이탈리아로 정해져 있었던 까닭이다.

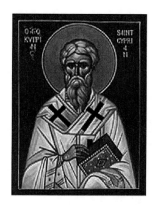

그림 52: 교부 퀴프리안

교부 퀴프리안(Cyprian, 190/210~258)은 북아프리카의 중요한 교부였다.[1] 그는 주후 248년부터 258년까지 10년 동안 카르타고 교회의 감독이었고, 주후 258년에 발레리안 황제의 박해[2]로 순교하였다.

그림 53: 로마 시대의 선박

---

[1] 퀴프리안의 생애와 사상에 대하여는 졸저, 『교부 열전』 상권 (서울: CLC, 2010), pp. 384-393 참조.

[2] 졸저, 『그림으로 본 10대 박해』 (서울: CLC, 2010), pp. 131-144 참조.

아들을 위해 기도하는 모니카

모니카의 이야기에서 우리에게 가장 감동을 주는 내용은, 주님을 떠나 타락한 아들을 위해 끊임없이 눈물로 기도하는 어머니의 모습이다. 그녀의 눈물의 기도는 주님께 상달되었다. 그러나 하루 아침에 된 것이 아니다. 오랜 세월이 걸렸다.

> 어거스틴이 마니교에 빠진 때로부터만 계산해도, 무려 만 13년이 걸렸다. 이는, 어거스틴이 마니교 신자가 된 것이 그의 나이 만 19세 때의 일이었고, 그가 회심을 체험한 것이 만 32세 때의 일이었기 때문이다.

> 모니카는 어거스틴의 회심 후 만 1년 후에 세상을 떠난다. 그녀는, 아들이 주님의 품에 안기는 것을 보고는, 얼마 되지 않아 하늘나라로 간 것이다.

어거스틴이 로마로 가기 위해 배를 타고 카르타고를 떠나던 날 밤도, 모니카는 귀프리안 기념예배당에 아들을 위해 눈물을 뿌리며 기도하였다. 아들이 자기를 버리고 달아난 것을 안 다음에도 그녀는 "미친 듯 애통해 하며, 비탄과 한숨으로" 주님의 귀를 메웠다.

> 그녀는 어쩔 수 없이 고향 타가스테로 돌아갔다. 그러나 그녀는 멀리 가 버린 아들을 위하여 계속 기도하였다. 어거스틴은 로마에 도착하자마자, 열병에 걸려, 얼마 동안 심한 병치레를 하였지만, 모니카는 그때도 아들을 위해 기도하였다. 물론, 아들이 열병에 걸린 사실 자체는 몰랐겠으나, 아들의 안위를 걱정하면서 주님께 기도하였을 것이다. 어거스틴은, 자기가 병에서 나은 것이 어머니의 기도의 덕임을 고백한다.

> 내 열병은 점차 심해지기만 하여, 나는 거의 죽게, 망하게 되었나이다. 만 일 내가 그때 이승을 떠났다면, 당신의 어김없는 진리의 말씀에 따라 내 [그릇된] 소행에 합당한 벌을 받기 위해, "[영영한] 불에"(마 25:41) 들어가는 길밖에 없지 않았나이까? 이런 줄을 어머니는 알지 못했사오나, 그럼에도,

그림 54:「기도」

오스트리아 화가
Eduard Veith(1858~1925)의 작품

멀리서 나를 위해 [계속] 기도하고 있었나이다. 하오나, 당신은 어디에나 계시오니, 어머니가 있는 그곳에도 계셔서, 어머니의 기도를 들어주셨사오며, 내가 있는 곳에서는, 나를 불쌍히 여기시사, 내 육신의 건강을 회복시키셨사온데, 당신을 거역하는 내 심령은 여전히 병들어 있었나이다. (*Conf.* V, ix, 16)

그러나 어거스틴은, 어머니 모니카의 기도의 주된 목적이 자신의 육신의 건강에 있지 않음을 잘 알고 있었다. 육신의 건강이란, 진정 행복한 삶을 위한 필요조건이지, 충분조건은 아니다. 우리에게 진정 행복한 삶을 보장하는 필요하고도 충분한 조건은 주님과 함께 하는 것이다. 어거스틴이 아직 주님을 영접하고 있지 않는 한, 모니카의 기도는 아직 그 참된 목표 지점에 도달하지 못한 것이다. 그러므로 모니카는 아들의 영적 건강에 주안점을 두고 기도해야만 하였다.

어떤 모성(母性)이든, 모성이 되기 위해서는 산통(産痛) 혹은 산고(産苦)를 겪어야 한다. 모성애가 부성애보다 더 강한 데는 아마 산통의 역할도 클 것이다.

모니카도 어머니가 되기 위하여 산통을 겪었다. 그러므로, 아들 어거스틴이 눈앞에 없을 때도, 마치 눈앞에 있는 것처럼 아들을 생각할 수 있었다. 어미로서는 아들의 육신적 건강을 위해 기도하지 않을 수 없다. 그러나 모니카는 아들의 육신적 건강만을 위해 기도하는, 아들의 세상적 성공만을 위해 기도하는, 그런 저차원적(低次元的) 어머니가 아니었다. 그랬다면, 어거스틴과 같은 위대한 인물의 어머니가 되지 못했을 것이다.

지금 그녀의 아들은 영적으로 병들어 있었다. 아니, 멸망의 길을 걷고 있었다. 그대로 두면 망할 수밖에 없었다. 이런 상황에서 모니카는 어떤 기도를 드려야 했을까? 그녀의 기도는 아들의 거듭남을 위한 기도가 될 수밖에 없었다.

> 3 예수께서 대답하여 가라사대 진실로 진실로 네게 이르노니 사람이 거듭나지 아니하면 하나님 나라를 볼 수 없느니라 4 니고데모가 가로되 사람이 늙으면 어떻게 날 수 있삽나이까 두 번째 모태에 들어갔다가 날 수 있삽나이까 5 예수께서 대답하시되 진실로 진실로 네게 이르노니 사람이 물과 성령으로 나지 아니하면 하나님 나라에 들어갈 수 없느니라 6 육으로 난 것은 육이요 성령으로 난 것은 영이니 7 내가 네게 거듭나야 하겠다 하는 말을 기이히 여기지 말라 8 바람이 임의로 불매 네가 그 소리를 들어도 어디서 오며 어디로 가는지 알지 못하나니 성령으로 난 사람은 다 이러하니라. (요 3:3-6)

어거스틴은 자신의 어머니를 단순히 육신의 어머니로만 여기지 않았다. 그에게 모니카는 그의 거듭남을 위해서도 영적인 산통을 겪은 분이기도 하였다. 그의 글을 직접 인용해 보자!

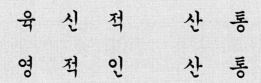

육 신 적　　산 통
영 적 인　　산 통

나는 실로 그러한 위기에서도 [= 로마에서 병들어 거의 죽게 되었을 때도]
당신의 세례를 원치 않았사오니, 이미 회상하여 아뢰었음 같이, 어머니의
신앙을 따라 세례를 간청했던 어린 시절이 차라리 더 나았나이다. 하오나,
나는 수욕(羞辱) 가운데서 자라면서, 당신이 처방하신 약을 [= 세례를] 어리
석게도 비웃었사온데, 그럼에도, 당신은 나 같은 자를 두 번 죽도록 내버려
두지는 않으셨나이다. 내가 만약 그렇게 죽어, 어머니의 마음이 상처를
받았더면, 그 상처는 결코 회복되지 못했을지라. 이는, 나를 위해 어머니가
얼마나 마음을 쓰고, 영적으로 나를 낳아 주기 위하여, 육신으로 낳아 줄 때
보다, 얼마나 더 큰 산고(産苦)를 치러야 했는지는, 말로 다 형용하지 못하겠
음이라. (Conf. V, ix, 16)

어거스틴은, 어머니 모니카의 영적 산통을 이겨내는 과정을 다음과 같이
묘사한다.

그러므로, 나의 그러한 죽음이 어머니 속에 있던 사랑의 심부(心府)를 찔러
꿰뚫었더면, 그 상처가 어떻게 나음을 얻을 수 있었을지, 나는 도저히 상상
할 수 없나이다. 하온데, 어머니의 그 간절한 기도, 그토록 끊임없이 드리던
수많은 기도는 어디로 올라갔나이까?
　　바로 당신께 올라갔나이다. 긍휼의 하나님이시여, 당신은 경건하고
사려 깊은 과부의 "상하고 통회하는 마음"(시 51:7)을 멸시하셨나이까?
어머니는 구제를 자주하고, 당신의 거룩한 자들을 받들어 섬기며, 당신의 제단에 하루도 빠짐없이 제물을 봉헌하고, 매일 아침 저녁 두 번씩 하루도 쉬지 않고 교회에 출석하되, 쓸데없는 이야기나 할머니들의 잡담을 듣고자 함이 아니라, 설교를 통해서는 당신의 말씀을 듣고, 기도를 통해서는 당신께 자신의 심정을 토로하고자 함이 아니었나이까? 어머니는 당신께 금이나 은이나 변하여 없어질 재화(財貨)를 달라고 구하지 않았사옵고, [오직] 자기 아들의 영혼의 구원을 위하여 눈물로 기도하였사오며, 당신은 어머니께 은혜 베푸시기를 기뻐하셨사온데, 어찌 당신이 어머니의 눈물을 멸시하여, 아무런 도움도 주지 않을 수 있었겠나이까? 아니니이다. 주여, 결코 아니니이다. 당신은 어머니 곁에 계시사, 그 기도를 들어주시고, 당신이 행하시려고 예정하신 일을 순서에 따라 행하고 계셨나이다. 하온데, 내가 이미 앞에서 아뢴 것도 있고, 아뢰지 않은 것도 있사오나, 당신이 허락하신 꿈과 응답으로 어머니를 속이신 것이 결코 아니오니, 어머니는 믿는 마음으로 그것을 간직하여, 기도할 때마다 항상 마치 당신이 친히 쓰신 채무증서인 양 당신 앞에 내놓고 간구하였나이다. 이는, 당신의 "인자하심이 영원"(시 118:1)하므로, [당신께] 빚진 자들의 빚을 탕감해 주시고도, [당신이 하신] 약속 까닭에 스스로 채무자가 되어 주심이라. (*Conf.* V, ix, 17)

여기서 보는 대로, 모니카는 아들을 위하여 주님께 기도를 드리되, 기도와 함께 구제와, 봉사와, 교회 출석과, 봉헌과, 설교 말씀의 청취를 병행하였다. 모니카는 "쉬지 말고 기도하라"(살전 5:17)는 말씀을 오해하여, 기도와 함께 꼭 해야 할 일을 하지 않는 우를 범하지 않았다.

모니카의 지속적인 간절한 기도, 그리고 경건한 신앙 생활은, 하나님이 열납하는 산 제사가 되었다. 어거스틴은 나중에야 그 사실을 깨달았을 것이다.

여하간, 어거스틴은 로마에서 심한 열병에 걸렸으나, 어머니의 기도의 덕분으로 그 병에서 고침을 받았다. 그리고 성공의 가도를 계속 달릴 수 있었다. 그러나 그가 어디를 가든지, 그의 발걸음 곁에는 어머니의 기도가 동행하였다. 이런 의미에서 그는 행복한 자였다.

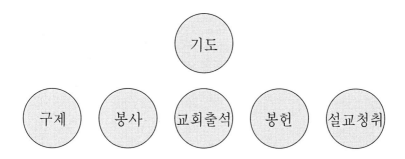

> 그리하여, 당신은 그때 나를 그 질병에서 회복시키시고, "주의 여종의 아들을 구원"(시 85:16)하사, 우선 몸만이라도 살려주셨사오니, 이는, 저에게 보다 낫고, 보다 확실한 구원을 주시려 했음이라. (*Conf.* V, x, 18)

여기서 "주의 여종"은 당연히 모니카를 말한다. 주님은 모니카의 기도를 들으시고 우선 어거스틴의 몸을 살리셨는데, 그 목적은 장차 "보다 낫고, 보다 확실한 구원을" 주시기 위해서였다라고 한다. 모니카의 끈질긴 기도는 결국 결실을 볼 때가 온다는 것이다.

밀라노로 어거스틴을 찾아가는 모니카

어거스틴은 주후 384년 가을 밀라노의 국립수사학교 교수가 되었다. 이 소식은 서신 혹은 인편으로 모니카에게 전해졌던 것으로 보인다. 이 소식은 모니카를 위시한 타가스테 사람들에게, 어거스틴이 출세했다는 소식이나 진배없었다.

  모니카로서는 꿈에 그리던 아들을 찾아나설 명분이 생겼다. 그래서, 그녀는 타가스테의 몇몇 사람들과 함께 밀라노로 향했다.

당시 모니카와 함께 타가스테를 떠나 밀라노로 온 사람 속에는 어거스틴의 친동생 나비기우스(Nāvigius)와 이종사촌동생 라스티디아누스(Lastidiānus) 및 루스티쿠스(Rūsticus)가 포함된다.

옆 페이지의 지도는, 모니카의 여행 경로를 추정하여 필자가 직접 그린 것이다. 그녀의 여행 경로 속에는 상당히 긴 뱃길이 포함된다. 그녀가 탄 배가 지중해를 항해한 때는 주후 385년 봄. 겨울이 아니었기 때문에, 엄청 큰 풍랑은 없었을지 모르나, 그래도 위협적 풍랑은 있었다. 어거스틴의 말을 들어 보자!

> 바로 그때 어머니께서 내게로 왔나이다. 믿음이 굳센 어머니는 수륙만리(水陸萬里)를 멀다 하지 않고, 나를 찾아오기 위해, 모든 위험을 무릅썼사오나, 주(主)로 인해 안전하였나이다. 바다의 풍랑을 만날 때에는, 평상시 같으면, 바다 여행을 한 경험 없는 승객들이 동요할 때에, 뱃사람들이 그들을 위로했을 터이지만, 어머니가 오히려 뱃사람들을 위로하였나이다. 어머니가 오히려 그들에게 안전하게 도착하리라고 약속했사오니, 이는, 주께서 어머니에게 묵시로 이것을 약속하셨던 까닭이라. (*Conf.* VI, i, 1)

어거스틴에 의하면, 모니카는 풍랑을 만났을 때, 뱃사람들의 위로를 받은 것이 아니라, 도리어 그녀가 뱃사람들을 위로하였다. 마치 사도 바울이 죄수의 몸으로 지중해를 항해하는 배를 타고 압송되어 가면서, 유라굴로라는 광풍을 만났을 때, 겁에 질린 선원들을 위로한 일을 연상하게 한다.[1] 어거스틴은, 모니카가 주님에게서 안전하게 도착하리라는 묵시(黙示)를 받았다고 말한다. 이 말을 그대로 믿는다면, 모니카는 거의 여선지 수준의 신앙인이었다 할 수 있다.

---

[1] 행 27:21-26 참조.

지도 6: 모니카의 밀라노 행 경로

어거스틴은, 어머니가 그를 수륙만리를 멀다 하지 않고 찾아온 데 대해서 자기가 느꼈던 감정을 직선적으로 표현하지는 않았다. 물론, 그에게는 여러 가지 마음이 있었을 것이다. 하나는, 어머니에게 미안한 마음이었을 것이고, 다른 하나는 반가운 마음이었을 것이고, 또 다른 하나는 착잡한 마음이었을 것이다.

미안한 마음이 들 수밖에 없었던 것은, 그가 2년 전 카르타고를 떠날 때 어머니를 속였기 때문이다. 물론, 어머니가 그 일을 용서해 주었을 것 이므로, 이 마음을 곧 극복할 수 있었을 것이다.

반가운 마음은 매우 자연스러운 감정이었을 것이다. 고향에서 멀리 떨어진 타향에서 육신의 어머니를 뵐 수 있다는 것은 반가운 일이 아닐 수 없었을 것이다. 더구나, 그는 지금 영적으로 절망 상태에 있었다. 당시 그가 멀리서 그를 찾아온 어머니를 뵙고 느꼈던 그의 마음은 다음 짧은 문장에 간략하게 표현되어 있다.

그리하여, 어머니가 나를, 진리를 발견할 수 없다는 절망감 때문에 실로 심한 위기에 처해 있던 나를 찾아왔나이다. (*Conf.* VI, i, 1)

그가 정신적 위기에 봉착해 있을 때, 어머니가 시의적절(時宜適切)하게 찾아 준 것이다. 그는 더 이상 마니교 신자는 아니었으나, 진정한 의미의 기독교 신자도 아니었다. 암브로시우스의 감화로 학습교인으로 등록은 했으나,[1] 아직 기독교가 과연 진리인지에 대해서는 아무 확신이 서 있지 않았다. 이런 위기 상황에서 어머니 모니카의 등장은 어거스틴에게 막연 하게나마 해결의 실마리를 찾을 수 있겠다는 희망을 선사했을 것으로 생각된다.

---

[1] *Conf.* V, xiv, 25.

그림 55: 밀라노의 성·라우렌티우스 교회당 열주(列柱)

어거스틴은『고백록』에서, 어머니와 재회했을 때 나누었던 이야기에 대해 이렇게 회고한다.

··· 하오나, 내가 어머니께, 나는 더 이상 마니교 신자가 아니지만, 그렇다고 보편교회의 신자도 아니라고 말했을 때에, 어머니는 기쁜 소식을 예기치 않게 들었을 때처럼, 희희낙락하지 않았사오니, 이는, 이러한 방면의 나의 비참함에 대해 어머니는 이미 평안한 마음을 가졌던 까닭이라. 즉, 어머니는 나를 죽은 자로 치부하고 애곡하였으나, 다시 살림을 받을 자로 여기며, 애곡하였으며, 어머니의 마음 속에서 나를 죽은 자의 관에 담아, 주 앞에 가지고 나아갈 때에, 주께서 과부의 아들에게, "청년아, 내가 네게 말하노니, 일어나라"(눅 7:14)고 말씀하시기를 소원하였나이다. 그리하여, 그가

다시 살아, 말하기를 시작하고, 주께서는 그를 그의 어머니에게 다시 주시기를 소원하였나이다. 하오나, 어머니는, 자기가 날마다 주님께 울면서 간구하던 일이 상당 부분 이루어졌다는 말, 곧, 내가 비록 진리에 이르지는 못하였지만, 그래도 오류에서는 이미 벗어났다는 말을 들었을 때에도, 심장이 엄청나게 기뻐 떨리지는 않았나이다. 오히려 어머니는, 주께서 어머니에게 하신 모든 약속 중 아직 이루어지지 않은 것까지도 허락하실 줄 확신하였기에, 극히 평온하게, 그러나, 마음이 확신으로 가득찬 가운데, 내게 대답하기를, 어머니는 그리스도를 믿으니, 이승의 삶이 끝나기 전에, 내가 올바른 그리스도인이 되는 것을 볼 것이라 하였나이다. (VI, i, 1)

어머니 모니카와 재회하고 어거스틴은 착잡한 마음도 느꼈을 것이다. 그것은, 그가 아직 진정한 의미의 크리스챤이 아니었으므로, 어머니와 자기 사이에는 신앙적인 면에서 큰 이질성이 존재하였기 때문이다. 뿐만 아니라, 그에게는 동거녀 플로리아가 있었다. 모니카는 플로리아를 어거스틴 장래의 걸림돌로 여기고 있었으므로, 모니카와 플로리아가 한 지붕 아래 살게 된 지금, 고부갈등 비슷한 것을 볼 수밖에 없는 상황이 되었다.

사실, 모니카는 얼마 있지 않아 아들 어거스틴에게 정식 결혼을 할 것을 권하면서, 플로리아를 버릴 것을 종용하게 된다.

암브로시우스를 존경하는 모니카

모니카는 밀라노에 온 후, 암브로시우스가 시무하는 교회에 출석하게 되었다. 암브로시우스는 당대 최고 수준의 목회자 겸 신학자였으므로, 사람을 사로잡는 권능이 있었고, 따라서 모니카가 암브로시우스를 존경하게 된 것은 지극히 자연스러운 일이었다. 어거스틴은 『고백록』에서 이렇게 말한다.

그림 56:

암브로시우스의
모자이크화

어머니는 … 암브로시우스의 입을 통해 나오는 말씀을 사모하여, 더욱 더 열심히 교회를 찾아가, "영생하도록 솟아나는 샘물"(요 4:14)을 마셨나이다. 어머니는 그분을 마치 "하나님의 천사처럼" 존경하였사오니, 이는, 그사이 나를 그러한 불안정한 동요의 상황으로 나를 인도한 사람이 그분이라는 사실을 어머니가 알게 되었던 까닭이라. 그러한 상황은 병으로 말하자면, 의사들이 "발작"이라고 부르는 것과 흡사하온데, 나의 병은 그러한 상황을 통하여 보다 더 심각한 위기를 거친 후에야 비로소 건강 상태로 전환될 것이라고, 어머니는 확신했었나이다. (VI, i, 1)

모니카가 암브로시우스를 존경한 가장 큰 이유는 역시, 암브로시우스가 자기 아들 어거스틴에게 신앙적인 면에서 선한 영향력을 미치리라는 확신 때문이었다. 어쨌든, 어거스틴은 암브로시우스의 영향으로 학습교인의 지위를 회복하기로 하였다. 그는 아직 기독교 진리에 대한 확신에 이르지 못하고 있었으나, 그의 정신적 "동요"는 영적 건강 회복을 위한 준비 과정이라 생각되었다. 이것만으로도 큰 진전이었다. 마니교라는 이단을 믿던 아들이 이 정도의 진전을 이룬 데는 암브로시우스의 감화가 컸다. 이것을 생각할 때 모니카는 암브로시우스를 존경하지 않을 수 없었다.

더구나 암브로시우스는 매우 훌륭한 설교자였다. 그의 설교는 주로 강해설교였는데, 이는, 그가 성경을 "생명의 샘"(fōns vītae)으로 생각했고, 설교자는 그 샘에서 길은 생수를 전달하는 자로 생각했기 때문이다. 어거스틴은 암브로시우스의 설교를 이렇게 평가했다.

> 그 당시 저의 감동적인 설교는 당신의 백성들에게 당신의 "밀의 아름다운 것"(시 81:16)과 "즐거움의 기름"(시 45:7)과 정신을 쇄락케 하는 포도주의 향기로움을 선사하였나이다. 내가 나도 모르게 당신에게 이끌려 저에게로 갔사오니, 나는 저로 말미암아 당신께로 인도함 받게 된 것을 나중에 알게 되었나이다. (*Conf.* V, xiii, 23)

어거스틴은, 어머니 모니카가 "암브로시우스의 입을 통해 나오는 말씀을 사모하여, 더욱 더 열심히 교회를 찾아가, '영생하도록 솟아나는 샘물'(요 4:14)을" 마셨다고 술회(述懷)한다.

어거스틴은, 암브로시우스가 모니카에게 끼친 감화를 예시(例示)하기 위해 다음과 같은 이야기를 한다.

> 그리하여, 어머니가 아프리카에서 하던 습관대로 죽과, 빵과, 포도주를 성인기념관에 봉헌하려 했을 때, 문지기의 저지를 받았사온데, 그러한 봉헌을 암브로시우스 감독이 금지했다는 사실을 알았을 때, 어머니는 그것을 매우 경건하게 순종하였으므로, 나 자신도, 어머니가 그러한 금지에 대해 불평하기보다는 오히려 주저 없이 자기 자신의 습관을 나무라는 모습을 보고, 놀랄 지경이었나이다. 이는, 주벽(酒癖)이 어머니를 사로잡지 않았었고, 어머니는, 다른 많은 남자나 여자의 경우와는 달리, 술을 좋아하는 일로 인해 진리를 미워하는 일을 하지 않았기 때문이온데, 사실, 많은 사람들이, 술꾼들이 물 탄 포도주를 역겨워 하는 것처럼, 술을 마시지 않고

apud: phillip medhurst　　JESUS OFFERS LIVING WATER. JAN LUYKEN　　excudit: harry kossuth

그림 57: 「우물 가의 여인」

네델란드 화가 얀 라위켄(Jan Luyken, 1649~1712)의 작품

찬송하는 것을 역겨워 했었나이다. 하온데, 만약 그러한 방식으로 찾아 보아야 할 죽은 자의 기념관이 많았을 경우에, 어머니는 같은 잔 하나를 가지고 모든 곳에 들고 다니며 바쳤사오며, 그것이 비록 매우 묽을 뿐 아니라, 상당히 미적지근하다 해도, 그것을 자기와 함께 한 사람들과 나누어 마셨나이다. 어머니가 거기서 추구한 것은 경건이었지, 방종이 아니었 나이다.

　그리하여, 유명한 설교자이며, 신앙의 스승 되는 분이 금령(禁令)을 내려, 그러한 일은, 비록 간소하게 행해진다 할지라도, 술을 좋아하는 자들에게 술 취할 수 있는 기회를 주는 까닭에, 또, 조상을 위한 제사는 이교도들의 미신과 매우 흡사한 까닭에, 금지했다는 사실을 알자, 어머니는 아주 기꺼이

> 그러한 일을 그만두었나이다. 그리하여, 어머니는 순교자들을 기념하는
> 장소를 찾을 때, 땅의 소산(所産)으로 가득한 바구니를 가지고 가는 대신에,
> 순전한 마음, 그리고 기도하는 심정을 가지고 가는 법을 배웠나이다. 그리
> 하여 어머니는, 힘이 허락하는 한, 가난한 이들을 돌보아 주었사오며,
> 순교자들이 주님의 수난(受難)을 본받아, 스스로 희생의 제물이 됨으로
> [생명의] 면류관을 얻었던 장소에서 주님의 성만찬에 참예하였나이다.
> (*Conf.* VI, ii, 2)

북아프리카에서는 신자들이 순교자 기념관 내지 성인 기념관을 찾을 때,
죽, 빵, 포도주 등 음식물을 반입하여, 다른 동행인들과 함께 나누어 먹고
마시는 관습이 있었다. 모니카는 밀라노에서도 북아프리카의 관습에 따라
기념관을 찾을 때, 음식물을 반입하려고 하였다. 물론, 모니카가 그런
시도를 한 것은, 어거스틴의 말대로 주벽 때문이 아니었다. 그녀는 소녀
시절 이미 주벽에서 완전히 벗어났다.

그러나 밀라노 소재 기념관의 문지기는 기념관에 일체의 음식물 반입을
막았다. 이는, 암브로시우스 감독이 금령을 내렸기 때문이다. 어거스틴은,
암브로시우스 감독이 그런 금령을 내린 이유 두 가지를 제시한다. (1) 술을
좋아하는 자들에게 술 취할 기회를 줄 수 있다. (2) 조상을 위해 음식을
차려 제사 지내는 것은 이교도들의 미신과 흡사하다. 모니카는 암브로
시우스를 매우 존경하였기 때문에, 그가 내린 금령을 흔쾌히 따랐다. 어거
스틴의 설명을 들어 보자!

> 하오나, 주 나의 하나님, 이 문제에 대한 내 마음의 생각은 이러하오니, 내가
> 보기에는, 만약 이러한 금령을 내 어머니가 그토록 존경하던 암브로시우스
> 말고 다른 사람이 내렸다 하오면, 아마도 그렇게 쉽게 예전의 습관을 끊어
> 버리지는 못했을 것이라. 저를 어머니가 지극히 존경했던 것은 나의 구원을
> 위함이었고, 저가 어머니를 매우 높이 평가했던 것은, 어머니의 지극히
> 경건한 신앙 생활 때문이었사오니, 어머니는 선한 일을 많이 하였사옵고,

그림 58:「가을 정물화」

독일 여류 화가 Emilie Preyer
(1849~1930)의 작품

"열심을 품고"(롬 12:11) 교회에 출석하였음이라. 그리하여, 감독은 나를 볼 때마다, 어머니를 칭찬하며, 그러한 어머니를 모시고 있는 내가 복되다고 말해 주었나이다. (*Conf.* VI, ii, 2)

여기서 보는 대로, 모니카는 암브로시우스의 금령을 잘 따랐을 뿐 아니라, "선한 일을 많이" 하였고, "열심을 품고 교회에 출석"하여, 그녀의 "경건한 신앙 생활"이 감독 암브시우스의 눈에 뜨일 정도였다.

밀라노는 대도시였으므로, 밀라노 교회의 본당에 출석하는 교인수는 상당히 많았을 것이다. 그런데도, 모니카는 감독 암브로시우스의 주의를 끌 정도로 열심히 신앙 생활을 한 것으로 보인다. 더군다나 모니카는 북아프리카에서 밀라노로 온 지 얼마 되지 않은, 최근 전입 교인이었다.

그래서, 암브로시우스는 어거스틴을 만나, 말을 나눌 기회가 있을 때마다, 어거스틴의 어머니 모니카를 칭찬하며, 그처럼 훌륭한 어머니를 모시고 있는 어거스틴이 복되다는 말을 해 주었다.

밀라노의 교회당을 둘러싼 소요와 모니카

그런데 암브로시우스가 어거스틴의 어머니 모니카를 높이 평가하게 된데는, 성문 교회당을 둘러싼 투쟁에서 모니카가 암브로시우스를 지지하는 신자들의 대열에서 상당히 주도적인 역할을 했기 때문인 것으로 보인다.

사건은 주후 4세기의 삼위일체논쟁[1]과 관련된다. 밀라노의 감독 암브로시우스는 당연히 주후 325년의「니케아 신경」과 주후 381년의「니케아 콘스탄티노플 신경」을 지지하는 입장이었다. 즉, 암브로시우스는 정통파였던 것이다.[2]

어거스틴도 삼위일체 문제에서 정통파의 입장을 지지하였다. 그래서, 그는 나중에『삼위일체론』(De Trīnitāte)이라는 책을 썼다.

잘 아는 대로, 주후 4세기의 삼위일체논쟁은 주로 로마제국 동부에서 행해졌다. 그러나 로마제국 서부에도 삼위일체 교리에 반대하는 사람들이 있었는데, 암브로시우스 시대의 이탈리아에서 삼위일체 교리에 반대하던 사람들 가운데 중요한 사람들은 불필라(Wulfila, 311?~383)[3]와 관계가 있다. 그는 아리우스파에 속했다.

불필라는 게르만 민족에 속하는 서고트족 출신으로, 어린 시절부터 기독교 신자였다. 그는 주후 341년 콘스탄티노플을 방문하여, 그곳 감독 에우세비오스(Eusebios, †341/342)의 영향으로 아리우스파가 되었다.

---

[1] 자세한 것은 졸저,『고대 교리사』(서울: 보라상사, 2003), pp. 246-437 참조.

[2] 암브로시우스의 삼위일체론에 대해서는 졸저,『교부 열전』중권 (서울: CLC, 2005), pp. 399-410 참조.

[3] 불필라의 생애와 사역에 대하여는 졸저,『중세교회사』(서울: 아침동산, 2009), pp. 32-44 참조.

그림 59:

서고트족에게 전도하는 불필라

불필라의 전도를 받은 서고트족 등 게르만 민족은 아리우스주의를 신봉
하였다. 고대 말기에 게르만 민족은 한편에서는 로마제국의 국방을 위협
했지만, 다른 한편에서는 로마제국에 용병을 제공하였다.

　고대 말기에 로마제국은 병력 자원이 부족했으므로, 용병을 많이 썼고,
이때 게르만 사람들이 로마제국 용병으로 많이 근무했다.

로마제국에서 용병으로 근무하던 게르만 사람들 중에는 아리우스파 신자
들이 많았다. 밀라노에도 게르만 민족 출신으로서, 로마군 병사로 근무하는
사람들이 상당수 있었다. 이들은 자기 자신을 "크리스챤"으로 생각
했으므로, 정통파 신자들처럼 정식 교회당에서 예배 드리기를 원하였다.

　그러나 밀라노 성내의 교회당은 대부분 정통파 소유였다. 교회당을
마련하는 데는 고금을 막론하고 막대한 비용이 들어간다. 또 가까스로
비용을 마련한다 해도 교회당 건축에는 시간이 많이 걸린다.

당시 밀라노에는 10개의 바실리카(Basilica) 유형의 교회당이 있었는데, 그 중 9개가 정통파 소유였고, 단 하나만 아리우스파 소유였다 한다.[1] 아리우스파는 예배를 위한 공간을 조금 더 확보하고자 노력하였다.

그런데 주후 383년 정통파의 강력한 지지자였던 그라티안 황제(Grātiān, *359, 재위 367/375~383)가 세상을 떠났다. 이제 로마제국 서부에서는 발렌티니안 2세(Valentiniān, *371, 재위 375~392)가 유일한 황제였다.

발렌티니안 2세는 그라티안의 이복동생이었고, 주후 375년부터 383년까지 그라티안의 공위황제(共位皇帝)로 있었다.

그라티안이 살아 있을 때, 발렌티니안 2세는 이름만 황제였지, 실권은 전혀 없었다.

그라티안 황제는 교부 암브로시우스를 멘토로 모셨다. 그래서, 종교정책에서는 암브로시우스의 의견을 따랐다.[2]

그러나 발렌티니안 2세는 나이가 어렸으므로, 그의 모후(母后) 유스티나(Iūstīna, 341?~388)가 섭정(攝政)을 맡았다. 그런데, 유스티나는 정통파보다는 아리우스파에 더 호의적인 입장이었다. 그래서 유스티나는 주후 385년 봄 밀라노의 성문 앞에 있던 "성문 교회당"을 아리우스파에게 양도할 것을 밀라노의 감독인 암브로시우스에게 요구하였고, 주후 386년 초에는 성내에 위치한 신축 교회당 하나를 양도할 것을 요구하였다.[3] 암브로시

---

[1] Gert Haendler, *Von Tertullian bis zu Ambrosius: Die Kirche im Abendland vom Ende des 2. bis zum Ende des 4. Jahrhunderts*, 3. Aufl. (Berlin: Evangelische Verlagsanstalt, 1986), p. 105.

[2] Cf. Neil Brendan McLynn, *Ambrose of Milan: Church and Court in a Christian Capital* (Berkeley: Univ. of California Press, 1994), pp. 79-157.

[3] Cf. Ernst Dassmann, *Ambrosius von Mailand: Leben und Werk* (Stuttgart: Kohlhammer, 2004), p. 98.

그라티안 황제   발렌티니안 2세

우스는 유스티나의 이런 요구를 두 번 다 단호히 거절하였고, 이로 인해 정통파 교회와 궁정 사이에 심각한 긴장 관계가 조성되었다.

주후 385년 봄에는 암브로시우스가 궁정으로 초치(招致)되었는데, 이 사실을 안 암브로시우스 지지자들이 궁정 앞까지 몰려와, 여차하면 궁정에 난입할 태세였다. 유스티나는 암브로시우스의 도움으로 성난 군중을 겨우 물러가게 할 수 있었다.[1]

주후 386년 봄 사순절 및 부활절 기간에 밀라노의 정통파 교회와 궁정 사이의 긴장 관계는, 자칫하면 유혈 사태가 일어날 수 있을 정도까지 심화되었다. 이는, 방금 말한 대로, 암브로시우스가 성내에 위치한 신축 교회당

---

[1] Cf. Angelo Paredi, *Saint Ambrose: His Life and Times*, trans. M. Joseph Costelloe (Notre Dame, Indiana: Univ. of Notre Dame Press, 1964), p. 244.

하나를 아리우스파에게 양도하라는 유스티나의 요구를 단호히 거절했기 때문이다.

암브로시우스의 입장이 워낙 강경하자, 유스티나는 조금 양보하여, 성문 밖에 위치한 "성문 교회당"이라도 양도할 것을 요구했으나, 암브로시우스는 이마저 거절하였다. 이단에게는 결코 교회당을 단 하나라도 양도할 수 없다는 것이 암브로시우스의 확고한 입장이었기 때문이다.

이에 유스티나는 군대를 동원하여, 교회당을 포위하게 하였으나, 그곳으로 모여든 신자들 때문에, 유혈 사태 없이는 암브로시우스를 체포할 수 없을 지경이 되었다. 물론, 유스티나는 유혈 사태를 결코 원하지 않았다. 게다가 투입된 군인들 중 대부분은 암브로시우스를 체포하는 데 매우 소극적이었다.

바로 이 시기에 어거스틴의 어머니 모니카는 암브로시우스를 지키려는 신자들의 대열에 합류하였다. 그러면, 여기서 어거스틴 자신의 말을 들어 보자!

밀라노 교회가 이러한 종류의 위로와 권면의 찬송을 부르기 시작한 것은 그리 오래된 일이 아니었사온데, 그곳 교우들은 한 목소리로, 또 한 마음으로 아주 열심히 찬송 부르는 일을 자기들의 습관으로 삼게 되었나이다. 이는, [당시] 소년 황제였던 발렌티니안의 모후(母后) 유스티나가 아리우스파라는 이단에 미혹된 까닭으로, 당신의 사람 암브로시우스를 핍박한 지, 일년 남짓밖에 지나지 않았음이라. [당시] 경건한 백성들은 교회에서 철야를하며, 당신의 종이요, 자기들의 감독인 암브로시우스와 함께 죽을 각오를하고 있었나이다. 그 철야에는 당신의 여종인 내 어머니도 [누구보다] 앞장서참가하고 있었사오니, 어머니는 기도로 살고 있었나이다. 우리들은 아직당신의 성령으로 뜨거워지지 못해, 냉랭한 상태였사오나, 그래도 그 도성(都城)의 소란(騷亂)함과 분요(紛擾)함으로 인해 마음은 요동하고 있었나이다. [밀라노에서] 동방교회의 관습을 본받아, 찬송과 성가를 부르기시작한 것은 바로 이때의 일이었사오니, 사람들이 괴로움으로 인해 지치지

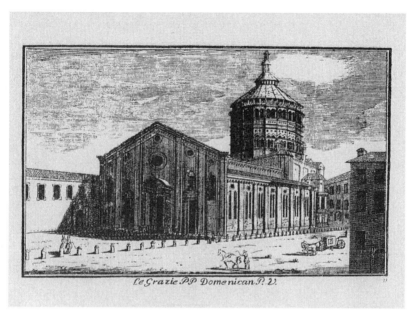

그림 60: 밀라노의 성·라우렌티우스 교회당[1]
(1745년 경 모습)

않게 함이 그 목적이었나이다. 그 이후 오늘날까지 이 관습이 지켜져 내려
오고 있사오며, 전 세계에서 수많은, 아니, 거의 모든 당신의 양떼가 이
관습을 본뜨고 있나이다. (*Conf.* IX, vii, 15)

당시 어거스틴은, 삼위일체 교리의 중요성을 잘 알지 못였으므로, 왜 그런
소란이 있는지를 이해하기 어려웠을 것이다. 그래서, 그는 "냉랭한 상태"로
구경꾼의 입장에서 그 사태를 바라보았다.

---

[1] 이 교회당의 전신이 성문 교회당이었을 것으로 추정됨. Cf. N. B. McLynn,
Ambrose of Milan, pp. 174-179.

그러나 어거스틴의 어머니 모니카는 달랐다. 그녀는 암브로시우스의 설교를 기회 있을 때마다 자주 들어 왔으므로, 이단에게 교회당을 빼앗기지 않으려는 암브로시우스의 심정을 충분히 이해하고 있었다. 그래서, 그녀는 다른 성도들과 함께 "핍박"받는 암브로시우스와 함께 죽을 각오까지 하며, 철야 집회에 누구보다 앞장서 참가하였다. 어거스틴은, 그녀가 당시 "기도로 살고" 있었다고 회고하고 있다.

아마 이런 그녀의 모습이 암브로시우스 감독 눈에 띄었을 것이고, 그래서 암브로시우스는 어거스틴을 볼 때마다, 그러한 어머니를 모신 그가 복되다는 칭찬을 해 주었을 것이다.[1]

당시 암브로시우스는 밀라노 교회에 찬송가 부르는 관습을 도입하였는데, 모니카도 이때 밀라노 교회의 찬송을 배웠을 것 같다. 어거스틴도 나중 북아프리카 교회에 찬송가를 보급하는 데 앞장선다.

어거스틴의 혼인을 재촉하는 모니카

장성한 아들을 둔 어머니라면, 그 누구라도 아들을 혼인시키는 데 마음을 쓸 수밖에 없을 것이다. 어거스틴의 어머니 모니카도 예외가 아니었다. 그녀는 주후 385년 봄 밀라노에 도착한 지 얼마 되지 않아 아들 어거스틴을 혼인시키는 일을 서둘렀다.

어거스틴이 사춘기 때는, 모니카는 어거스틴을 장가보내는 일에 관해 전혀 생각하지 않았다. 이는, 어거스틴이 일찍 장가가는 것이 그의 장래에 방해가 된다 생각했기 때문이다.[2]

---

[1] *Conf.* VI, ii, 2.

[2] *Conf.* II, iii, 8. 본서, p. 152 참조.

사진 27: 결혼 반지

그러나 이제 상황이 달라졌다. 어거스틴은 밀라노의 국립수사학교 교수가 되었다. 그는 이미 출세 가도에 들어서 있었다. 귀족 계층에 편입되는 것은 단지 시간 문제였다. 이런 그가 상류층 집안의 여식과 결혼하는 것은 아주 당연한 일로 여겨졌다. 단지, 모니카로서는 신부가 크리스챤이어야 한다는 조건을 달고 싶었을 것이다. 그러나, 크리스챤인 상류층 집안 여식 중에서 신붓감을 찾는 것은 이제 그리 어려운 일이 아니었다. 왜냐 하면, 로마제국이 이미 기독교 국가가 된 상황에서, 밀라노의 상류층 집안은 벌써 상당수 기독교로 개종하였기 때문이다. 어거스틴 정도면 아주 훌륭한 신랑감이었다.

그래서 모니카는 한편으로는 어거스틴에게 혼인하라는 재촉을 하면서, 다른 한편으로는 어거스틴에게 맞는 규수를 찾아 나섰다. 그러면 여기서 『고백록』을 좀 읽어 보자!

하온데, 나는 결혼하라는 재촉을 끝없이 받았나이다. 그래서, 나는 구혼을 하게 되었사옵고, 특히 어머니가 애를 쓴 덕으로 약혼까지 하게 되었나이다.

어머니는, 내가 일단 결혼을 하게 되면, 구원의 세례를 통해 깨끗이 씻음을 받게 될 것이라고 생각하였나이다. 그리하여, 내가 날마다 조금씩 세례 받기에 합당한 사람이 되어 가고, 믿음의 진보를 보이게 되자, 자기의 소원과 당신의 약속이 성취돼 간다는 생각에 기뻐했나이다.…

하여튼, 결혼하라는 재촉이 빗발 같았으므로, 나는 대체로 2년 가까이만 지나면, 법정 결혼 연령이 되는 소녀에게 청혼을 하였사옵고, 그녀가 내 마음에 들었으므로, 법정 연령이 될 때까지, 기다리기로 하였나이다. (VI, xiii, 23)

여기서 보는 대로, 모니카는 아들 어거스틴을 장가보낸 다음, 세례를 받게 하여, 정상적인 크리스챤 가정을 이루어 살게 하고자 하였다. 단, 그녀가 어거스틴에게 주선해 준 신붓감은, 법정 결혼 연령이 아직 2년 가까이 남은 소녀였다. 당시 법정 결혼 연령이 만 14세였다 한다면,[1] 어거스틴과 약혼한 소녀의 나이는 아직 만 12세 정도에 불과했다는 이야기가 된다.

주후 385년 당시 어거스틴의 나이는 만 31세였으므로, 어거스틴은 거의 20살 연하의 어린애와 약혼한 셈이 된다.

혹자는 그 소녀를 소개한 사람이 암브로시우스였을 것이라 추정하지만,[2] 이런 추정은 믿기 어렵다.

그래서 어거스틴은, 약혼녀가 법정 결혼 연령에 도달할 때까지 2년 가까운 세월을 기다리기로 하였다.

그러나 중대한 문제가 하나 있었다. 그것은 어거스틴의 아들 아데오다투스의 어머니 플로리아의 존재였다. 그녀를 어떻게 할 것인가? 어거스틴의 말부터 들어 보자!

---

[1] Cf. W. T. Smith, *Augustine*, p. 46.

[2] L. Cristiani, *Saint Monica and Her Son Augustine*, p. 118.

그림 61: 「로마 시대의 소녀」

영국 화가 John William
Waterhouse(1849~1917)의
1874년 작품

그러는 동안 내 죄악은 쌓여만 갔사오니, 이는, 내가 그때까지 함께 지내던 동거녀를 결혼에 지장이 된다는 이유로 내 곁에서 떠나보냈음이라. 저를 사랑했던 내 마음은 그로 인해 찢어지고 상처가 나, 피를 흘리게 되었나이다. 그녀는 다른 남자에게는 결코 가지 않겠다는 맹세를 당신 앞에서 하면서, 자기가 낳아 준 아들을 내 곁에 남겨 놓고, 아프리카로 돌아갔나이다.

하오나, 이 못난 자식은 그 여자의 결단을 본받지 못하였사오니, 이는, 내가 구혼한 여자를 [아내로] 맞이하게 될 그 2년이 견딜 수 없도록 지루하여, 다른 동거녀를 얻게 되었음이라. 나는 실로 결혼을 사랑하는 자가 아니라 정욕의 노예였사오니, 내 영혼의 고질병은 계속되는 악습으로 인해 더 악화되어 갔사오며, 그런 가운데서 나는 결혼자들의 세계를 향해 나아가고 있었나이다. 하오나, 첫 번째 동거녀와 생이별한 데서 온 상처가 낫는 것도

아니었나이다. 도리어 심한 열과 통증 끝에 그 상처는 곪고, 나중에는
오한(惡寒)까지 들었사오니, 나의 고통은 더욱더 절망적이 되어 갔나이다.
(*Conf.* VI, xv, 25)

어거스틴은 플로리아와 그의 나이 만 17세 때부터 동거해 왔다. 그녀를
그는 카르타고에서 만났다. 그녀와의 사이에는 아들 아데오다투스가 태어
났고,[1] 아데오다투스의 나이는 이제 만 13살이 되었다. 만 14년을 동거해
온 여자를 버려야 한다? 어거스틴은 플로리아를 사랑했기 때문에, 심적
고통이 더 심했다. 어거스틴은 그녀와의 헤어짐을 "생이별"이라 표현
했다.

여기서 "생이별"로 번역된 라틴어 명사 praecīsiō(= "절단")는 "[생살을]
도려내다"는 뜻의 라틴어 동사 praecīdere에서 파생되었다.

그렇다면, 어거스틴은 왜 그녀를 버려야 했을까? 어거스틴의 말에 따르면,
그것은 그녀의 존재가 어거스틴의 "[정식] 결혼에 지장이 된다는 이유"
였다.

그러니까 플로리아는 처음부터 정식 결혼의 상대가 아니었다. 그녀는 어디
까지나 "동거녀"에 불과했다.

그녀가 어거스틴의 정식 결혼 상대가 될 수 없었던 것은, 그녀가 하층계급
출신 내지 노예 신분의 여성이었기 때문으로 추정된다.

그러나 어거스틴은 "진실한 애정을 쏟아" 부었었다.[2] 정말 그렇다면, 신분의
벽을 뛰어 넘어 그녀와 정식 결혼은 불가능했을까? 아니면, 다른 여자와의

---

[1] 주후 372년 생.

[2] *Conf.* IV, ii, 2.

고 부 갈 등
姑 婦 葛 藤

정식 결혼은 포기하고, 최소한 그녀와 계속 동거 생활을 하는 것은 불가능했을까?

그러나 당시 어거스틴은 정식 결혼을 포기하지 못하고 있었다. 그것은, 그에게 사회 상층계급으로의 신분 상승의 욕구가 아직 강하였기 때문이었다. 결혼이란 단순히 남녀의 성적 결합만을 허락해 주는 제도가 아니다. 이 제도는 남녀의 사회적 결합을 가능하게 해 준다. 그러므로 결혼을 통해 남녀는 사회적 신분의 변화를 경험할 수 있다. 이는, 배우자의 사회적 신분이 자신의 사회적 신분에 영향을 미치기 때문이다. 그래서, 결혼이 사랑만으로 성립하지 않는 경우가 많은 것이다.

모니카는, 아들 어거스틴의 사회적 신분이 결혼을 통해 상승하기를 바랐다. 모니카가 볼 때, 플로리아의 존재는 어거스틴의 신분 상승에 방해 요소였을 것이다.

게다가 모니카는 플로리아를 달가워하지 않았다. 그것은, 어거스틴으로 하여금 플로리아와 헤어지게 만든 다음, 곧바로 어거스틴이 다른 동거녀를 맞는 것을 허락 내지 묵인한 사실을 통해 쉽게 짐작할 수 있다. 모니카와 플로리아 사이에는 고부갈등 비슷한 것이 있었던 것으로 보인다.[1]

---

[1] Cf. Jostein Gaader, *Das Leben ist kurz* (München: Hanser, 1997), pp. 69-79.

모니카와 같은 성녀(聖女)라면, 아들의 동거녀를 관용으로 대해야 했을 것 같은데, 모니카는 왜 그러지 못했을까? 모니카에 관한 책을 편찬한 이탈리아의 어거스틴 연구자 아고스티노 트라페(Agostino Trapè, 1915~87)는 모니카에 대해 되도록 긍정적인 평가를 하려고 노력했지만, 이 일을 놓고는 "모니카 생애의 어두운 면"이라고 말하지 않을 수 없었다.[1]

모니카는 40대 초에 과부가 되었는데, 그녀가 과부가 된 지 얼마 지나지 않아, 아들 어거스틴이 플로리아를 모니카의 동의 없이 동거녀로 맞았다. 이 일이 그녀에게 큰 상처가 되었을 수 있다.

플로리아는 주후 385년 말 어거스틴과 헤어져, 북아프리카로 향한 것으로 보인다.

어거스틴과 플로리아 사이에 태어난 아들 아데오다투스(Adeōdatus, 372~?389)는 어거스틴과 모니카 곁에 남았다.

플로리아는 북아프리카에 도착하여, 아마도 카르타고의 수녀원으로 들어갔을 것으로 추정된다.[2] 이는, 그녀가 어거스틴과 헤어지면서, "다른 남자에게는 결코 가지 않겠다는 맹세를" 하나님 앞에서 했기 때문이다. 당시는 독신 생활을 하는 여성도가 수녀원에 들어가는 것은 매우 자연스러운 일이었다.

플로리아가 북아프리카로 떠남으로써, 모니카가 아들 어거스틴을 귀족 집안 출신의 여자에게 장가보내는 길이 쉽게 열리는 것 같았다.

물론 모니카는 손자 아데오다투스를 양육하는 일에 좀 더 신경을 써야 하는 위치에 서게 되었다.

---

[1] Aurelius Augustinus, *Meine Mutter Monika*, hg. von Agostino Trapè, übers. von Hans Beyrink (München: Verlag Neue Stadt, 1998), p. 25.

[2] Cf. *ibid.*, p. 27.

```
Aurelius Augustinus

Mia Madre

Introduzione e note di
Agostino Trapè

1983
```

어거스틴의 회심과 모니카

어거스틴의 결혼은 그러나 모니카의 뜻대로 되지 않았다. 이는, 아마도 어거스틴이 수도사 기질을 가지고 태어났기 때문일지 모른다. 거기다가 어거스틴과 매우 친했던 친구 알뤼피우스가 어거스틴의 결혼을 적극 만류하였다. 어거스틴은 자기 친구 알뤼피우스의 금욕적 경향에 대해 이렇게 말하고 있다.

하온데, 알뤼피우스는 나의 결혼을 적극 만류하면서, 내가 만일 결혼하면, 우리가 오랫동안 염원해 오던 유유자적(悠悠自適)함 속에서의 공동생활과 지혜의 탐구를 결코 할 수 없을 것이라는 말을 되풀이했나이다. 사실, 그는 당시 실로 놀라울 만큼 엄격한 금욕 생활을 하고 있었나이다. 그는 청년기에 접어들 때 이미 성경험을 하였사오나, 계속 그것에 매달리지 않고, 오히려 그것을 후회하고 멸시하였사오니, 그 다음부터는 완전히 금욕적인 삶을 살았나이다. (*Conf.* VI, xii, 21)

위 인용문에서 우리는 "공동생활"이라는 단어가 나옴을 알 수 있다. 당시 어거스틴은 기독교 수도원 운동에 대해서는 몰랐으나, 철학자 공동체에 대해서는 알고 있었다. 지혜를 추구한다는 공동 관심사를 가진 사람들끼리 모여 사는 것 말이다. 다시 그의 말을 인용해 보자!

그때 우리 여러 친구들은 괴롭고 소란한 인간 생활이 몹시 싫어져서, 속세를 떠나 조용한 생활을 해 보자는 생각을 하게 되었으므로, 그에 관해 서로 의견을 나눈 다음, 그것을 실행에 옮기자는 결정까지 거의 하게 되었나이다. 하온데, 조용한 생활을 위한 우리의 계획은 이러했나이다. 곧, 우리는 각자의 소유는 무엇이든지 한데로 모아, 공동재산을 만들기로 하였사온데, 그리 되면, 신실한 우정으로 말미암아 모든 것은 네 것, 내 것이 없이 하나의 재산이 되므로, 모든 재산은 개개인의 것임과 동시에 모든 사람의 공동 재산이 되는 것이었나이다. 우리가 보기에, 그 공동체에 참여할 수 있는 사람은 대강 열 명쯤은 되는 것 같았나이다. 우리 중에는 아주 부유한 자들도 있었사온데, 특히 로마니아누스는 나와 동향인으로, 내가 어렸을 때부터 아는 사이였사오며, 당시에는 사업상의 중차대한 일로 [밀라노의] 대법정에 출입하고 있었나이다. 이 사람은 우리 계획에 대찬성이었고, 재산이 다른 사람들보다 훨씬 더 많았기 때문에, 이 사람이 하는 말은 큰 설득력이 있었나이다. 우리는 또한 매년 두 사람의 관리인을 뽑아, 필요한 모든 일을 하도록 하고, 나머지 사람들은 조용히 지내자고 합의하였나이다. 하오나, 우리 중 일부는 이미 결혼을 했사옵고, 앞으로 결혼하려는 자들도 있었던 만큼, 여자들이 이러한 계획을 허락할 것인지에 대해 생각이 미치게 되자, 우리가 세웠던 멋진 계획은 손 쓸 사이도 없이 모두 깨어져 버리고, 산산조각이 나, 폐기되고 말았나이다. (*Conf.* VI, xvi, 26)

그러므로 어거스틴은 회심 이전부터 철학자 공동체를 만들거나, 거기 참여할 생각이 있었다.

철학자 공동체?

기독교 수도원?

그러나 어거스틴의 그런 희망은, 결혼이라는 장애물 앞에서 산산조각이 났다. 하지만 공동체 생활에 대한 그의 꿈은 사그라들지 않았다. 철학자 공동체의 결성이 불가능하다면, 다른 대안은 없는가? 이를 놓고 그는 고민했던 것으로 보인다.

그의 고민은 성경 연구, 특히 바울 서신 연구를 통해 더 깊어져 갔을 것 같다. 그는 주후 384년 가을 밀라노의 국립수사학교 교수가 된 지 얼마 안되어, 밀라노의 감독 암브로시우스의 감화로 교회 출석을 정기적으로 하기 시작했고, 학습교인의 지위도 회복했다. 그의 신앙 생활은, 주후 385년 봄 어머니 모니카가 밀라노에 도착한 다음부터 더 심화되었을 것이다. 이 과정에서 그는 성경 연구를 본격 시작하게 된 것이다.

당시 어거스틴은 평신도, 그것도 학습교인이었다. 그런데 당시 평신도가, 그것도 학습교인이 성경 연구를 깊이 한다는 것은 특별한 일이었다.

당시는 성경 구하기도 어려웠다. 유럽에서 인쇄술이 발명된 것은 1440년 경 구텐베르그(Gutenberg, 1400?~68)에 의해서였다. 인쇄술이 없는 상황에서 책은 필사를 통해 제작되었으므로, 제작 자체가 어려웠고, 비용도 매우 비쌌다. 따라서 평신도, 특히 학습교인이 성경 연구에 나서는 것은 극히 어려웠다.

그런데 어거스틴은 성경 중에서도 특히 바울 서신을 애독하였다. 이것은 밀라노의 감독 암브로시우스(334?~397)[1]와 북아프리카 출신의 교부 마리우스 빅토리누스(299/300?~?363)[2]의 영향으로 생각된다. 성경, 특히 바울 서신에 대해 당시 어거스틴이 어떻게 느꼈는지는 다음 글이 잘 보여 준다.

> 그리하여, 나는 당신의 영으로 감동함을 받은 고귀한 책, 그 중에서도 특히 바울 서신을 매우 열심히 탐독했사온데, 그러자 이전에 나로 하여금 바울이 자기모순에 빠졌다고, 바울의 가르침이 율법과 선지자의 증거와 일치하지 않는다고 생각하게 했던 의문들이 사라지고, 그 말씀의 순결한 모습이 내 앞에 환히 드러났으므로, 나는 [그 말씀을] 배울 때, "떨며 즐거워"(시 2:11) 하였나이다.… 내가 당신의 "사도 중에 지극히 작은 자"(고전 15:9)의 글을 읽을 때, 이상하게도 이런 것들이 내 마음 속에 파고들어서, 나는 당신의 역사(役事)를 생각할 때마다, 두려워 떨었나이다. (*Conf.* VII, xxi, 27)

바울 서신을 읽으면서 어거스틴은, 사도 바울이 독신으로 살았다는 것을 잘 알게 되었다. 그러나 바울이 결혼을 금하지 않았다는 것도 잘 알게 되었다.

> 나는, 교회가 [사람들로] 가득 찬 것을 보았사온데, 사람마다 신앙의 길을 가는 방식은 달랐나이다. 하오나 나는, 세상적인 방식으로 살고 있는 나 자신이 싫었나이다. 세상적인 삶의 방식은 오히려 내게 고역이었사오니, 이제는 전처럼 명예와 돈에 대한 욕심이 힘든 종살이를 견딜 수 있을 만큼 불타오르지도 않았음이라. 당신이 내게 주신 기쁨이 컸사옵고, 당신 집의 아름다움을 내가 사모했던 까닭에, 이 세상적인 것은 더 이상 나를 기쁘게 않았나이다. 하오나, 여자에 대한 사랑만큼은 든든한 쇠사슬처럼 나를

---

[1] 암브로시우스의 바울주의에 대해서는 졸저,『교부 열전』중권 (서울: CLC, 2005), p. 398 참조.

[2] 마리우스 빅토리누스의 바울주의에 대해서는 위의 책, pp. 299-300 참조.

마리우스 빅토리누스
Marius Victorinus

로마서 주석
In epistulam Pauli
ad Romanos

꽁꽁 묶어 두고 있었나이다. 물론, 사도 바울도, 비록 모든 사람이 자기와 같이 "그냥 지내기를"(고전 1:8) 바라는 심정에서 더 나은 것을 권면하고는 있사오나, 결혼 자체를 나에게 금하지는 않았나이다. 하오나, 나는 연약하여, 더 안일한 쪽을 선택하였나이다. 이 한 가지 이유로 인해 나는 다른 일에도 자신이 없어졌사옵고, 여러 가지 걱정, 근심 때문에 [심신이] 피폐해졌나이다. [그때] 나는 결혼을 하고 싶었고, 또 하지 않을 수도 없는 형편이었사오나, 결혼생활을 하게 되면, 내가 원하지 않는 다른 일도 억지로 해야만 했나이다.··· 나는 이미 "값진 진주 하나를"(마 13:46) 만났사옵고, 내 모든 소유를 다 팔아, 그것을 사야 했사오나, 망설이고 있었나이다. (*Conf.* VIII, i, 2)

여기서 마지막 문장이 중요하다. "내 모든 소유를 다 팔아, 그것을 사야 했사오나, 망설이고 있었나이다". 어거스틴이 망설인 것. 그것은 결혼을

포기하는 것이었다. 그는 결혼을 포기할 마음도 있었지만, 결혼을 하고
싶은 마음도 있었다. 그의 마음은 일정하지 않았다. 내면적 갈등 가운데
있었다. 더구나 어머니 모니카의 주선으로 나어린 소녀와 약혼까지 한
상황이었다. 특별한 명분이 없으면, 파혼하겠다는 말을 꺼낼 수가 없었다.

어거스틴의 내면적 갈등은 주후 386년 여름 최고조에 달했다. 이에
대해서 필자는 『청년 어거스틴』이라는 책에서 자세하게 취급한 바 있다.
이 위기의 돌파구는, 어거스틴의 동향인 폰티키아누스가 들려 준 애굽의
수도사 안토니우스 (251?~?356) 이야기가 마련해 주었다.

안토니우스. 그는 고대 기독교 수도원 운동의 아버지였다.[1] 부모로부터
많은 유산을 물려받았던 그는 마 19-16-26에 나오는 부자 청년 이야기를
듣고는, 모든 재산을 포기하고 수도사가 되었다. 그는 엘리야 선지자를
자기의 모범으로 삼고 만 105세의 나이로 세상을 떠날 때까지 은둔수도사
로서의 삶을 살았다.

안토니우스의 이야기는 어거스틴에게 감동 그 자체였다. 그는 철학자
공동체말고도 공동체 생활을 할 수 있는 새로운 가능성을 발견하게 되었기
때문이다. 물론, 그 가능성을 실현시키려면, 결혼도 포기해야 하고, 세상
직업도 포기해야 했다. 그러나 기독교 수도원 운동은 필요한 명분을 제공
하였다.

과연 나는 안토니우스처럼 주님을 위해 모든 것을 포기할 수 있는가?
이 질문에 대한 제대로 답만 할 수 있으면 되었다. 그 답을 하는 것이 쉬운
일만은 아니었지만 말이다.

---

[1] 안토니우스에 대하여는 졸저, 『교부 열전』 중권 (서울: CLC, 2005), pp. 49-51
및 김영한, 『안토니우스에서 베네딕트까지』 (서울: 기독교학술원, 2011), pp. 78-
108 참조.

그림 62:

애굽의 수도사
안토니우스

어거스틴은 고민하면서 친구 알뤼피우스에게 이렇게 외쳤다.

우린 어찌 된 거지? 자네도 들었겠지만, 도대체 이게 뭐지? 무식한 자들[1]은
[불쑥] 일어나, 하늘을 차지하는데, 학문을 했다고 하는 우리는 아무 생각도
없이 살과 피 속에 뒹굴고 있다니! 다른 사람들이 우리보다 앞서가서, 그들을
뒤따라가기 부끄러운 것일까? 그렇지만, 그들 뒤라도 따라가지 않은 것을
부끄러워 해야 하지 않을까? (*Conf.* VIII, viii, 19)

---

[1] 여기서 "무식한 자들" 속에는 안토니우스에가 포함된다. 안토니우스는 글을
모르는 문맹자였다.

밀라노 정원에서 어거스틴이 고민하면서 영적 싸움을 하고 있을 때, 잘 아는 대로, 옆집에서 어린 아이의 노랫소리가 자꾸만 들려 왔다.

Tolle, lege! Tolle, lege!

집어 읽어라! 집어 읽어라!

Take and read! Take and read!

어거스틴은 이 소리를 "성경 책을 펴서 첫눈에 들어오는 곳을 읽으라는 하나님의 명령"으로 여겼다. 그래서 그는 평상시 애독하던 바울 서신을 집어 들어 폈다. 그리고 첫눈에 들어오는 곳을 읽었다. 그곳은 롬 13:13-14였다. 12절부터 인용하겠다.

> 12 밤이 깊고 낮이 가까왔으니, 그러므로 우리가 어두움의 일을 벗고 빛의 갑옷을 입자! 13 낮에와 같이 단정히 행하고, 방탕과 술 취하지 말며, 음란과 호색하지 말며, 쟁투와 시기하지 말고, 14 오직 주 예수 그리스도로 옷 입고, 정욕을 위하여 육신의 일을 도모하지 말라!

어거스틴은 이 말씀에서 자기 고민의 해결책을 발견했다. 그는 이 말씀에 근거하여 안토니우스처럼 수도사가 되는 길을 선택하기로 하였다. 그의 결심에는 그의 친구 알뤼피우스도 동참하였다. 즉, 어거스틴은 수도사가 되되, 혼자 되는 것이 아니라, 친구 알뤼피우스와 공동체 생활을 하기로 한 것이다. 물론, 곧 다른 사람들도 그들의 결심에 동참할 것이다. 그리 되면, 기독교 수도원 형태의 공동체가 탄생하게 된다.

그는 이러한 자기의 결심과 구상을 알뤼피우스와 함께 그의 어머니 모니카에게 알렸다. 모니카 입장에선 아들 어거스틴이 세속적 출세를 완전히 포기하는 순간을 보게 된 것일 수도 있었다. 그러나 그녀는, 그것이 하나님의 뜻이라 생각하고, 아들의 결심과 구상에 찬성의 뜻을 표했다. 그녀에게도 영적인 것이 더 좋게 느껴졌을 것이다.

그림 63: 「어거스틴의 회심」

이탈리아 화가 Gozzoli(1420?~97)의 1464/65년 작품

오스티아에서의 신비 체험

어거스틴이 회심을 체험한 것은 주후 386년 8월 초라는 것이 정설이다. 어거스틴은 같은 해 8월 말 혹은 9월 초 가까운 사람들과 함께 밀라노 북쪽의 카씨키아쿰 농장으로 가서, 약 반 년 쯤 그곳에서 지냈다. 물론, 밀라노 국립수사학교 교수직은 그해 가을 사임하였다.

두 번째 동거녀와도 헤어졌고, 귀족 가문 소녀와의 약혼은 당연히 파기 되었다.

그는 카씨키아쿰에서 자기 나름대로의 일종의 수도원 운동을 시작하였다. 여기에 그의 어머니 모니카가 적극 동참, 후원하였다.

어거스틴은 주후 387년 2월 말 혹은 3월 초 세례 받을 준비를 하기 위해 밀라노로 다시 갔다. 이때 모니카도 함께 갔다. 어거스틴은 같은 해 4월 24일 (토) 밤에 밀라노의 감독 암브로시우스로부터 세례를 받는데, 그의 세례식에는 모니카도 참석했을 것이 확실하다.

세례를 받은 지 얼마 되지 않은 주후 387년 초여름 어거스틴은 어머니 모니카 등 그의 권속(眷屬)과 함께 밀라노를 떠나 귀향 길에 오른다. 그의 일행은 아마 로마를 거쳤던 것 같고, 그해 한여름 로마의 외항 오스티아에 도착했다.

티베르 강 하구 옆에 위치한 오스티아는 지금은 로마의 한 구역이 되어 있지만, 고대에는 로마와 독립된 도시였다. 참고로, 로마 중심가에서 오스 티아까지의 직선거리는 약 23km다. 오스티아는 당시 로마제국의 중요한 항구도시였다, 수도 로마의 해상 관문이었기 때문이다. 이탈리아 중부 에서 북아프리카로 가는 사람은 대부분 다 오스티아에서 출항하는 선박을 이용해야 했다. 이 항구는 또 북아프리카 등 해외에서 로마로 공급되는 물자를 받아들이는 물류 거점이기도 하였다.

그림 64: 「어거스틴의 수세」
이탈리아 화가 Gozzoli(1420?~97)의 1464/65년 작품

그런데 이 오스티아에서 어거스틴의 어머니 모니카가 세상을 떠났다. 당시 어거스틴 일행은 그곳에서 "지루하고 고달픈 여행을 잠시 멈추고"[1] 북아프리카 카르타고로 향하는 배를 기다리고 있었다. 고대에는 지중해에 정기 여객선은 다니지 않았다. 그러니 사정에 따라서는 카르타고 행 배를 만나는 데 상당한 시간이 걸릴 수 있었다.

밀라노에서 오스티아까지의 행로는 결코 쉽지 않았다. 여행은 이제 50대 후반에 들어선 모니카의 건강에 상당히 악영향을 미친 것 같다. 그래서 인지 모니카는 이곳에서 열병으로 몸져누웠다.[2]

어거스틴 일행은, 아니키우스(Anicius)라는 로마의 귀족 가문이 소유한 별장에 머물렀을 것으로 짐작된다.[3] 이 가문은 당시 기독교 가문이었다. 그 별장은 오스티아 외곽의 바닷가에 위치했을 것 같다.[4]

어거스틴은 도처에 그를 환영하는 사람들이 많았다. 아마도 그는 매우 매력적인 성격의 사람이었을 것이고, 그 자신 사람들과의 친교를 아주 중요하게 생각했기 때문일 것이다.[5]

모니카가 몸져눕기 대략 닷새 전,[6] 어거스틴은 그의 어머니 모니카와 함께 신비로운 체험을 했다.

---

[1] *Conf.* IX, x, 23.

[2] *Conf.* IX, xi, 27.

[3] Cf. Peter Brown, *Augustine of Hippo: A Biography* (Berkeley: Univ. of California Press, 1967), p. 128.

[4] Cf. Louis Bertrand, *Saint Augustin* (Paris: Arthème Fayard & Cie, 1913), p. 278.

[5] Cf. Venatius Nolte, *Augustins Freundschaftsideal in seinen Briefen* (Würzburg: Rita-Verlag und -Druckerei, 1939), pp. 10-12.

[6] *Conf.* IX, xi, 27.

그림 65: 「폭풍우를 맞은 오스티아」
이탈리아 화가 Leonardo Coccorante(1680~1750)의 1740년대 작품

그 체험은 아주 잠시나마 – 아직 이 세상에서 육신의 몸을 가지고 순례의
길을 걷고 있는 상황임에도 불구하고 – "하나님이 진리의 꼴로 이스라엘을
영원토록 먹이시는, 저 무한히 풍요로운 곳에까지 도달"[1]하는 체험이었다.
"무한히 풍요로운 곳"(regiō ūbertātis indēficientis). 이 세상의 모든 즐거움은
그곳의 영원한 생명의 즐거움과는 비교할 가치, 아니 언급할 가치조차
없는 것임을 모니카와 어거스틴 모자는 저리게 느꼈다.

---

[1] *Conf.* IX, x, 24.

어거스틴과 모니카

화란 출신의 화가 Ary Scheffer(1795~1858)의 작품

이 체험을 하고서 모니카는 아들 어거스틴에게 이런 말을 했다.

> 아들아, 나로서는 이제 이 세상으로부터 얻을 즐거움이란 하나도 없다. 이 세상에서 바랄 것이 더 없는데, 내가 이 세상에서 아직 또 해야 될 일이 무엇인지, 내가 왜 이 세상에 더 남아 있어야 하는 것인지 모르겠구나. 내가 이 세상에 조금이라도 더 머물러 있고자 했던, 단 한 가지 이유는, 죽기 전에 네가 기독교 신자가 되는 모습을 보고 싶었기 때문이었다. [그런데,] 내 하나님께서는, 내가 간구한 것보다 더 풍성하게 허락해 주셔서, 나로 하여금, 네가 이 세상의 행복을 버리고, 그의 종이 되는 모습을 보게 해 주셨구나. [그러니,] 내가 이 땅에서 무슨 할 일이 또 있겠느냐? (*Conf.* IX, x, 26)

모니카는 오스티아에서 신비 체험을 하면서 자신의 죽음을 예견한 것 같다. 그녀는, 아들이 신자가 되었을 뿐 아니라, 이미 주님께 헌신하는 종이 되었다 생각하였다.

> 다시 한번 말하지만, 당시 어거스틴은 아직 목회자가 아니었다. 평신도 였다. 그러나 주님께 헌신하기로 결심하고, 그 결심을 실천에 옮기는 사람은, 그가 비록 평신도라 할지라도 "주의 종"이라 불릴 수 있다는 것이 모니카와 어거스틴의 생각이었다.

> 모니카와 어거스틴은 성직자주의에 함몰되지 않았다. 주의 종은 특권층이 절대 될 수 없다. 문자 그대로 종, 섬기는 자다.

주님에 대한 절대적 헌신. 그것은 세상 즐거움보다 하늘의 신령한 즐거움에 대한 체험이 있어야 가능하다. 이 체험은 나의 노력이나 공로에 의해서 오는 것이 아니다. 그것은 전적으로 하나님의 은혜로 오는 것이다. 솔라 그라티아(sōlā grātiā)! 오직 은혜!

모니카가 아들 어거스틴과 함께 오스티아에서 했던 신비 체험은 은혜 체험이기도 하였다. 주님의 샘으로부터 흘러나오는 생명의 물을 받아 마셔 본 사람이 하는 체험 말이다.

모니카의 소천

앞에 소개한 신비 체험을 한 지 닷새 쯤 지나, 모니카는 열병으로 몸져
누웠다.[1] 아마도 말라리아에 걸렸던 것 같다. 그녀는 병상에 누운 지 아흐레
되던 날 소천하였다.[2] 그녀의 소천 연도는 주후 387년이었고, 계절은
필시 여름이었을 것이다. 그녀의 향년(享年)은 56세였다.

그녀는 평상시 고향 땅에, 그것도 그녀의 남편인 파트리키우스의 무덤
옆에 묻히기를 원했다. 이에 대해 어거스틴은 이렇게 말한다.

> 어머니는 생전에, 아버지와 금실이 무척 좋았던 까닭에, 죽어서도, 아버지
> 곁에 묻히는 행복을 원했던 것이라. (*Conf.* IX, xi, 28)

그러나 그것은 하나님의 뜻이 아니었다. 모니카도 그것을 알게 된 것
같다. 어거스틴이 느끼기에는, 최소한 예의 신비 체험 당시에는 그런
생각이 굳어져 있었다.

> 물론, 창가에 기대어 서서, 나와 대화를 나누면서, "내가 이 땅에서 무슨 할
> 일이 또 있겠느냐?"고 할 때, 이미 어머니는, 꼭 고향 땅에 묻혀야 되겠다는
> 뜻이 없음을 보여주었나이다. (*Conf.* IX, xi, 28)

그래서 그녀의 다른 아들 나비기우스가 그녀에게 "타지(他地)에서 돌아가
시기보다는, 고향에서 편안하게 돌아가시는 것이 더 좋겠다"고 했을 때,
"그를 쏘아보며, '무슨 [쓸데없는] 생각을 하느냐?'"고 나무랐던 것이다.[3]

---

[1] *Conf.* IX, xi, 27.

[2] *Conf.* IX, xi, 28.

[3] *Conf.* IX, xi, 27.

MONICA

MATER AUGUSTINI

(331~387)

그녀의 장례식에는 그녀의 권속과 어거스틴의 친구, 친지들 외에도 오스티아 및 로마의 많은 크리스챤들이 참여하였다.

> 하온데, [우리가] 당한 일에 대한 소식을 듣고, 많은 형제들과 여성도들이 모여들었나이다. 장례에 필요한 일을 맡은 사람들이 관습에 따라, 자기들이 할 일을 하는 동안, 나는 나를 위로해 주러 온 사람들과 당시의 상황에 가장 알맞다고 여겨지는 문제에 대하여 이야기를 나누었사온데, 그것이 진정제가 되어, 나의 아픈 마음을 달래주었나이다. (*Conf.* IX, xii, 31)

모니카의 유해는 오스티아의 순교자 아우레아(Aurea, 주후 3세기 순교)의 기념교회당 부근에 안장되었다. 그녀를 위하여 로마의 귀족 아니키우스 아우케니우스 밧수스(Anicius Auchenius Bassus)[1]라는 사람이 대리석으로 비석을 세워 주었다.

이 비석의 잔해 일부가 1945년 아우레아 기념교회당 부근에서 발견되었다.

---

[1] 그는 주후 408년 로마제국 집정관 지위에 오른 사람이다.

로마가톨릭교회에서는 언제부턴가 그녀를 성인으로 숭배하고 있다. 그래서 영어로 그녀를 Saint Monica라 한다. 라틴어 Sāncta Monica를 번역한 것이다.

그녀에 대한 성인숭배는 1430년 그녀의 유해를 교황 마틴 5세(Martin V., *1369, 재위 1417~31)의 지시로 로마의 어거스틴 기념교회당으로 옮길 때 최고조에 달했다.

개신교에서는 그녀를 매우 훌륭한 신앙인으로 추앙하기는 하나, 성인으로 숭배하지는 않는다. 모니카의 장례식 때 모인 사람들이 부른 시편 찬송은 이것이다.

내가 인자와 공의를 찬송하겠나이다.
여호와여, 내가 주께 찬송하리이다. (시 101:1)

부록

카씨키아쿰에서의 모니카의 역할[1]

이 글은 2005년 간행된 「개신논집」제5호에 게재되었던 것입니다. 내용상의 오류 및 오탈자는 수정하였습니다.

서 론

어거스틴(354-430)은 밀라노에서 회심을 체험한 지 얼마 후 그의 가족 및 가까운 사람들과 함께 카씨키아쿰으로 갔다. 그의 일행 중에는 그의 어머니 모니카(331?-387)[2]가 포함되었다.

"눈물의 아들은 결코 망하지 않는다"(『고백록』제3권 12장 21절)는 말과 함께, 어거스틴의 회심에 미친 모니카의 영향에 대하여는 이미 많이 알려져

---

[1] 이 논문에 사용된 약어 및 부호에 대한 설명은 졸저,『신학논문작성법』(서울: 도서출판 참말, 1994), pp. 179-205 및 졸저,『교부 열전』상권 (서울: 정은문화사, 2002), pp. 29-49 참조.

[2] 모니카에 대한 전문서적으로는 Bougaud, *History of St. Monica*, tr. Edward Hazeland (Devon: Augustine Publishing Co., 1983); Aurelius Augustinus, *Meine Mutter Monika*, hg. von Agostino Trapè, übers. von Hans Beyrink (München: Verlag Neue Stadt, 1998)가 있다. 이밖에 Leon Cristiani, *Saint Monika and Her Son Augustine*, tr. M. Angeline Bouchard, 2d ed. (Boston: Pauline Books & Media, 1994); Dolina MacCuish, *Augustine: A Mother's Son* (Fearn: Christian Focus Publications, 1999); Angelo di Berardino, "Monnica," in *Augustine through the Ages: An Encyclopedia*, ed. Allan D. Fitzgerald (Grand Rapids, Mich., Eerdmans, 1999), pp. 570-571도 도움이 된다.

있다. 그러나, 어거스틴의 회심 이후 카씨키아쿰에서 모니카가 한 역할에
대하여는 그다지 잘 알려져 있지 않다. 사실, 카씨키아쿰 자체에 대한
관심도 그다지 높지 않은 편이다.

하지만 카씨키아쿰은, 젊은 어거스틴이 거쳐간 장소 중 아주 중요한
곳에 속한다. 이곳에서 그는 여러 편의 대화록을 썼는데, 이들 대화록에는
젊은 어거스틴의 사상이 짙게 배어 있다. 이곳 카씨키아쿰에서 어거스틴은
그의 가족 및 제자들, 그리고 친구들과 함께 일종의 공동체를 이루었지만,
모니카는 이 공동체 속한 식구들의 공동의 어머니이자, 아들 어거스틴의
중요한 대화 상대였다.

그래서, 본고에서는 카씨키아쿰 공동체에서의 모니카의 역할에 대하여
살펴보고자 한다. 이에 대한 일차자료로서는 어거스틴의『고백록』[1] 외에,
그가 카씨키아쿰에서 쓴 여러 작품이 주로 이용될 것이다.

1. 카씨키아쿰과 어거스틴

1. 1. 카씨키아쿰에서의 어거스틴의 작품

독자들의 편의를 위하여 카씨키아쿰에서 어거스틴은 쓴 작품에 대하여
먼저 간략히 설명하는 것이 좋을 것 같다. 먼저, 그가 이곳에서 쓴 책은
다음과 같다.

---

[1] 이 책의 라틴어 원문은 *MPL* 32: 659-869, 우리말 번역은 필자의 졸역인 어거
스틴의『고백록』(서울: 기독교문서선교회, 2004) 참조.『고백록』을 라틴어로는
*Confessiones*라 하는데, *Conf.*로 약칭(略稱)한다.

■『아카데미학파 논박』(*Contra Academicos*)[1]

아카데미학파, 그 중에서 신아카데미학파는 회의주의(懷疑主義) 내지
불가지론(不可知論)을 주장했던 학파로, 어거스틴도 회심 전에는 이 학파의
영향을 받은 적이 있다.[2]

어거스틴은 이 책에서 신아카데미학파의 회의주의에 반대하고, 로고스의
성육신으로 말미암아 진리에 도달할 수 있는 길이 우리에게 열렸음을
밝힌다.

■『행복론』(*De beata vita*)[3]

이 책에서 어거스틴은, 모든 사람이 추구하는 참된 행복은 오직 하나님께만
있음을 선언한다.

■『질서론』(*De beata vita*)[4]

이 책을 통해 어거스틴은, 우주만물이 조화로운 질서를 가지게 된 것은
창조주 하나님의 섭리 때문임을 분명히 한다.

---

[1] 이 책의 라틴어 원문은 *MPL* 32: 905-958, 영어 번역은 *FC* 5: 103-222 참조. 이
책은 "*C. Acad.*"라 약칭함.

[2] 아카데미학파에 대하여는 졸저,『고대교리사』(서울: 보라상사, 2003), p. 143,
신아카데미학파에 대하여는 졸저,『교부 열전』상권, pp. 238-239 참조. 어거
스틴과 신아카데미학파와의 관계에 대하여는 예컨대, John J. O'Meara, *The Young
Augustine: The Growth of St. Augustine's Mind Up to His Conversion*, 2d rev ed. (New
York: Alba House, 2001), pp. 97-107 참조.

[3] 이 책의 라틴어 원문은 *MPL* 32: 959-976, 영어 번역은 *FC* 5: 43-84 참조. 이
책은 "*De b. vita*"라 약칭함.

[4] 이 책의 라틴어 원문은 *MPL* 32: 977-1020, 영어 번역은 *FC* 5: 239-332 참조.
이 책은 "*De ord.*"라 약칭함.

■ 『독백록』(*Soliloquia*)[1]

    이 책에서 어거스틴은, 자기가 알고자 하는 것은 "하나님과 영혼"뿐이라 하면서, 하나님의 본성과 영혼의 본성의 공통점과 차이점에 자신의 입장을 밝혔다.

어거스틴은 카씨키아쿰에서 여러 통의 편지를 썼으나, 현재 남아 있는 것은 네 통뿐이다. 이들 편지는 어거스틴의 『서한집』(*Epistulae*)[2]에 제1번 (386년 말), 제2번(386년 말), 제3번(387년 초), 제4번(387년 초) 서한으로 되어 있다.

1. 2. 카씨키아쿰의 위치

고대의 많은 지명이 그렇듯이, 카씨키아쿰(Cassiciacum)의 정확한 위치도 어두움에 싸여 있다. 가장 유력한 장소로는 카사고 디 브리안차(Cassago di Brianza)와 카시아고 델 바레소(Casciago del Vareso)라는 두 마을이 거론 되는데, 이 중에서 전자가 더 유력시된다.[3]

---

    [1] 이 책의 라틴어 원문은 *MPL* 32: 869-904, 영어 번역은 *FC* 5: 343-426 참조. 이 책은 "*Solil.*"라 약칭함.

    [2] 어거스틴 『서한집』의 라틴어 원문은 *MPL* 33, 영어 번역은 *NPNF* Ser. 1, I: 219-593 참조. 서한은 "*Ep.*"로 약칭한다.

    [3] 카를로 크레모나(Carlo Cremona), 『성아우구스티누스傳』(*Agostino d'Hippo*) 성염 옮김 (서울: 성바오로출판사, 1992), pp. 139-140; Allan D. Fitzgerald, gen. ed., *Augustine through the Ages* (Grand Rapids, Mich., Eerdmans, 1999), p. 135; Serge Lancel, *Saint Augustin* (Paris: Fayard, 1999), pp. 139-140 참조.

이들 두 마을은 다 밀라노(Milano)에서 그리 멀지 않은 곳에 위치하는데, 카사고는 밀라노 동북쪽 약 35km에 위치하며, 카시아고는 밀라노 서북쪽 약 55km에 위치한다. 카사고든, 카시아고든 모두 밀라노 북쪽이다.

이 두 마을 중 카사고가 더 유력시되는 것은, "로마시대의 거주지였음을 보여주는 고고학 발굴품이 많기"[1] 때문이다. 카사고에서 발굴된 고고학적 유물 가운데 특히 중요한 것은 베레쿤두스(Verecundus)라는 사람의 비명(碑銘)이다.[2] 하지만, 이 비명의 주인이 이교도(異敎徒)이고,[3] 어거스틴의 친구 베레쿤두스는 세상을 떠나기 얼마 전 세례를 받고 기독교 신자가 되었기 때문에,[4] 이 비명의 주인이 어거스틴의 친구 베레쿤두스라는 보장이 없다.

학자들은 카씨키아쿰의 정확한 위치는 밝히지 못했지만, 카씨키아쿰이 밀라노 북쪽에 위치하였다는 데는 이견(異見)이 없다. 우리가 아는 대로, 이태리 북부에는 "롬바르디아"(Lombardia)라 이름하는 광대한 평야가 있고, 밀라노는 예로부터 지금까지 이 평야 서북부의 중심도시다. 그런데, 어거스틴의 『서한집』에는 카씨키아쿰이 "이태리 한 가운데의 높은 산 속에"[5] 있음이 밝혀져 있다. 여기서 "이태리 한 가운데"란, 밀라노 주변 지역을 가리킨다. 왜냐하면, 밀라노는 당시 로마제국 서부의 수도로, 정치적, 군사적으로는 로마 이상으로 중요한 도시였기 때문이다. 그러면, 밀라노 부근에서 "높은 산들"이 있는 곳은 어디인가? 그곳은 밀라노 북쪽의

---

[1] 크레모나, 위의 책, p. 139.

[2] Cf. Fitzgerald, *Augustine through the Ages*, p. 135.

[3] *Loc. cit.*

[4] *Conf.* IX, iii, 5.

[5] *Ep.* XXVI, 4: "Italiae medio montesque per altos".

알프스 산맥을 가리킨다. 크레모나가 카씨키아쿰을 "알프스 산 발치"[1]에 있는 것으로 묘사한 것은 그러므로 충분히 이해가 된다.

1. 3. 어거스틴 일행이 카씨키아쿰으로 가게 된 배경

어거스틴이 회심을 체험했던 주후 386년 여름, 그의 건강은 상당 기간 요양을 필요로 하리 만큼 악화돼 있었다.[2] 더구나 그는 회심을 체험하면서 세상 직업을 버리고, 하나님을 "섬기기로 작정"[3]한 바 있었는데, 이러한 그의 "작정"을 실행에 옮기기 위해서는 번잡한 밀라노를 잠시 떠나, "가만히"(시 46:10)[4] 있어, 하나님과 깊이 교제하는 시간을 가지는 것이 필요하다 생각되었다.

그런데, 어거스틴이 하나님을 "섬기기로 작정"한 것의 구체적 의미는 무엇일까? 어거스틴은 회심을 체험하면서, (1) 밀라노의 국립수사학교 교수직을 포기하였고, 이와 함께 출세의 야망까지 접었다.[5] (2) 상류 가문의 여자와 정식으로 결혼하려던 계획을 단념하였다.[6] (3) 두 번째 동거녀와 헤어졌다.[7] (4) 독신생활 내지 수도생활을 결심하였고, 이러한 자기의 결심에

---

[1] 앞의 책, p. 141.

[2] *Conf.* IX, ii, 4.

[3] *Conf.* IX, v, 13.

[4] *Conf.* IX, ii, 4.

[5] *Conf.* VIII, xii, 30 - IX, iv, 7 passim.

[6] *Conf.* VIII, xii, 30. Cf. Carl Johann Perl, "Vorwort" zu Aurelius Augustinus, *Die Ordnung*, 4. Aufl. (Paderborn: Schöningh, 1966), pp. v - xxii, esp. p. vi.

[7] 어거스틴이 두 번째 동거녀와 헤어진 내역에 대하여 전혀 언급하지 않는 것은 수사학적 침묵이라 할 수 있다. 그가 첫 번째 동거녀와 헤어진 것에 대하여는 *Conf.* VI, xv, 25에서 이야기한다.

자기 주변 사람들도 동참해 주기를 원하였다.[1]

이렇게 본다면, 어거스틴의 회심은, 단순히 이제 정식 기독교 신자가 되겠다는 정도의 성격만을 지닌 것이 아니었다.[2] 그는 거기에서 한 걸음 더 나아가, 수도사가 될 생각까지 하였다. 그래서, 그가 어머니 모니카에게 회심의 소식을 전했을 때, 모니카는 아들 어거스틴의 "육신에서"[3] 손자를 얻을 생각을 더 이상 하지 말아야 하였던 것이다.

그렇지만, 그는 국립수사학교 교수라고 하는 공직을 사임하는 진정한 이유를 만인(萬人)에게 알릴 수는 없었다. 특히 자기에게 자녀들을 맡긴 학부모들에게는 더욱 그러하였다. 그래서 표면상의 이유로 내세운 것이 그의 악화된 건강이었다.[4] 그러나, 그는 단순히 꾀병을 부린 것이 아니라, 실지로 몸이 아팠었기 때문에, 그 표면상의 이유가 "거짓된 변명"만은 아니었다는 사실에 기뻐할 수 있었다.[5]

어거스틴이 『고백록』에서 밝히고 있는 그의 질병은 "호흡 곤란", "가슴 통증", "성대 약화" 등이다.[6] 이와 같은 질병을 치료하기 위해서는 몸의 휴양이 필요하였다. 더구나 그는 앞으로의 수도생활에 대한 좀 더 구체적인 계획을 세워야 하였다. 이러한 필요성을 충족시키려면, 밀라노와 같은 대도시의 번잡함을 피하여, 자연을 가까이 할 수 있는, 한적한 곳을 찾아야 하였다.

---

[1] Cf. Adolar Zumkeller, *Das Mönchtum des heiligen Augustinus*, 2., neubearb. Auf. (Würzburg: Augustinus- Verlag, 1968), pp. 38-44.

[2] 그는 회심을 체험하기 1년 반 전 이미 (주후 384년 말) 학습교인의 지위를 회복할 결심을 하였다. *Conf.* V, xiv, 25 참조.

[3] *Conf.* VIII, xii, 30.

[4] *Conf.* IX, ii, 4.

[5] *Loc. cit.*

[6] *Loc. cit.*

그런데, 마침 어거스틴의 친구 베레쿤두스(Verecundus)라는 사람이
카씨키아쿰에 농장을 소유하고 있었다.[1] 베레쿤두스는 밀라노의 시민으로,
그곳 국립학교의 문법 교사로 활약하는 사람이었다.[2] 그는, 어거스틴이
계획하고 있던 수도사 공동체에 참여하고 싶었으나, 결혼한 몸이었기
때문에, 그것이 불가능하여, 밀라노에 남아, 교사 생활을 계속하였고, 대신
카씨키아쿰의 자기 농장에 어거스틴 일행이 머무를 수 있도록 허락하였던
것이다. 베레쿤두스의 부인은 그리스도인이었고, 베레쿤두스 자신도,
어거스틴이 밀라노를 떠난 후에, 세례를 받고 정식 신자가 되었다.[3]

1. 4. 카씨키아쿰 농장의 성격

롬바르디아 평야의 끝자락에 위치했던 카씨키아쿰은, 알프스 산맥이 바라
보여, 그 경관(景觀)이 수려(秀麗)하였고, 기후(氣候)가 온화(溫和)하였다.
이곳에서 어거스틴 일행은 대자연(大自然)을 마음껏 호흡하며, 하나님과
가까이할 수 있는 시간을 가졌다.
　그런데, 우리나라의 많은 어거스틴 연구자들은『고백록』제9권 3장
5절에 나오는 rus Cassiciacum이라는 라틴어를 "카씨키아쿰 별장"이라는
뜻으로 해석한다. 그러나, 여기서 사용된 라틴어 rus는 "땅", "장원",

---

[1] *Conf.* IX, iii, 5.

[2] *Conf.* VIII, vi, 13. Cf. Carl Johann Perl, "Vorwort" zu Aurelius Augustinus, *Die Ordnung*, 4. Aufl. (Paderborn: Schöningh, 1966), pp. v - xxii, esp. p. v.

[3] *Conf.* IX, iii, 5.

"농장"이라는 뜻으로, 농지와 그 위에 세워진 가옥을 총칭하는 말이다. 당시 로마제국의 귀족이나 중상층 계급의 사람들은 농촌지역에 이러한 농장 내지 장원을 소유하고 있는 경우가 많았다.

베레쿤두스는 밀라노 시민으로서, 밀라노 국립학교에서 문법 교사로 활약하였으므로, 최소한 중상층 계급에 속한 사람이었고, 잘만 하면 상류 계급으로도 진출할 수 있는 사람이었다. 그러한 사람이 밀라노 가까운 농촌 지역에 농장을 소유한다는 것은 당시로서는 아주 자연스러운 일이었다.

그러나, 카씨키아쿰에 있던 베레쿤두스의 집은 그리 큰 것 같지는 않다. 왜냐하면, 어거스틴은 그의 제자들과 함께 같은 방을 사용했기 때문이다.[1] 하지만, 그 집에는 부속건물로 여러 명이 함께 목욕할 수 있는 목욕장이 함께 딸려 있을 정도의 규모는 되었다.[2]

그 집에는 관리인과 그 가족이 함께 살고 있었을 것으로 추정된다. 그리고, 카씨키아쿰 농장에는 일하는 소작인(小作人)들도 있었을 것 같다.[3]

카씨키아쿰의 농장에서 구체적으로 어떤 농사를 지었는지 어거스틴은 밝히지 않는다. 하지만, 이 지역이 롬바르디아 평야에 속하는 지중해성 기후지역인 만큼, 밀농사 외에 포도재배와 올리브재배가 행해졌을 것 같다. 이 농장에서 닭을 키웠다는 것은 어거스틴의 글을 통해 알 수 있다.[4]

---

[1] *De ord.* I, iii, 6. Cf. Zumkeller, *Das Mönchtum des heiligen Augustinus*, p. 45, n. 41.

[2] *De ord.* I, viii, 25.

[3] 크레모나, 앞의 책, p. 140 참조.

[4] *De ord.* I, viii, 25.

1. 5. 어거스틴 일행이 카씨키아쿰에 체류했던 기간

어거스틴과 그 일행이 카씨키아쿰에 체류했던 기간은 주후 386년 8월 말 혹은 9월 초부터 주후 387년 2월 말 내지 3월 초까지의 약 반년 간으로 추정된다.

우선, 어거스틴 일행의 카씨키아쿰 도착 시기를 주후 386년 8월 말 혹은 9월 초로 추정하는 이유는 다음과 같다. 어거스틴이 회심을 체험한 것은, "포도철 휴가"(vindemialia)[1]가 끝나기 약 20일 전,[2] 곧, 8월 초의 일이었다. 왜냐하면, 로마제국에서는 여름방학 대신 포도철 휴가가 있었고, 이 휴가는 8월 23일부터 10월 15일까지로 정해져 있었기 때문이다. 어거스틴은 회심을 체험한 후에도, 포도철 휴가가 시작되기까지는 수사학 교수 일을 계속하였다.[3] 그리고, 이 휴가가 시작된 지, 얼마 지나지 않아, 그의 일행과 함께 카씨키아쿰으로 갔다.[4]

다음으로, 어거스틴 일행이 카씨키아쿰을 떠난 시기를 주후 387년 2월 말 혹은 3월 초로 추정하는 이유는 다음과 같다. 어거스틴은 그의 아들 아데오다투스 및 그의 친구 알뤼피우스와 함께 주후 387년 4월 24일 토요일 밤에 밀라노의 감독 암브로시우스로부터 세례를 받는다. 당시 밀라노 교회

---

[1] 포도는 예로부터 이태리와 같은 지중해성 기후지역의 대표적인 농산물이다. 그래서, 포도 수확기에는 법정이 휴정(休廷)에 들어갔고, 각급 학교도 방학을 하였다.

[2] *Conf.* IX, ii, 4.

[3] *Loc. cit.*

[4] *Conf.* IX, iii, 5 - iv, 12.

에서는 로마제국의 다른 많은 교회들[1]과 마찬가지로 사순절(四旬節) 기간 동안 수세예정자(受洗豫定者)들에 대하여 신앙요리교육을 시켰다. 그런데, 주후 387년의 사순절은 3월 10일 전후에 시작되었다. 그리고, 어거스틴은 이 기간에 실시되는 신앙요리교육에 참여하기 위하여 그 해 사순절 시작 전에 밀라노에 도착하였음이 분명하다.[2] 어거스틴 일행이 카씨키아쿰을 떠날 당시, 이태리 땅은 "얼음으로 덮여" 있었고, 어거스틴의 친구 알뤼피우스는 세례를 받게 된다는 감격에 맨발로 얼음 덮인 그 땅을 걸어갔다.[3]

1. 6. 카씨키아쿰 공동체에 참여했던 사람들

카씨키아쿰에서 어거스틴과 함께 공동생활을 했던 사람들은, 어거스틴의 어머니 모니카와 그의 아들 아데오다투스, 어거스틴의 동생(?) 나비기우스, 어거스틴의 이종사촌 라스티디아누스와 루스티쿠스, 어거스틴의 제자 리켄티우스와 트뤼게티우스, 어거스틴의친구 알뤼피우스 등이었다.[4] 이 중 알뤼피우스는 간혹 외지에 다녀올 때가 있었다.[5] 그리고, 라스티디아

---

[1] 예를 들어, 예루살렘 교회. 예루살렘의 감독 퀴릴(재직 348~386/387)은 매년 사순절 기간 동안 수세예정자들에게 신앙요리교육을 시켰고, 이를 바탕으로 신앙요리에 관한 책을 여러 권 썼다. Cf. Quasten, *Patrology* III, pp. 362-377.

[2] *Conf.* IX, iv, 14.

[3] *Loc. cit.*

[4] Cf. Agostino Trapè, *Saint Augustine: Man, Pastor, Mystic*, tr. Matthew J. O'Connell (New York: Catholic Book Publishing Co., 1986), p. 110.

[5] 크레모나, 앞의 책, p. 140 참조.

누스와 루스티쿠스는 어거스틴의 이종사촌이니까, 모니카에게는 자기 언니 혹은 여동생의 아들들인 셈이다.

1. 7. 카씨키아쿰 공동체의 일과

카씨키아쿰에서 어거스틴 일행은, 매일같이 새벽 일찍 일어나,[1] 공동 기도회를 가졌다.[2] 그들은 낮 동안 이 농장의 농사일을 거들었고,[3] 틈나는 대로 독서와 철학적 문제에 대한 대화를 나누었다.[4] 그들이 함께 읽는 책 속에는 로마의 서사시인 베르길리우스(Vergilius, 70-19 BC)의 시집이 포함 되었다.[5] 그들의 대화와 토론은, 날씨가 좋으면, 초원의 나무 그늘 아래서 행해졌고, 비 오는 날[6] 혹은 추운 날에는 고대인의 관습에 따라 목욕장 에서 행해졌다.[7] 저녁 시간에는 일찍 취침하는 것이 원칙이었다. 물론, 어거

---

[1] *C. Acad.* II, iv, 10.

[2] *De ord.* I, viii, 25.

[3] *C. Acad.* I, v, 15.

[4] 카씨키아쿰에서 어거스틴이 쓴 책은 모두 대화체로 되어 있다. 이것은 『독백 록』의 경우도 마찬가지다. 어거스틴은 플라톤주의자였기 때문에, 플라톤의 책이 대화체로 되어 있는 것을 본뜨고자 하였다. Cf. Joanne McWilliam, "Cassiciacum Dialogues," in *Augustine through the Ages*, pp. 135-143.

[5] *C. Acad.* I, v, 15; II, iv, 10; *De ord.* I, viii, 26.

[6] 어거스틴 일행이 카씨키아쿰에 머무르던 시기는 겨울을 끼고 있어서, 지중해 성 기후로 인해 비가 자주 왔다. 이태리나 북아프리카와 같이 지중해 연안지방은, 여름에는 고온건조(高溫乾燥)하고, 겨울에는 온난다습(溫暖多濕)하다.

[7] *C. Acad.* II, xi, 25; III, i, 1; *De b. vita* i, 6; iv, 23; *De ord.* I, viii, 25; II, i, 1; II, vi, 19.

스틴은 취침 전 반드시 기도를 드렸다.[1] 그런데, 어거스틴의 수면시간은 짧았다. 왜냐하면, 그는 한밤 중에 일어나, 혼자 조용히 기도와 관상(觀想)에 침잠(沈潛)하는 것이 보통이었기 때문이다.[2]

2. 카씨키아쿰에서의 모니카의 역할

2. 1. 가사담당자로서의 역할

모니카는 카씨키아쿰의 어거스틴 일행 중 유일한 여성이었고, 가장 연장자(年長者)였다. 그녀는 어거스틴과 나비기우스의 어머니였고, 아데오다투스의 할머니였으며, 라스티디아누스와 루스티쿠스의 이모였다. 그러므로, 그녀는 어거스틴의 제자 리켄티우스와 트뤼게티우스, 어거스틴의 친구 알뤼피우스 등에게도 어머니 뻘이었다. 그래서, 어거스틴은 그의 『고백록』제9권 9장 22절에서 다음과 같이 이야기한다.

> 곧, 어머니가 세상을 떠나기 전, 우리는 모두 당신의 세례를 받는 은총을 입었사옵고, 또한 함께 살고 있었사온데, 그때 어머니는 우리를 돌보아 주면서는, 마치 우리 전부가 친자식이나 되는 것처럼 돌보아 주었고, 우리를 섬기면서는, 마치 우리 모두의 딸이나 되는 것처럼 섬겼나이다.

여기서 "함께 살고 있었"다는 말은 카씨키아쿰에서의 공동생활도 포함하여 말하는 것이다. 어거스틴에 의하면, 모니카는 이 공동체에서 "어머니"의 역할과 "딸"의 역할을 동시에 수행하였다. 이 말은 모니카가 이 공동체에서

---

[1] *Ep.* III, 4.

[2] *De ord.* I, iii, 6.

가사를 담당하였다는 말과도 같다. 그래서, 어거스틴은 모니카에 대하여
"어머니는 또한 당신의 종들을 섬기는 여종"[1]이었다고 술회한다.

모니카의 가사담당자로서의 역할에 대해서 어거스틴은, 모니카가
식사를 준비한 일에 관해서만 구체적인 언급을 한다.

> 그가 [= 알뤼피우스가] 계속 말을 하려고 하였으나, 우리 어머니가 점심
> 식사를 하라고 재촉하였습니다. 당시 우리는 벌써 집에 와 있었습니다.
> 우리는 어머니의 재촉 때문에 말을 더 할 시간이 없었습니다.[2]

> 우리는 적당한 양만을 먹었습니다. 즉, 배고픔을 달랠 정도의 양만을 먹었
> 습니다. 그리고는, [예의] 풀밭으로 돌아갔습니다.[3]

우리는, 모니카가 카씨키아쿰에서 설거지, 빨래, 청소 등, 일반주부들이
하는 일을 다 하였다고 상상할 수 있으나, 어거스틴은 이와 같은 세밀한
부분에 대하여는 언급하지 않고 넘어간다.

2. 2. 신앙의 안내자로서의 역할

모니카는 카씨키아쿰 공동체에서, 나이도 가장 많았지만, 신앙의 연조
(年條)도 가장 길었다. 어거스틴의 동생(?) 나비기우스는 어거스틴보다

---

[1] *Conf.* IX, ix, 22. 어거스틴은 이미 카씨키아쿰 시절부터 자신 및 자신과 함께
한 자들을 "하나님의 종들"(servi Dei)이라고 생각했다.

[2] *C. Acad.* II, v, 13.

[3] *C. Acad.* II, vi, 14.

훨씬 전에 이미 북아프리카에서 세례를 받은 것처럼 보인다.[1] 하지만, 나비기우스에게는 딸들이 있었던 것으로 보아, 그는 신앙생활은 하였으나, 어거스틴처럼 수도사가 되지는 않은 것처럼 보인다. 단, 그의 딸들은 나중 수녀가 된다.[2] 어거스틴은 아들 아데오다투스 및 자기 친구 알뤼피우스와 함께 다가오는 봄 부활절 전야에 밀라노의 감독 암브로시우스에게서 세례 받을 준비를 하는 입교지원자의 지위에 있었다.[3] 어거스틴의 제자 리켄티우스[4]와 트뤼게티우스[5]는 아직 입교지원자도 아니었던 것 같고, 어거스틴의 이종사촌 라스티디아누스와 루스티쿠스의 신앙수준에 대하여는 자세한 것을 알 길이 없다.[6]

어거스틴의 신앙에 미친 모니카의 영향력은 대단하다. 그래서, 그는 카씨키아쿰에서 쓴 그의 『행복론』에서 "나는 나의 삶 전부를 어머니께

---

[1] Cf. Bougaud, *History of St. Monica*, p. 241; Cristiani, *Saint Monica and Her Son Augustine*, p. 148.

[2] Possidius, *Vita Augustini* xxvi, 1.

[3] *Conf.* IX, v, 13 - vi, 14. Cf. William Harmless, *Augustine and the Catecumenate* (New York: Pueblo Publishing Co., 1995), pp. 93-98.

[4] 카씨키아쿰에서 리켄티우스는 그러나 혼자 있을 때에도 시편 찬송을 자주 흥얼거릴 정도로, 신앙심이 자라 있었다. 어거스틴이 나중에 그의 편지(*Ep.* XXVI)를 통해 리켄티우스에게 요구한 것은 그러므로, 평범한 신앙생활이 아니라, 자기와 마찬가지로 수도생활을 하라는 것이었다.

[5] 카씨키아쿰에서의 대화 내용으로 보아, 트뤼게티우스 역시 비록 초신자이긴 하였으나, 기독교의 진리에 대해 진지하게 탐구하는 자세를 보이고 있었다.

[6] 그러나, 이들이 자기들의 이모인 모니카와 함께 카씨키아쿰의 공동체에 함께 참여한 것만 보아도, 이들에게 최소한 어느 정도의 신앙심은 있었을 것으로 보인다.

빛지고"¹ 있다고 하였다. 그런데 이 말은, 어거스틴이 그의『고백록』제9권 8장 17절에서 그의 어머니에 대하여 하나님께 올린, 다음과 같은 기도와 맥을 같이 한다.

어머니는 육신(caro)으로는 나를 시간의 빛(lux temporalis) 속에서 낳으셨고, 심령(cor)으로는 영원한 빛(lux aeterna) 속으로 태어나게 하셨나이다.

말하자면, 어거스틴에 있어서 모니카는 육신의 어머니였음과 동시에 영적인 어머니도 되었다. 그런데, 어거스틴은 카씨키아쿰에서 모니카를 "나의 어머니"라 부르기보다는 "우리 어머니"²라 부를 때가 많았다. 이는, 그가 모니카를 자기의 어머니로만 생각하지 아니하고, 카씨키아쿰 공동체 전체의 영적인 어머니로 생각하였기 때문이다.³ 어거스틴은『고백록』에서, 모니카가 자기들을 돌보아 줄 때, "마치 우리 전부가 친자식이나 되는 것처럼 돌보아"⁴ 주었다 술회한 바 있다.

카씨키아쿰에서 어거스틴은 그의 어머니 모니카를 이전보다 더 "면밀하게"⁵ 관찰할 기회를 가졌다. 그리고, 그가 내린 결론은, 그의 어머니 모니카는 "지극히 경건한 여자"⁶라는 것이었다. 어거스틴은, 자기가 내린 이 결론을『질서론』이라는 책에서 자기의 친구 제노비우스(Zenobius)에게 자신 있게 밝혔다. 그래서, 어거스틴은 카씨키아쿰 시절의 그의 어머니에 대해 기도를 통해 다음과 같이 묘사한다.

---

¹ i, 6.

² *C. Acad.* II, v, 13; *De b. vita* i, 6; *De ord.* II, i, 1.

³ *FC* 5: 50, n. 18.

⁴ IX, ix, 22.

⁵ *De ord.* II, i, 1.

⁶ *De ord.* I, viii, 22: "religiossima femina".

어머니는 비록 겉모양은 여자였으나, 신앙에서는 대장부다왔고, 지긋한 나이에 맞게 안온(安穩)하였고, 어머니다운 사랑과 크리스찬다운 경건을 함께 갖추고 있었나이다.[1]

그러므로, 카시키아쿰 공동체에서 어거스틴의 어머니 모니카가 신앙의 안내자 역할을 한 것은 지극히 자연스러운 일이었다. 그러면, 모니카가 카씨키아쿰 공동체에서 신앙의 안내자 역할을 구체적으로 어떻게 감당하였을까?

경건한 삶에서 기도는 결코 빼어놓을 수 없는 요소다. 그러나, 우리에게는 카씨키아쿰에서의 모니카의 기도생활에 대해 명확히 밝혀 주는 사료(史料)가 남아 있지 않다. 그러나, 앞에서 말한 대로, 카씨키아쿰 공동체가 매일 새벽에 공동기도회를 가졌고, 카씨키아쿰에서 어거스틴이 취침 전 반드시 기도를 드렸으며, 그가 카씨키아쿰에서 한밤 중에 일어나, 혼자 조용히 기도와 관상(觀想)에 침잠(沈潛)하는 습관을 가졌다 한다면, 그의 어머니 모니카도 새벽의 공동기도회에 참석하는 정도에 머무르지 않고, 어거스틴 이상으로 열심히 기도하였을 것이라 상상해 볼 수 있다. 모니카는 나중 로마의 외항(外港) 오스티아(Ostia)에서 신비로운 환상을 보는 체험을 하지만,[2] 그러한 신비체험은 평상시의 열심 있는 기도생활을 전제로 한다. 어거스틴이 카씨키아쿰에서 쓴『행복론』을 보면, 어거스틴의 생일 잔치에 참석한 사람들의 참된 행복에 관한 대화가 끝나갈 무렵, 모니카가 "성삼위여, 주께 기도하는 자를 돌보소서!"[3] 라 외치는 장면이 나오

---

[1] *Conf.* IX, iv, 8.

[2] *Conf.* IX, x, 23-26. Cf. Bougaud, *History of St. Monica*, p. 291-294; Paul Henry, "Die Vision zu Ostia," in *Zum Augustin-Gespräch der Gegenwart* I, hg. von Carl Andresen (Darmstadt: WB, 1975), pp. 201-270.

[3] iv, 35.

지만, 이 말을 통해 모니카는 성삼위 하나님께 기도하는 자가 진정 복됨을 말해 주고 있다. 어거스틴도, 어머니 모니카가 기도하는 사람임을 알았기에, 카씨키아쿰에서 모니카에게 자기 및 자기와 함께 한 자들을 위하여 기도해 줄 것을 부탁하였다. 그러면, 여기서 어거스틴이 모니카에게 기도 부탁을 하면서 한 말을 인용해 보기로 하자!

> … 그런데, 하나님은 선한 삶을 사는 자들의 기도를 가장 잘 들어 주십니다. 그래서, 우리는 재물이나 명예와 같이 썩어질 보화를 위해 기도하고 싶지 않습니다. 즉, 아무리 노력해도 사라져 버릴 그런 보화가 아니라, 우리를 선하게, 복되게 만드는 보화를 위하여 기도하고 싶습니다.
>
> 믿음에 대한 우리의 서원(誓願)이 진정 잘 이루어질 수 있도록, 어머니, 우리는 누구보다 어머니께 기도를 부탁하고 싶습니다. 내가 아무 의심 없이 굳게 믿고 확신하지만, 하나님은 어머니의 기도 때문에 나에게 오직 진리 이외의 다른 것은 전혀 좋아하지도 않고, 전혀 원하지도 않고, 전혀 생각하지도 않고, 전혀 사랑하지도 않을 마음을 주셨습니다. 그래서, 나는 또 믿습니다. 우리가 당신의 기도 때문에 이 엄청난 보화를 얻을 수 있을 것이라고 말입니다. 사실, 이 보화로 말하면, 어머니의 덕 때문에 우리가 소원 하게 된 것입니다.[1]

경건한 삶에서 빼놓을 수 없는 또 하나의 중요한 요소는 성경을 애독하는 일이다. 어거스틴은 카씨키아쿰에서, 그의 어머니 모니카를 "거룩한 비밀 [의 말씀]", 곧, 성경에서 "믿음을"[2] 얻은 사람이라, 성경을 "지극히 사랑 하는"[3] 사람이라 지칭하였다.

---

[1] *De ord.* II, xx, 52.

[2] *De ord.* II, xvii, 46.

[3] *De ord.* I, xi, 32.

물론, 어거스틴 자신도 회심 후에는 어머니 모니카처럼 성경을 사랑하는 사람이 되었다. 그러나, 이제 입교를 지원하는 입장이었던 그가 성경의 어느 책을 먼저 읽는 것이 좋은지에 대해 의문을 가지고 암브로시우스에게 편지를 보내 그 답을 구했을 때, 암브로시우스가 이사야서를 읽으라고 권유하였다.[1] 하지만, 당시의 어거스틴에게 이사야서는 아직 이해하기 어려운 책이었고, 그래서, 그는 이사야서 읽는 것을 나중으로 연기하였다.[2] 그리고, 대신 그는 복음서와 바울 서신과 시편을 읽었다.[3] 그러면, 여기서 잠시 어거스틴 자신의 글을 읽어 보기로 하자!

그리하여, 나는 당신의 거룩한 사람인 암브로시우스 감독에게 편지를 보내어, 내 과거의 잘못과 내 현재의 결심을 전하였사오니, 이는, [세례를 받음으로] 당신의 엄청난 은총을 입는 일의 준비를 잘하려면, 당신의 책인 성경 중에서 특히 어떤 부분을 읽는 것이 가장 좋은지에 대한 도움말을 얻기 위함이었나이다. 이에 그는 선지자 이사야의 글을 읽으라고 하였사온데, 내가 믿기로는, 다른 어떤 책보다 복음에 대하여, 또 이방인을 부르심에 대하여 명확하게 예언해 주는 책인 까닭이라. 하오나 나는, 그 책의 처음 부분이 잘 이해되지 않았으므로, 그 책 전체가 다 그럴 것으로 짐작하고는, 주님의 화법(話法)에 익숙해진 다음에 다시 읽을 요량으로, 그 책 읽는 것은 훗날로 미루어 놓았나이다.[4]

---

[1] *Conf.* IX, v, 13.

[2] Cf. Volker Henning Drecoll, "Esaias," in Augustinus-Lexikon, ed. Cornelius Mayer, vol. 2 (Basel: Schwabe & Co., 1996-2002): 1114-1119, esp. 1115.

[3] *Conf.* IX, iv, 8 - v, 13. Cf. Anne-Marie la Bonnardière, "L'initiation biblique d'Augustin," in *Saint Augustin et la Bible*, (Paris: Beauchesne, 1986), pp. 27-47, esp. pp. 44-45.

[4] *Conf.* IX, v, 13.

우리는 여기서 "주님의 화법(話法)에 익숙해진 다음"이라는 말에 주목해
볼 필요가 있다. 이 말은, 어거스틴이 당시 복음서에 나오는 주님의 말씀을
익히 알기 원했다는 것을 밝혀 준다. 그리고, 그는 회심 이후 바울주의자가
되어, 바울 서신을 그의 남은 평생에 매우 중요시했으므로,[1] 이 시기에도
바울 서신을 애독하였을 것으로 생각된다.[2]

그러면, 카씨키아쿰 시절 어거스틴이 구약성경의 여러 책 가운데서, 암브
로시우스가 추천한 이사야서 대신 시편을 읽은 것은 어찌 된 일인가?
사실, 이후 어거스틴은 구약성경 중에서는 창세기와 함께 시편을 가장
가까이하였다.[3] 그래서, 혹자는 어거스틴의 경건을 "시편경건"(Psalmen-

---

[1] 어거스틴은 특히 펠라기우스논쟁을 수행하면서 바울의 은혜론과 예정론에
많이 의존하였다. 어거스틴의 바울주의에 대하여는 Harnack, *DG* III, p. 72 참조.
어거스틴과 펠라기우스논쟁에 대하여는 Eugène Portalié, *A Guide to the Thought
of Saint Augustine* (Chicago: Henry Regnery Co., 1960; reprint ed., Westport, Ct.:
Greenwood Press, 1975), pp. 190-229; Peter Brown, *Augustine of Hippo: A Biography*
(Berkeley: Univ. of California Press, 1967), pp. 340-407; Gerald Bonner, *St. Augustine
of Hippo: Life and Controversies*, 2d ed. (Norwich: Canterbury Press, 1986), pp. 312-
393 등 참조.

[2] 그는 *Conf.* VIII, xii, 29에서 보는 대로, 롬 13:13-14 말씀을 통해 회심을 체험
하였다. 카씨키아쿰 시절 어거스틴의 바울에 대한 관심에 대하여는 졸고, "어거
스틴의 초기 작품과 로마서 5장 5절", 『개신논집』 4 (2004): 245-291, esp. 273-275
및 Robert J. O'Connell, *Images of Conversion in St. Augustine's »Confessions«* (New
York: Fordham Univ. Press, 1996), pp. 277-290 참조.

[3] 창세기와 어거스틴의 관계에 대하여는 *Augustine through the Ages*, pp. 376-381
참조. 카씨키아쿰 시절 어거스틴이 시편을 가까이한 것에 대하여는 Conf. IX, iv,
8-11을 보면 잘 알 수 있다. 어거스틴은 주후 392년부터 주후 422년까지 30년 간에
걸쳐 『시편석의』(*Enarrationes in Psalmos*)라는 책을 써서, 시편 150편 전부를 상세
히 해설하였다. 어거스틴의 『시편석의』의 라틴어 원문은 *MPL* 36-37, 영어 번역은
NPNF Ser. 2, VIII 참조.

frömmigkeit)¹이라 말하기도 한다.² 어거스틴은 그의 『고백록』에서, 자기가 카씨키아쿰에서 시편을 가까이한 사실을 다음과 같이 술회하고 있다.

> 나의 하나님, 내가 다윗의 시편을 읽을 때, 신앙의 노래, 곧, 교만한 영은 멀리 물리치는, 경건한 칠현금 소리를 들을 그때, 당신께 내가 어떠한 소리로 부르짖었더이까? 그 당시 나는 당신께 대한 참된 사랑이 무엇인지 모르는 예비신자였사오며, 같은 예비신자였던 알뤼피우스와 함께 [카씨키아쿰] 농장에서 한가한 나날을 보내고 있었사온데, 어머니도 거기 우리와 함께 있었나이다.… 내가 그 시편을 읽었을 때, 어떠한 소리로 당신께 부르짖었더이까? 내가 그 시편을 읽었을 때, 내 마음은 당신을 향해 얼마나 불타올랐더이까? 나는, 할 수만 있었다면, 인류의 교만에 [감연히] 맞서, 온 세상 사람들을 향해 그 시편을 크게 낭독했을 것이라. 하오나, 온 세상은 이미 시편을 노래하고 있었사오니, 당신의 "온기(溫氣)에서 피하여 숨은 자"(시 19:6)는 있을 수 없었나이다.³

우리가 아는 대로, 성경의 여러 책 중에서 시편 만큼 하나님께 올리는 찬송과 기도가 함께 어우러진 책은 없다. 어거스틴은 이 시편을 자신의 영혼을 비추는 "거울"(speculum), 자신의 상한 심령을 치료하는 "치료약"(medicamentum)이라 생각했다.⁴

---

¹ Michael Fiedrowicz, *Psalmus vox totius Christi: Studien zu Augustins »Enarrationes in Psalmos«* (Freiburg: Herder, 1997), p. 46.

² 이것은, 어거스틴의 스승 암브로시우스의 경건이 "아가서경건"(Hohelied-frömmigkeit)이라 불리는 것과 대조된다. 암브로시우스의 경건에 대하여는 Ernst Dassmann, "Ambrosius," *TRE* 2 (1978): 362-386, esp. 376-377 참조.

³ *Conf.* IX, iv, 8.

⁴ Cf. Michael Fiedrowicz, "Enarrationes in Psalmos, B. Theologische Aspekte," *AugLex* 2: 838-858, esp. 846-848.

그렇다면, 막 회심을 체험한 어거스틴으로 하여금 시편을 가까이하도록 인도한 사람은 누구일까? 이에 대해 우리는 『고백록』 제9권 4장 8절에 근거하여, 그의 어머니 모니카가 바로 그 사람이라는 추정을 해 볼 수 있다.[1]

우리는 어거스틴의 글을 통해, 모니카가 성경을 "지극히 사랑하는"[2] 사람이었음을 안다. 만약 모니카가 성경의 여러 책 가운데서 시편을 더욱 사랑하였다면, 그 계기는 무엇이었을까? 필자가 생각하기에, 그것은 아마도, 모니카가 주후 386년 봄 밀라노 교회에서 시편찬송을 배운 일일 것 같다.

이태리 교회와 북아프리카 교회를 포함한 서방교회는 찬송가의 역사에서 동방교회에 뒤졌다.[3] 그래서, 당시 서방교회에서는 픽타비스의 감독이었던 힐라리우스(315?~367/368)가 주후 360년대 전반에 동방교회를 모방하여 픽타비스 교회에 찬송가를 도입하기 전까지는, 공예배에서 회중이 찬송을 부르는 일이 사실상 없었다.[4] 그리고, 서방교회에 찬송이 보급되는 속도도 매우 느려서, 밀라노 교회와 같이 중요한 교회에서도 찬송이 처음 도입된 것이 주후 386년 봄의 일이었다.

---

[1] Cf. Bougaud, *History of St. Monica*, p. 246; Cristiani, *Saint Monica and Her Son Augustine*, p. 150.

[2] *De ord.* I, xi, 32.

[3] Cf. Everett Ferguson, ed., *Encyclopedia of Early Christianity*, 2d ed. (New York: Garland Publishing, 1999), pp. 548-550.

[4] Cf. Schaff, *History of the Christian Church* III, pp. 589-590; Patrick Gerard Walsh, "Hymnen, I. Westliche Kirche," *TRE* 15 (1986): 756-762, esp. 756.

잘 알려진 대로, 밀라노 교회에 찬송을 처음 도입한 사람은 당시 그 교회 감독 암브로시우스(재직 374~397)였다.[1] 주후 386년 봄 암브로시우스는 아리우스파 감독 아욱센티우스 2세에게 밀라노의 "성문교회당"(Basilica Portiana)을 양도하기를 거절한 관계로 황태후 유스티나(341?~388)의 핍박을 받고 있었다. 이때 밀라노의 많은 백성들이, 황태후 유스티나가 투입한 군대에 맞서 암브로시우스와 함께 철야농성을 하고 있었고, 그 농성에 어거스틴의 어머니 모니카도 참가하였다. 당시 어거스틴은 아직 학습교인으로서, 신앙이 아주 약했고, 암브로시우스가 황태후에게 맞서는 이유를 충분히 알지 못했기 때문에, 또, 암브로시우스에게 협력했다가는, 국립수사학교의 교수라는 그의 지위가 위태로워질 수 있었기 때문에, 그 농성을 멀리서 지켜만 볼 따름이었다. 그런데, 철야농성이 장기화되었기 때문에, 암브로시우스는, 자기와 함께 한 백성들의 신앙심과 사기를 고취하기 위하여, "동방교회의 관습을 본받아 찬송과 성가를"[2] 도입하였다.

그런데, 찬송과 성가를 도입하기 위하여는, 먼저 가사가 만들어져야 한다. 암브로시우스는 시인으로서의 재능이 있었으므로, 여러 편의 찬송가 가사를 손수 지었다.[3] 그러나, 한 사람이 많은 찬송가 가사를 새로 짓는다는 것은 쉬운 일이 아니므로, 성경의 시편을 가사로 하여, 거기에 곡만 붙인다면,

---

[1] Paulinus, *Vita Ambrosii* iv, 13. Cf. Angelo Paredi, *Saint Ambrose: His Life and Times*, trans. M. Joseph Costelloe (Notre Dam, Ind.: Univ. of Notre Dam Press, 1964), pp. 331-334.

[2] *Conf.* IX, vii, 15.

[3] 암브로시우스가 지은 찬송의 목록은 Quasten, *Patrology* IV, p. 178 참조.

찬송과 성가를 보다 쉽게 만들 수 있다. 그래서, 시편찬송이 생겼다.[1]

어거스틴의 어머니 모니카는 "성문교회당"을 지키기 위한 철야농성에 적극 참가하면서 시편찬송을 배운 것으로 보인다.[2] 어거스틴과 그의 친구 및 제자들은 당시 비록 그 농성에 참가하지는 않았으나, 깊은 감명을 받았다. 그러므로, 그들이 어거스틴의 회심 후에 시편찬송을 함께 부르게 된 것은 지극히 자연스러운 일이었다.[3]

카씨키아쿰에서 어거스틴과 함께 했던 자들이 시편찬송을 얼마나 좋아했는지는 다음과 같은 일화(逸話)가 잘 말해 준다. 어거스틴의 제자 가운데 리켄티우스라는 사람이 있었다. 그는 시편 80편 7절 말씀을 찬송 삼아 읊조리는 일이 많았다.

만군의 하나님이여, 우리를 돌이키시고, 주의 얼굴 빛을 비취사, 우리로 구원을 얻게 하소서!

어느날 오후 그는 화장실에 앉아서도 이 시편찬송을 계속 불렀다. 이에 참다 못한 모니카가 이와 같이 고귀한 찬송을 "부적절한 곳"(inconveniens locus)[4]에서 부른다고 질책하였다.

어거스틴은, 리켄티우스가 이 시편찬송을 "최근에야"[5] 배웠다고 이야기하지만, 카씨키아쿰 공동체에 시편찬송을 처음 가르친 사람은 모니카였을

---

[1] 암브로시우스는 그의 *Hexaemeron* III, v, 23을 통해 자기 교회에서 시편찬송을 불렀음을 암시하고 있다. Cf. John Moorhead, *Ambrose: Church and Society in the Late Roman World* (London: Longman, 1999), p. 141.

[2] *Conf.* IX, vii, 15.

[3] Cf. Cristiani, *Saint Monica and Her Son Augustine*, p. 151.

[4] *De ord.* I, viii, 22.

[5] *Loc. cit.*

것이다. 다만, 그녀의 생각에는 찬송이란, 경건한 몸가짐으로 부르는 것이
옳지, 측간에서 볼 일을 보며 부르는 것은 옳지 않았다.[1]

2. 3. 철학적 대화의 상대자로서의 역할

2. 3. 1. 모니카의 철학적 대화 상대자로서의 자격

카씨키아쿰에서 어거스틴이 쓴 책은 모두 철학적 대화로 분류될 수
있다. 왜냐하면, 이들 책의 내용은 모두 철학적이고, 그 문체는 모두 대화
체로 되어 있기 때문이다.[2]

그런데, 어거스틴은 이곳에서의 철학적 대화에 어머니 모니카를 참여
시켰다.[3] 이것은, 여성의 지위가 낮았던 고대 사회에서는 아주 파격적인
일이었다. 왜냐하면, 고대에는 철학 내지 학문이란 남성의 일이지, 여성의
일이 아니라는 생각이 지배적이었기 때문이다.

물론, 고대 지중해 세계에는 헬레니즘과 스토아 철학의 확산에 따라
여성의 지위가 점차 높아졌고, 그래서, 로마제국의 상류계급의 여성
가운데는 높은 교육수준을 자랑하는 여성이 없었던 것은 아니었다.[4] 그러나

---

[1] 그러나, 어거스틴은 이 문제에 대해서는 어머니 모니카와 약간 다른 생각을
하였다. 자세한 것은 *De ord.* I, viii, 23 및 크레모나, 앞의 책, pp. 146-147 참조.
라틴어 성경에는 개역 성경과는 달리 시편 80편이 시편 79편으로 되어 있다.

[2] Cf. Joanne McWilliam, "Cassiciacum Dialogues," in *Augustine through the Ages*,
pp. 135-143.

[3] Cf. Cristiani, *Saint Monica and Her Son Augustine*, p. 151.

[4] Cf. Sarah B. Pomeroy, *Frauenleben im klassischen Altertum*, übers. von Nobert F.
Mattheis (Stuttgart: Alfred Körner Verlag, 1985), pp. 260-269.

그러나, 모니카는 상류계급 출신이 아니었고,[1] 높은 수준의 교육을 받지 못했다. 그래서, 어거스틴은 『고백록』에서, 모니카가 어린 시절 받은 신앙 및 예의범절에 관한 교육에 대하여는 이야기하지만, 무슨 학교교육을 받았다는 이야기는 하지 않는다.[2] 카씨키아쿰에서 모니카가 어거스틴과 그 친구 및 제자들의 대화에 잘 끼어들려고 하지 않은 것도, 자기의 그다지 높지 않은 교육수준을 의식해서였을 것으로 보인다.[3]

그러나 어거스틴의 입장에서는, 어머니 모니카가 철학적 대화에 참여하는 것은, 전혀 문제가 되지 않았다. 어거스틴은 그래서, 그의 어머니를 철학적 대화의 자리에 초청하면서, 구체적 사례를 들지는 않으면서도, 옛날에는 여자 중에도 철학을 한 사람이 있었다고 하였다.[4] 어거스틴은 아마도 아리스팁포스(435/425?~?355/350)[5]의 딸 아레테[6]나, 크라테스(360?~?280)[7]의 아내 힙파르키아[8]를 염두에 두지 않았나 생각된다. 어거

---

[1] 모니카의 집안은 중산층에 속했다고 보는 것이 옳다. Cf. Augustinus, *Meine Mutter Monika*, pp. 9-11.

[2] *Conf.* IX, viii, 17 - ix, 19.

[3] *De ord.* I, xi, 31.

[4] *Loc. cit.*

[5] 구레네 출신으로 소크라테스의 제자였다. Cf. Hirschberger, *Geschichte der Philosophie* I, p. 71.

[6] Cf. Bernhard Kytzler, *Frauen der Antike: Von Aspasia bis Zenobia* (Zürich: Artemis & Winler Verlag, 1994), p. 27.

[7] 테베 출신으로 견유학파(犬儒學派)에 속하는 철학자였다. Cf. *Lexikon der Alten Welt*, col. 1611.

[8] Cf. Kytzler, *op. cit.*, pp. 75-76.

스틴 당대에도 알렉산드리아에서는 휘파티아(370?~415)라는 여자철학자가
활약하였다.[1]

어거스틴은 철학적 대화의 자리에 참석하기를 꺼리는 그의 어머니를
안심시키기 위하여, 철학의 어원적 의미를 생각해서도, 그녀가 그런
자리에 참석하는 것이 아무 문제가 되지 않는다고 하였다. 즉, 철학을
헬라어로 φιλοσοφία라 하지만, 그 어원적인 뜻은 "지혜에 대한 사랑"(amor
sapientiae)이라는 것이다.[2] 만약 어머니에게 "지혜에 대한 사랑"이 있다면,
어머니가 철학적 대화의 자리에 참석하는 것은 전혀 문제가 되지 않는다는
것이 어거스틴의 설명이었다.

그러면, 모니카에게 "지혜에 대한 사랑"이 있다는 것을 어거스틴은 어떻
게 증명하는가? 이 같은 문제에 대답하기 위해 우리는, 당시 어거스틴이
가지고 있던 "지혜"(sapientia)의 개념[3]에 대하여 살펴볼 필요가 있겠다.

호르텐시우스의 체험[4] 이후 어거스틴은, 우리가 참다운 행복을 누리기
위해서는, 지혜를 소유해야 한다는 생각을 가지고 있었다.그러면, 우리를

---

[1] Cf. Annete Kuhn (Hg.), *Die Chronik der Frauen* (Dortmund: Chronik Verlag, 1992), p. 141.

[2] *De ord.* I, xi, 32.

[3] 이에 대한 상세한 논의는 Henri-Irénée Marrou, *Augustinus und das Ende der antiken Bildung*, übers. von Lore Wirth-Poelchau in Zusammenarb. m. Willi Geerlings, hg. u. f. d. entgültige Fassung red. von Johannes Götte, 2., erg. Aufl. (Paderborn: Schöningh, 1995), pp. 151-162 참조.

[4] *Conf.* III, iv, 7-8; *De b. vita* i, 4; ii, 10; iv, 26-28; *Solil.* I, x, 17. Cf. Brown, *Augustine of Hippo*, pp. 40- 45; O'Connell, *Images of Conversion in St. Augustine's »Confessions«*, pp. 3-89.

"행복하게 하는 지혜"[1]를 어디서 찾을 것인가? 그 답은 말할 것도 없이 "지혜이신 하나님"이다.[2] 왜냐하면, "지혜로운 것이 모두 그 안에서 지혜롭고, 그에게서 나와 지혜롭고, 그로 말미암아 지혜"[3]롭기 때문이다. 그러면, 우리가 지혜이신 "하나님을 소유하고 … 하나님을 온전히 향유"[4]하기 위해서는 어떻게 해야 할 것인가? 그것은 오직 하나님과 사람 사이의 중보(中保) 되신 그리스도를 영접하는 길밖에 없다. 그러면, 여기서 잠시 어거스틴 자신의 글을 읽어 보도록 하자!

> 그리하여, 나는 당신을 향유(享有)하는 데 필요한 힘을 얻고자, 길을 찾아보았사오나, 하나님과 사람 사이의 중보(中保) 되신 분, 곧, "만물 위에 계셔, 세세에 찬양 받으실 하나님"(롬 9:5)이시며, "사람이신 그리스도 예수"(딤전 2: 15)를 영접할 때까지는 찾지 못하였사오니, 그는 우리를 부르시며, "나는 길이요, 진리요, 생명"(요 14:6)이라 말씀하셨고, 내가 연약하여, 받아 먹을 수 없는 [하늘의] 양식을 [인간의] 육신에 섞어, 우리에게 주신 분, 곧, "말씀이 육신이"(요 1:14) 되신 분이라. 그는 당신의 지혜로, 당신은 저로 말미암아 만유를 지으셨사온데, 그는 연약한 우리를 위한 젖이 되어 주셨나이다.[5]

회심을 체험한 어거스틴은, 그리스도께서 신성(神性)의 면에서는 완전한 하나님이시고, 따라서, 그분을 소유하는 것이 "하나님의 지혜"(고전 1:24)를

---

[1] Étienne Gilson, *Introduction à l'étude de Saint Augustin*, 2e éd. (Paris: Libraire philosophique J. Vrin, 1987), p. 7: "la sagesse béatifiante".

[2] *Solil.* I, i, 3: "Deus sapientia".

[3] *Loc. cit.*: "in quo et a quo et per quem sapiunt, quae sapiunt omnia".

[4] *De b. vita* iv, 34: "Deum habere … Deo perfrui".

[5] *Conf.* VII, xviii, 24.

소유하는 것임을 알았다.[1]

어거스틴은 당시, "하나님의 지혜"가 "이 세상의 지혜"(고전 1:20)와 다르다는 것을 벌써 잘 알고 있었다.[2] 그래서, 골로새서 2장 8절 말씀[3]을 이해할 때, "이 세상 철학자들을 멀리하고 멸시"하라는 뜻으로 이해하였지, "지혜를 사랑하지 말라"는 뜻으로 이해하지 않았다.[4]

어거스틴이 생각할 때, 모니카는 아들인 자기를 매우 사랑하기는 하였지만, 그래도, 지혜를 아들인 자기보다 더 사랑하는 사람이었다. 모니카는 지혜를 진정 사랑하는 사람이었기에, "어떠한 불행 앞에서도, 정말이지 죽음 앞에서도 조금도 두려워하지 않을"[5] 사람이었다. 이러한 자세, 이러한 생활태도는 지극히 학식이 높은 철학자들에게서도 찾아보기가 대단히 어렵다. 그렇다면, 모니카는 "철학의 최고 정상"[6]에 도달했다고 보는 것이 옳다. 이러한 모니카가 철학적 대화에 참여하는 것은 어거스틴에게 하등 문제가 될 수 없었다.

어거스틴은 물론, 모니카가 수사학(修辭學)과 같은 자유학예(自由學藝)[7]를 공부하지 않았다는 사실, 또, 그런 세상 학문을 중요하게 생각

---

[1] *De b. vita* iv, 34.

[2] *De ord.* I, xi, 32.

[3] "누가 철학과 헛된 속임수로 너희를 노략할까 주의하라! 이것이 사람의 유전과 세상의 초등학문을 좇음이요, 그리스도를 좇음이 아니니라".

[4] *De ord.* I, xi, 32.

[5] *Loc. cit.*

[6] *Loc. cit.*: "summa philosophiae arx".

[7] "삼학예"(三學藝)와 "사학예"(四學藝)를 말한다. 자세한 것은 졸저, 『교부열전』 상권, p. 354 참조.

하지 않는다는 것을 잘 알고 있었다.[1] 그러나 어거스틴이 생각할 때, 모니카는 세상 학문보다 더 중요한 것을 소유하고 있었다. 그것은 바로 "거룩한 비밀을 감춘 책[= 성경]에서 얻은 믿음"[2]이었다. 이 믿음을 가진 그녀에게는 "하나님의 일을 알고자 하는 불타는 열망"[3]이 있었다. 어거스틴은 그러므로, "참된 철학에 종사하기에 [그녀보다] 더 적당한"[4] 사람을 찾을 수 없었다.

　여기서 우리는, 젊은 어거스틴에 있어 기독교는 "참된 철학"[5]이었음을 염두에 두어야 한다. 그는 초기변증가들[6]처럼, 혹은, 클레멘스 알렉산드리누스[7]나 오리게네스[8]처럼, 지성인으로서 기독교 신앙을 받아들인 사람이었다. 그러므로, 어거스틴에 있어 신앙과 학문, 기독교와 철학은 얼마든지 조화를 이룰 수 있는 것이었다.[9]

---

[1] *De ord.* II, xvii, 45-46.

[2] *De ord.* II, xvii, 46.

[3] *De ord.* II, i, 1: "in res divinas inflammatum animum".

[4] *Loc. cit.*: "aptius verae philosophiae".

[5] "vera philosophia".

[6] 졸저,『교부 열전』상권, pp. 118-246 참조.

[7] 위의 책, pp. 327-351 참조.

[8] 위의 책, pp. 351-389 참조.

[9] 젊은 어거스틴의 신앙과 학문의 관계에 대한 입장에 대해서는 Eugene TeSelle, *Augustine the Theologian* (London: Burns & Oates, 1970), pp. 73-89 참조하고, 젊은 어거스틴의 기독교와 철학의 관계에 대한 입장에 대해서는 Eckhard König, *Augustinus philosophus: Christlicher Glaube und philosophisches Deneken in den Frühschriften Augustins* (München: Wilhelm Fink Verlag, 1970), pp. 131-146 참조.

2. 3. 2. 모니카의 철학적 발언 내용

여하튼, 어거스틴은 그의 어머니 모니카를 철학적 대화에 참여시켰다. 그렇다면, 모니카는 그 대화에서 무슨 발언을 하였는가? 그녀의 발언 내용은 크게 세 가지로 나누어진다.

(1) 영혼의 양식으로서의 진리
(2) 신아카데미학파에 대한 평가
(3) 지혜와 행복

2. 3. 2. 1. 영혼의 양식으로서의 진리

전통적으로 진리는 철학과 신학의 핵심 개념이었다. 왜냐하면, 철학과 신학을 공부하는 사람들은 진리 추구를 자기들의 본연의 임무로 삼았기 때문이다. 내가 알고 있는 것. 우리들이 믿는 것. 이것은 참된 것이다. 이러한 의식이 없이 철학을 한다, 신학을 한다 하는 것이 아무 의미가 없기 때문이다. 어거스틴도 아주 젊은 시절부터 진리에 목말라 하였다. 그가 위대한 기독교 사상가가 될 수 있었던 것은 진리에 대한 목마름을 채우기 위해 끊임없이 정진(精進)하였기 때문이다.

어거스틴에 있어 진리는 "영혼의 양식"[1]이었다. 그에게 있어 진리는 객관적으로 존재하는 참된 사실이나 법칙 이상의 것이었다.[2] 그것은

---

[1] *De b. vita* ii, 8: "animorum alimenta".

[2] Cf. Kurt Flach, *Augustin: Einführung in sein Denken* (Stuttgart: Reclam, 1980), pp. 62-66.

우리에게 참된 생명을 가져다주는 것이었다. 이것을 비유적으로 표현하기 위하여 그는 "양식"(alimenta)이라는 말을 사용하였다.

앞에 말한 대로, 어거스틴의 어머니 모니카는 카씨키아쿰에서 가사 담당자로서의 역할을 하였다. 가사담당자의 첫 번째 역할이 뭔가? 그것은 무엇보다 식구들을 위하여 밥을 짓는 일이다. 그녀는 카씨키아쿰 공동체를 위하여 매일같이 육신의 양식을 준비하였다. 그러나 그녀는 매일같이 육신의 양식을 준비하면서, "사람이 떡으로만 사는 것이 아니"(신 8:3) (마 4:4 참조)라는 하나님의 말씀을 기억하였다.

주후 386년 11월 13일. 그날은, 어거스틴이 만 32세 되던 해의 생일이었다. 아들 어거스틴의 생일을 맞이하여 모니카는 카씨키아쿰 공동체 식구들을 위하여 조출한 잔치자리를 마련하였다. 그날 조반 후 어거스틴은 카씨키아쿰 식구들과 함께 행복에 관한 대화를 시작하였다.[1]

그 대화의 첫 번째 주제는, 우리 인간의 육신뿐 아니라 영혼도 굶주림을 느끼며, 그 굶주림이 채워지는 것이 행복의 관건(關鍵)이라는 것이었다. 이 주제를 놓고 대화하는 과정에서 모니카는, 우리 영혼의 굶주림은 "진리"라는 양식으로 채워져야 함을 역설(力說)하였는데, 이 말을 듣고 어거스틴은, 그의 어머니 모니카가 이미 철학자의 경지에 이르렀다고 평가하였다. 그러면, 여기서 모니카의 발언 내용을 직접 들어 보자!

내가 이렇게 말했습니다. "그럼 영혼은 어떻습니까? 영혼에는 나름의 양식이 없는 것일까요? 아니면, 여러분 생각에 지식(scientia)이 영혼의 양식이 될 것 같은지요?" 어머니가 말씀하셨습니다. "그건 분명해. 내가 생각하기에, 영혼은 사물에 대한 이해(intellectus)와 지식(scientia) 말고는 그 어떠한 것

---

[1] 이 대화는 3일 간 계속되었고, 이 대화를 정리한 책이 어거스틴의 『행복론』 (De beata vita)이다. Retract I, ii 참조.

으로부터도 자양분을 얻는 것 같지 않아". [어머니의] 이 말씀에 트뤼게티우스(Trygetius)가 의문을 표하자, 어머니가 이렇게 말씀하셨습니다. "오늘 너 스스로, 영혼이 어디서부터 혹은 어디서 자양분을 섭취하는지 보여 주지 않았니? 왜냐하면, 식사가 다 끝나 갈 때 쯤, 너는 이렇게 말했기 때문이야. 무슨 생각인지 난 모르지만, 네가 딴 생각을 했기 때문에, 우리가 무슨 그릇을 쓰고 있는지 이제야 알아차렸다고. 그렇지만 넌, 그 그릇에 담긴 음식에도 손을 뻗쳐, 맛 보기를 주저하지 않았어. 그렇다면, 네가 식사를 하면서 그 음식에 주의를 기울이지 않았던 그 시간, 너의 영혼은 어디에 가 있었던 거지? 그러니까, 내 말을 믿어. 영혼이란 이런 데서, 그리고 이런 음식에서 자양분을 얻는 거야. 즉, 신경을 쓰고 생각을 해서 무엇을 깨달을 수 있는 것이라고 하면, 신경을 쓰고 생각을 하는 걸 통해 [자양분을 얻는 거야]".[1]

어거스틴의 제자 트뤼게티우스는 모니카의 이 말을 얼른 알아듣지 못했다. 이에 어거스틴이 보충 설명을 하였다.

내가 [= 어거스틴이] 말했습니다. "학식이 대단히 높은 사람들의 영혼은 무학자(無學者)들보다 그들 나름으로는 보다 더 충만하고, 보다 더 크다는 사실을 여러분은 인정하지 않으십니까?" 그들은, 그건 분명하다고 말했습니다. "그러므로, 아무런 학문을 공부하지 않고, 자유학예(自由學藝)의 맛을 전혀 보지 못한 사람들의 영혼은, 흡사 배고픔과 굶주림에 시달리고 있는 것과 같다고 우리는 말해도 됩니다". 트뤼게티우스가 말했습니다. "내 생각에는, 그런 사람들의 영혼은 악덕과 고약함으로 가득 차 있다 생각됩니다". 내가 말했습니다. "내 말을 믿어라! 그것은 마치 영혼의 무슨 궁핍 내지는 기갈과 같은 거야. 왜냐하면, 육신이 음식을 섭취하지 않으면, 보통의 경우 질병이나 부스럼이 잔뜩 생기는 것처럼, 그런 사람들의 영혼에도 질병이 잔뜩 생겨, 이를 통해 영혼의 배고픔이 표시되기 때문이지.…"[2]

---

[1] *De b. vita* ii, 8.

[2] *Loc. cit.*

모니카는 자기 아들 어거스틴이나 마찬가지로, 사람은 "생각하는 존재" (res cogitans)라는 것, 생각하는 존재인 인간은 진리를 붙들지 않으면, 혹은 진리를 발견하지 못한다면, 굶주림에 시달리는 존재라는 것을 깨닫고 있었다. 그래서, 어떤 면에서는 자유학예(自由學藝)를 공부했다고 하는 어거스틴의 제자들보다 더 높은 단계에 잇었다. 이것은, 모니카의 생각을 쉽게 따라잡지 못하는 트뤼게티우스의 모습을 통해 잘 묘사되고 있다.

2. 3. 2. 2. 신아카데미학파에 대한 평가

어거스틴은 젊은 시절 신아카데미학파(新Academy學派)의 회의주의 (懷疑主義)에 빠진 적이 있다. 어거스틴이 신아카데미학파의 사상에 접하게 된 것은 로마의 사상가요 정치가였던 키케로(Cicero, 106~43 BC) 때문이었다. 키케로는 위대한 수사학자(修辭學者)이기도 하였기 때문에, 어거스틴은 수사학을 공부하던 젊은 시절 키케로의 책을 많이 읽게 되었고, 그 과정에서 키케로가 쓴 철학 책『아카데미카』(Academica)[1]도 읽게 되었다. 사실, 당시 로마제국의 젊은 지성인들에게 키케로의『아카데미카』는 반드시 넘어야 할, 하나의 높은 산이었다.

어거스틴이 신아카데미학파의 회의주의에 빠진 것은 주후 383년 로마에서의 일이었다. 그리고 그가 신아카데미학파의 회의주의를 극복하게 된 것은 주후 384년 밀라노로 간 다음의 일이었다. 어거스틴은 밀라노에서

---

[1] 이 책의 라틴어 원문은 Marcus Tullius Cicero, *Hortensius · Lucullus · Academici libri*, lat.-dt., hg., übers. u. komment. von Laila Straume-Zimmermann, Ferdinand Broemser u. Olof Gigon (München: Artemis, 1990), pp. 270-308 참조.

암브로시우스의 감화 아래, 그리고 신플라톤주의(新Platon主義)의 영향 아래 회의주의를 극복할 수 있었다.[1]

신아카데미학파의 회의주의의 가장 큰 문제점은 당시 사람들로 하여금 진리의 존재를 의심하게 한 데 있었다. 진리는 정말로 존재하는가? 만약 존재한다면, 그것을 어디서 찾을 것인가? 기독교에서 찾을 수 있을까? 기독교의 진리가 <진리>라는 증거가 어디 있는가?

어거스틴은 암브로시우스를 만난 이래 이러한 의문을 조금씩 풀어 나갈 수 있었다. 주후 386년 회심을 체험한 어거스틴은 그해 가을 카씨키아쿰에 왔다. 카씨키아쿰에서 그는 이제 다른 사람들에게 아카데미학파의 회의주의를 극복할 방도를 가르쳐 줄 만한 위치에 도달하였다. 그래서 쓴 책이 『아카데미학파 논박』(*Contra Academicos*)이었다.

어거스틴의 어머니 모니카는 아들의 이러한 지적(知的)인 진보를 가까이서 지켜볼 수 있었다. 그녀는 비록 철학을 정식으로 공부한 적은 없지만, 아들과의 대화를 통하여 신아카데미학파에서 가르치는 내용의 문제점을 알게 되었다. 그리고, 자기 나름대로의 평가를 내릴 수 있는 단계에까지 이르게 되었다.

어거스틴은 주후 386년 11월 13일 카씨키아쿰에서 행복에 관한 대화를 하면서 키케로와 아카데미학파에 대한 이야기를 많이 하였다.[2] 철학을 정식으로 공부하지 못한 모니카로서는 잘 알지 못하는 이야기일 수밖에 없었다. 결국 모니카는 "이 아카데미학파가 어떤 사람들인지?"에 대한

---

[1] 이에 대해서 상세한 것은 O'Meara, *The Young Augustine*, pp. 97-154 passim; Gilson, *Introduction l'Etude de Saint Augustin*, pp. 31-47; Flasch, *Augustin*, pp. 36-41 참조.

[2] *De b. vita* ii, 7-16 passim.

질문을 하게 되었고, 어거스틴은 이를 아주 쉽게 설명해 주었다.[1] 모니카가
그 설명을 이해한 것은 물론이다. 그리고, 모니카가 아카데미학파에 대하여
내린 평가는 이것이다. "그 사람들은 간질병 환자들이구나!"[2] 고대 로마
인들이 했던 "간질병 환자"(caducarius)라는 말 속에는 "교만한 자"라는
뜻이 포함되어 있었다. 교만한 자들은 너무 높이 올라가려다 결국 떨어
진다.

2. 3. 2. 3. 지혜와 행복

고대의 철학자들은 "참된 행복이 무엇이냐?"는 문제에 대해 깊이 궁구
(窮究)하였다.[3] 어거스틴의 입장에서는, 기독교인들도, 그들이 비록 철학을
공부하지 않았다 하여도, 참된 행복을 추구한다는 점에서 "철학자"라 할
수 있었다. 그리고, 바로 그 대표적인 예가 그의 어머니 모니카였다.[4]

주후 386년 11월 13일 카씨키아쿰에서 행복에 관한 대화를 하면서 어
거스틴은, "인간은 누구나 행복하기를 원한다"는 고대 철학자들의 명제를
제시한 다음, "참된 행복이란 무엇이냐?"는 문제에 대하여 대화를 이끌어
갔다. 이에 그의 어머니 모니카는 참된 행복이란, 선한 것을 소원하는 사람이

---

[1] *De b. vita* ii, 16. 어거스틴이 신아카데미학파에 대하여 한 설명의 구체적 내용은
C. Acad. II, v, 11 참조.

[2] Isti homines caducarii sunt.

[3] Cf. J. Ritter, "Glück, Glückseligkeit, I: Antike," *HWP* 3 (1974): 679-691.

[4] *De b. vita* ii, 10.

자기의 소원을 이룰 때 얻어지는 것이지, 악한 것을 소원하는 사람이 자기의 소원을 이룰 때 얻어지는 것이 아니라는 요지의 발언을 하였다.[1]

카씨키아쿰 공동체의 행복에 관한 대화는 주후 386년 11월 14일과 15일에도 이어졌다. 11월 15일의 대화에서 모니카는, 돈과 재산이 없는 사람만 궁핍한 사람으로 볼 것이 아니라, 그보다는 오히려 지혜가 없는 사람을 궁핍한 사람, 불행한 사람으로 보아야 한다는 요지의 발언을 하였다.[2] 모니카는 고대의 철학자들처럼 지혜와 행복을 연결시킨 것이다.

그렇다면, 마지막 문제는 참된 지혜에 도달하는 방법이 될 것이다. 어거스틴은 그의 『행복론』 마지막 부분에서, 그 방법은 모든 지혜와 진리의 근원이신 하나님께 나아가는 길 외에는 없음을 선언하였다. 이에 모니카가 "기쁨에 넘쳐", 암브로시우스가 지은 다음과 같은 시구(詩句)를 외웠다. "성삼위여, 주께 기도하는 자를 돌보소서!" 그리고는 이렇게 덧붙였다.

이것이야말로 의심할 나위 없이 행복이야. 이것이야말로 완전한 삶이야. 우리는 이것을 향하여 달려가고 있어. 우리는 굳센 믿음과, 기쁜 소망과, 불타는 사랑을 통하여 거기에 반드시 도달할 수 있다고 생각돼.[3]

믿음, 소망, 사랑(고전 13:13 참조). 이것은, 어거스틴이 가르친 "신학적 덕목" 세 가지다.[4] 참된 지혜, 참된 행복에 도달할 수 있는 길이 어디에

---

[1] *Loc. cit.*

[2] *De b. vita* iv, 27.

[3] *De b. vita* iv, 35.

[4] *De doctrina Christiana* I, xxxvii, 41 - xl, 44; *Enchiridion* i, 3; i, 6 - ii, 8. Cf. Ladislaus Ballay, Der Hoffnungsbegriff bei Augustinus (München: Max Huber Verlag, 1964), pp. 96-129.

있는가? 그것은 믿음, 소망, 사랑. 이 세 가지를 항상 가지는 것. 그 길뿐이라는 것이 모니카의 확신이었고, 그녀의 아들 어거스틴의 확신이었다.

맺는 말

오늘날은 여성의 사회적 역할이 매우 증대되는 추세에 있다. 그러나 그것이 어머니로서의 역할을 지나치게 감소시키는 방향이 되어서는 곤란하다. 다음 세대가 없이, 역사가 계속 진행될 수가 없는데, 다음 세대를 키우는 과정에서 어머니로서의 여성이 하는 역할이 너무나 중대하기 때문이다.

모니카라는 훌륭한 여성도(女聖徒) 없이 어거스틴이라는 훌륭한 기독교 인물은 탄생하지 않았다. 필자는 이 문제를 밝히는 데 작은 기여를 하고 싶었기에, 카씨키아쿰에서 행했던 어거스틴의 어머니 모니카의 역할을 살펴보았다.

그녀에 대한 평가는 독자 여러분의 몫이다. 다만, 어거스틴은 그녀를 모든 여성도의 표상(表象) 내지는 교회의 표상으로까지 제시하려는 마음이 있었음은 말해 둘 필요가 있을 것 같다. 필자는, 그녀가 아주 평범한 인간이었다는 생각을 한다. 그러나, 그녀가 어머니로서의 역할, 신앙인으로서의 역할에 충실하고자 했음을 부인할 수 없다. 만약 그녀가 "위대"하였다면, 자기에게 맡겨진 작은 일에 충실하되, 믿음, 소망, 사랑을 가진 자로서 하려 했다는 것. 거기에 있을 것이다. 어거스틴은 그러한 타입의 사람을 옛날의 "위대"한 철학자보다 더 "위대"한 인물로 생각하였다.

저자 후기

필자는 오랫 동안 교부 어거스틴을 연구하면서 그의 어머니 모니카의 생애를 정리할 필요를 절실히 느껴 왔다. 그리하여 여러 해 동안의 준비 끝에 드디어 이 책을 낼 수 있게 되었다.

먼저 하나님께 감사와 찬송을 올려 드리고, 하나님께서 허락하신 필자의 귀중한 가족과 친지와 동역자들에게 고마움을 표한다. 특히 필자를 낳아 주시고, 필자에게 믿음을 가르쳐 주신 어머니 고 박대엽(朴大葉, 1916~63) 성도님을 사랑의 마음으로 기억하고 싶다.

그리고 이 책을 읽는 모든 분들께 주님의 은혜와 평강이 언제나 함께 하기를 간절히 기원 드린다. 믿음을 지키기가 점점 어려워지는 시대. 시험과 유혹이 많은 시대. 이러한 시대 속에서도 주님의 거룩한 씨앗으로 남기를, 그리고 믿음과, 소망과, 사랑의 열매를 많이 맺기를 바란다.

2013. 10. 28 김광채

그런즉, 믿음과, 소망과. 사랑 – 이 세가지는 항상 있을 것인데, 그 중에 제일은 사랑이라. 고전 13:13

저자: 김광채 (金光采)

서울대학교 (BA, MA)
독일 Heidelberg Univ. (Dr. theol.)
전 개신대학원대학교 역사신학 교수
국제신학대학원대학교 교수
hodites@hanmail.net

저서:

<근세·현대교회사> 서울: CLC, 1990.
<신학논문작성법> 서울: 참말, 1992. 제2판
<라틴어 강좌> 서울: 예영커뮤니케이션, 1994.
<교부 열전 상권> 서울: 정은문화사, 2002; CLC, 2010.
<교부 열전 중권> 서울: CLC, 2005.
<고대 교리사> 서울: 보라상사, 2003.
<중세교회사> 서울: 신성, 2002; 아침동산, 2009.
<도해 종교개혁사> 서울: 아침동산, 2009.
<그림으로 본 10대 박해> 서울: CLC, 2010.
<청년 어거스틴> 근간

역서:

<성·어거스틴의 고백록> 서울: CLC, 2004.
<어거스틴 교육사상 텍스트> 서울: 아침동산, 2011.
마틴 루터, <크리스챤의 자유> 서울: 좋은땅, 2013.
어거스틴, <신망애 편람> 근간